MANUAL DO CONTABILISTA

50 CARGOS DE ATUAÇÃO DO PROFISSIONAL

ZÉLIO CABRAL

1ª. EDIÇÃO – BRASIL - 2018

"Na contabilidade da vida a bondade sempre dá lucro e a maldade prejuízo."

(Jovol)

"Instruir-te-ei e ensinar-te-ei o caminho que deves seguir; guiar-te-ei com os meus olhos."

(Salmos 32.8)

"Dentre as verdades, como afirmam Aristóteles e Averróis, as nossas matemáticas são as mais verdadeiras e estão no primeiro grau de certeza, e a estas seguem-se todas as demais ciências naturais."

(Luca Pacioli, considerado o pai da contabilidade moderna, que teve como aluno Leonardo da Vinci.)

SUMÁRIO

INTRODUÇÃO

O mercado de trabalho para contadores proporciona muitas oportunidades para o profissional, conforme cita Marion (2003 Capítulo 1, página 29) em seu livro contabilidade empresarial conforme abaixo:

Na empresa:

- Contador Geral, contador de Custos, Controller;

- Auditor interno;

- Controlador Fiscal;

- Cargos Administrativos.

Independente:

- Auditor independente;

- Consultor;

- Escritório de contabilidade;

- Perito contábil.

No ensino:

- Professor;

- Pesquisador;

- Escritor;

- Consultor.

Orgão público:

- Contador público;

- Fiscal de tributos;

- Controlador de arrecadação;

- Tribunal de contas.

Manual do Contabilista foi escrito para o contador júnior, pleno ou sênior. É um manual prático e fácil destinado a fornecer informações úteis dos 50 cargos ou áreas que os formados em Ciências Contábeis podem atuar. Concursos públicos da área fiscal, principalmente Bacen, Esaf (auditor fiscal e técnico do Tesouro Nacional), INSS, Tribunal de Contas, contador (Estados e Municípios) e outras carreiras públicas assim como atuar na área privada estão entre as possibilidades. Indicado também para a disciplina Introdução à Contabilidade dos cursos de graduação em Ciências Contábeis, Administração e Economia.

Que esta obra venha a atender aos anseios de todos àqueles que almejam sucesso na carreira que foi uma das que mais evoluiu e ganhou visibilidade desde 2009 até hoje: a carreira de contabilista.

Zélio Cabral

1. Contador de Empresa Pública

A contabilidade pública é um ramo que se destina ao registro de **atos e fatos contábeis** relativos ao patrimônio público, envolvendo administração direta e indireta, como órgãos de governo, agências, fundações e autarquias.

Embora também esteja centrada em aspectos financeiros, orçamentários e patrimoniais, diferentemente da contabilidade societária e tradicional, as demonstrações contábeis conduzem a empresa pública para um **caminho de transparência**, com foco na gestão e não no lucro.

Na contabilidade pública, a função da análise contábil também remete ao conhecimento de receitas e despesas, mas os relatórios produzidos são direcionados não apenas para subsidiar decisões, como também para **prestar contas à sociedade** e, eventualmente, responsabilizar agentes públicos.

O princípio de **austeridade fiscal** e controle de gastos é o mesmo, mas os objetivos da estratégia, não. Salvo sociedades de economia mista, nas quais o poder público tem participação ou é acionista majoritário, se as despesas se aproximarem das receitas em razão de investimentos em prol da sociedade, a organização pública terá cumprido o seu papel.

Como se pode perceber, é bastante diferente do que o contador faz em uma **empresa privada**, por exemplo, onde atua ao lado do empreendedor na análise patrimonial, do desempenho e fluxo de caixa, com foco em elevar os ganhos para pavimentar o crescimento do negócio ou gerar retorno financeiro aos investidores.

Objetivos do profissional da contabilidade pública

A Norma Brasileira de Contabilidade (NBC) TSP Estrutura Conceitual, publicada pelo Conselho Federal de Contabilidade (CFC) em 23 de setembro de 2016, destaca que os Relatórios Contábeis de Propósito Geral das Entidades do Setor Público (RCPGs) se destinam a apurar:

- Se a entidade prestou seus serviços à sociedade de maneira eficiente e eficaz;

- Quais são os recursos atualmente disponíveis para gastos futuros, e até que ponto há restrições ou condições para a utilização desses recursos;

- A extensão na qual a carga tributária, que recai sobre os contribuintes em períodos futuros para pagar por serviços correntes, tem mudado;

- Se a capacidade da entidade para prestar serviços melhorou ou piorou em comparação com exercícios anteriores.

Perceba quais são as principais preocupações que aparecem nessa relação: disponibilidade de recursos para investir em melhorias para a sociedade e maior eficiência, ou seja, **melhores serviços** por um menor custo, que nesse caso se materializa pela menor contrapartida da sociedade (os impostos).

Perfil do contador público

O profissional de contabilidade que deseja atuar na área pública não necessariamente se diferencia muito daquele que trabalha na área privada, ao menos por suas características.

Mas há uma peculiaridade marcante, que nem sempre aparece na contabilidade societária: o contador público é **generalista** e não específico. Isso significa que ele muito provavelmente não irá se especializar em uma só área, como nos impostos devidos por entes públicos, ou na folha de pagamento de um município, por exemplo.

É interessante citar o que destaca Amaro da Silva Júnior, Mestre em Gestão de Cidades pela PUC Minas, em seu artigo *O perfil ideal do contador público frente à responsabilidade social*.

No texto, o autor vê o profissional como pluralista, já que **incorpora conhecimentos** da administração pública na área tributária, de pessoal, políticas públicas, previdenciária, intermediação de captação de recursos externos e gerenciamento da dívida.

Como podemos perceber, quem deseja ingressar na contabilidade pública precisa se preparar para ser um **profissional completo**. Só assim poderá cumprir com os objetivos dele esperados a cada demanda que chegar às suas mãos.

Meios de ingresso na contabilidade pública

A contabilidade pública é um campo que **vem crescendo muito** nos últimos anos. Em grande parte, esse movimento se deve à publicação da Lei de Responsabilidade Fiscal, que obriga os administradores a divulgar relatórios e demonstrativos dos gastos.

Vale destacar um **trecho do texto** publicado em maio de 2000. Veja o que diz o seu primeiro artigo:

"A responsabilidade na gestão fiscal pressupõe a ação planejada e transparente, em que se previnem riscos e corrigem desvios capazes de afetar o equilíbrio das contas públicas, mediante o cumprimento de metas de resultados entre receitas e despesas e a obediência a limites e condições no que tange a renúncia de receita, geração de despesas com pessoal, da seguridade social e outras, dívidas consolidada e mobiliária, operações de crédito, inclusive por antecipação de receita, concessão de garantia e inscrição em Restos a Pagar."

A partir dessa **nova visão** sobre a transparência da coisa pública, as mudanças foram marcantes. Antes dela, talvez o contador fosse uma figura rara nas empresas públicas. Não é de se surpreender se a contabilidade acabasse realizada por pessoas de outra formação ou até sem formação alguma, especialmente nos municípios menores.

Mas essa realidade agora é outra. Com mais espaço, quem deseja **seguir uma carreira** de contador público pode ingressar como cargo de confiança (o que depende de indicação política e não garante estabilidade) ou por processo seletivo.

Obviamente, a segunda opção é a indicada para quem realmente deseja uma carreira nessa área da contabilidade. Além disso, quem quer **receber um bom salário**, em valores que ofereçam um retorno ao investimento já feito, tende também a ser a melhor alternativa.

Entre as **oportunidades** possíveis, o profissional graduado em Ciências Contábeis pode se candidatar aos cargos de:

- Contador público

- Auditor público

- Contador perito

- Analista público de finanças

- Analista público previdenciário

Além de ficar **atento aos editais** de abertura de vagas no município, Estado ou União, o contador deve investir na sua especialização. Quanto mais conhecimentos ele tiver, incluindo uma pós-graduação, maiores serão as chances de se destacar no processo seletivo.

Depois de aprovado e convocado, a **formação adicional** ainda pode resultar em uma bonificação na remuneração mensal, a depender do plano de carreira existente para o cargo ocupado.

Aposte na especialização

O contador público tem o perfil que engloba todo um ciclo de conhecimento com capital intelectual, conhecimento autônomo, conhecimento geral, de forma específica e comunicativa. Melhor especificando, o contador público deve acima de tudo lidar com o processo geral da entidade em que atua, de modo a expor conhecimentos que adquiriu durante sua graduação, passar seus conhecimentos profissionais num determinado assunto, e sucintamente saber colocar em palavras escritas ou verbais a aprendizagem que obteve didaticamente ou pela simples força de vontade.

É importante identificar, no perfil do contabilista, que ele é um profissional que além de seu conhecimento específico, tem também uma visão geral em âmbito administrativo, mas, no entanto, infelizmente, a sociedade, ainda os vê como meros guarda-livros e, devido a esta imagem distorcida, provocada muitas vezes pela atuação de contadores que atuam sem experiência, o interesse destes profissionais tem se voltado para a vida pública.

O universitário que se forma contador, traz com ele, além de seus novos conhecimentos adquiridos, uma nova perspectiva de vida profissional, ou seja, todo contador deseja buscar, naquilo que faz reconhecimento diante da sociedade.

Sabe-se que o profissional contábil exerce papel fundamental na sociedade, pois é apartir das informações fornecidas por ele que os usuários da contabilidade tomam suas decisões. Com isso, é necessário que o contador esteja sempre atualizado, pois as mudanças e os avanços tecnológicos se alteram constantemente, para que na busca de novas alternativas para o auxílio na tomada de decisões de empresas, ele possa facilitar a linguagem da contabilidade.

Assim podemos especificar que, ao contrário do que cita Marion (p.80, 2007):

"A imagem dessa profissão no Brasil ou em países subdesenvolvidos (ou em desenvolvimento) está muito aquém que nos países desenvolvidos... Nos Estados Unidos, em alguns estados o contador é o mais bem remunerado entre os profissionais liberais. Lá, os auditores são uma classe privilegiada, ganham uma fortuna, jogam golfe e são muito respeitados. Isto acontece em outros países desenvolvidos.",

O contador, principalmente os inexperientes, sente-se acolhidos pela sociedade, em oportunidades propostas.

A profissão de Contador em âmbito Público

A Contabilidade oferece um campo de atuação amplo em qualquer esfera de atuação. De acordo com o decreto-lei nº 9295 de 27 de maio de 1946 e posteriores resoluções complementares, dispõe sobre as prerrogativas profissionais pela Resolução do Conselho Federal de Contabilidade nº 560/1983:

Art. 2º – o contabilista pode exercer as suas atividades na condição de profissional liberal ou autônomo, de empregado regido pela CLT, de servidor público, de militar, de sócio de qualquer tipo de sociedade, de diretor ou de conselheiro de quaisquer entidades, ou, em qualquer outra situação jurídica, definida pela legislação, exercendo qualquer tipo de função (...).

A profissão contábil pode exercer atividades em diversas funções e cargos, lidando de acordo com as oportunidades que lhe surgirem. De acordo com isso, todas as oportunidades que surgirem na vida profissional do contabilista, aquele que tem o desejo de ingressar na vida pública deve-se ater nas funções que os órgãos públicos federais oferecem.

Com base em editais publicados para concursos públicos a partir de 2001, foi perceptível ver que é realizado apenas um concurso por ano para a área contábil com exigência de curso superior de ciências contábeis dentro da esfera federal, ou seja, podemos dizer que há maiores oportunidades nas áreas que exigem formação superior, porém não são de funções iguais, e sim correlatas.

As oportunidades apresentadas nos editais da esfera pública federal são:

- Contador;

- Auditoria;

- Perícia;

- Analista de Finanças e Controle;

- Analista Previdenciário;

- Analista em Ciência Contábil e Tecnologia.

Qual o interesse nesta área

Um bom salário é o grande foco para as pessoas que buscam o mercado público, pois muitas pessoas querem ter um retorno em sua vida financeira, referente aos investimentos feitos anteriormente, como por exemplo, a universidade.

Um curso de graduação é o grande passo para o ingresso, mas nem todos os cargos necessitam de curso superior, porém, as oportunidades e benefícios são maiores e melhores para quem possui uma faculdade. As promoções e planos de carreira também são itens importantes para algumas pessoas, pois mostram que o importante não é somente entrar e sim ter o reconhecimento de seu trabalho e conseqüentemente crescerem e obterem maiores remunerações e benefícios sempre.

Todavia, academicamente falando, a matéria Contabilidade Pública deve ter maior destaque para que o candidato que formara e deseja ingressar na vida pública tenha a aptidão necessária e se sinta capaz de responder as questões no dia da prova referentes a esta matéria com segurança.

Após a análise feita, pela visão do próprio contador, sua imagem diante da sociedade é a melhor possível. Pois ele enxerga que a sociedade oferece aos novos contadores boas oportunidades, deixando de lado a imagem de guarda-livros e transmitindo confiança necessária para gerenciar os negócios da própria sociedade. Sendo o mercado de trabalho para o profissional contábil vasto de atuação, ele aposta na sociedade.

O crescimento do desejo dos profissionais contábeis à vida pública, é devido pelas promoções e planos de carreira que o trabalho em órgãos públicos possa oferecer, outro motivo encontrado refere-se a boa remuneração oferecida por este campo de trabalho, este desejo aplica-se no retorno do investimento feito ao longo dos anos de estudo.

Contudo, conclui-se que os profissionais contábeis possuem grandes chances de passarem nos concursos públicos, visto que as universidades ensinam o que os editais exigem, a sociedade dá boas oportunidades e o importante aos profissionais é ter o conhecimento de juntar a teoria, a prática, seu interesse, ser atualizado com todo tipo de informação e na tecnologia da informática, contudo isto, o candidato tem grande ajuda a ingressar com sucesso num órgão público federal.

A contabilidade pública pode ser uma **excelente opção** para a sua carreira. E isso é possível porque a formação em Ciências Contábeis abre uma série de oportunidades. Mas para não deixar essa passar, é preciso se especializar.

Estude, se informe, busque **ampliar seus conhecimentos** e se torne um profissional mais bem preparado. Quando a chance aparecer, você estará pronto para fazer a diferença.

2. Contador Geral de Empresa Privada

O contador é uma das figuras mais importantes na estrutura de uma empresa. Cada contratação, tomada de decisão, planejamento estratégico ou investimento feito por uma companhia envolve, necessariamente, a atuação de um profissional de contabilidade. Ele tem em suas mãos as informações necessárias para gerenciar a vida financeira de um negócio e auxiliar os administradores no desempenho de suas tarefas.

O Contador em uma empresa privada é o profissional encarregado de trabalhar com a área financeira, econômica e patrimonial de uma ou várias pessoas jurídicas (empresas). Faz parte das tarefas deste profissional estar totalmente adequado às leis que dizem respeito ao patrimônio das pessoas jurídicas, datas e prazos dos impostos que a empresa deve pagar e interpretar, de forma correta, as informações coletadas para, desta forma, saber que atitudes devem ser tomadas para o crescimento das empresas onde exerce suas funções. Junto ao corpo administrativo da companhia, o trabalho do contador auxilia na elaboração de um bom planejamento estratégico, na avaliação de riscos e de perdas. Além da programação de novos investimentos e da identificação de melhores oportunidades de crescimento para a empresa.

O contador pode trabalhar em diversos ramos, como por exemplo, assessor (prestação de serviços), professor do segmento contábil, colaborador de pessoas jurídicas (atuando na escrituração contábil, no departamento fiscal ou pessoal), auditor (independente, interno ou externo), analista de contabilidade, perito contábil (agente fiscal de tributos), sócio ou proprietário de escritório contábil (realizando consultoria), etc.

O contador tem acesso a informações cruciais das empresas, por isso é preciso que este profissional paute a sua conduta com ética, cuidado e honestidade. O profissional desta área encontra facilmente colocação no mercado de trabalho, visto que toda pessoa jurídica necessita de, no mínimo, um contador, portanto, as áreas de auditoria e perícia contábil são opções, que por estarem em alta, atraem muitos contadores.

Não é possível pensar em tomada de decisão sem levar em conta os dados e informações gerados pela contabilidade através do Contador. Todas as empresas são obrigadas a possuir seu sistema contábil, conforme institui o código civil na Lei 10.406/2002.

Qual é a importância do contador na empresa?

Justamente por ter em mãos todas as informações financeiras sobre a vida da empresa, o contador é o profissional com o conhecimento e com a experiência suficiente para atuar na gestão orçamentária e auxiliar os administradores em suas tomadas de decisões. Pelos relatórios gerenciais elaborados pelo contador do histórico financeiro da empresa, do mapeamento de gastos, de investimentos e da identificação de pontos de melhoria, o profissional de contabilidade é capaz de ter uma visão geral sobre o negócio.

Assim, ele aponta as melhores formas para atingir o objetivo do negócio, independente do seu tamanho. Aliás, o contador é um profissional essencial em qualquer companhia, seja ela uma microempresa ou uma grande corporação. O seu conhecimento pode ser aplicado em qualquer estrutura empresarial. Justamente por esse motivo, a atividade do contador acompanha as demandas vindas da diretoria e ele está sempre condicionado às necessidades de um negócio.

O contador é um profissional indispensável em qualquer tipo de organização. Ele acompanha as transações da empresa desde sua abertura até o encerramento de suas atividades.

E a função de um contador não se restringe à gestão de empresas. Ele também pode atuar no mercado de seguros, controladoria, perícia e auditoria. Esses profissionais podem trabalhar de forma autônoma ou como funcionários de escritórios de contabilidade, empresas públicas e privadas, organizações não governamentais e até no setor militar.

Algumas das áreas em que este profissional pode atuar!

1. Gestão de Empresas

Na abertura de uma empresa, o contador é quem registra a firma junto aos órgãos do governo e consegue o alvará de funcionamento. Somente a partir disso é que a organização pode iniciar suas atividades.

Após a abertura da empresa, normalmente, chega o momento de contratar funcionários. O contador pode elaborar os contratos de trabalho e reunir toda a documentação necessária. Além disso, pode ser responsável por realizar mensalmente o fechamento da folha de pagamento, calculando possíveis faltas e horas-extras.

No caso de empresas menores, o contador funciona como o Departamento de Pessoal, acompanhando todos os momentos da vida do trabalhador: realiza o cálculo das férias, faz alterações na carteira de trabalho quanto a cargos e salários e também elabora documentos de rescisão.

No que diz respeito à parte financeira da empresa, o contador deve estar por dentro de toda a movimentação: contas a pagar, fluxo de caixa, empréstimos, investimentos, etc. Ele é responsável por elaborar as demonstrações financeiras obrigatórias. Algumas delas são mensais, outras anuais.

Além dos registros contábeis obrigatórios, o contador pode elaborar outras demonstrações financeiras de acordo com a necessidade dos gestores da empresa: controlar a saúde econômica da empresa ou apoiar tomada de decisões, por exemplo.

O contador também pode analisar a viabilidade econômica dos projetos da empresa, elaborando relatórios com previsão de rentabilidade.

É de responsabilidade do contador fazer os cálculos e emitir as guias de impostos a serem pagos, como por exemplo: ICMS, IPI, PIS, COFINS, entre outros.

Outra função do Contador é gerar mensalmente o SPED fiscal (Sistema Público de Escrituração Digital) e encaminhá-lo ao fisco. Para isso, reúne informações de escrituração fiscal, escrituração contábil e notas fiscais eletrônicas, preparando um arquivo digital nos padrões exigidos pela Receita Federal e submetendo esse arquivo ao programa validador.

2. Auditoria Contábil

Na área de auditoria, o contador tem a função de verificar a exatidão das informações contidas nos registros contábeis. Ele examina os documentos contábeis (como balanço patrimonial, fluxos de caixa, demonstrações contábeis, etc.) com o objetivo de evitar irregularidades e combater fraudes.

O auditor analisa todos os aspectos da empresa – administrativo, patrimonial, fiscal, financeiro e econômico – e elabora um relatório de auditoria identificando os problemas observados e descrevendo recomendações para corrigi-los.

3. Atuária

Atuária é a ciência que calcula os riscos e elabora planos de seguros e de previdência. Nesta área, o contador atua basicamente em três aspectos:

- **Seguros** – é responsável pelos cálculos de premiações e indenizações e realiza cálculos de probabilidade.

- **Previdência** – trabalha com previdência social e privada, realiza os cálculos de fundos, produz relatórios de avaliação e de alcance da previdência e também de possíveis riscos.

- **Capitalização e Investimentos** – pesquisa e gerencia fundos de investimento, elabora planos e políticas de investimentos. Atua como consultor financeiro, realizando a medição de possíveis riscos.

4. Perícia Contábil

O perito contábil verifica fatos com o objetivo de oferecer uma opinião técnica para solucionar casos judiciais e extrajudiciais. Nos casos judiciais, o perito é indicado por um juiz para realizar o trabalho. Já nas questões extrajudiciais, quem contrata o perito é uma das partes envolvidas.

O contador elabora um laudo pericial onde reúne as provas necessárias para subsidiar uma solução do caso. Para isso, realiza vistorias, investigações, arbitramentos e avaliações.

É comum ocorrer confusão entre auditoria e perícia. Enquanto a auditoria trabalha com o panorama geral da empresa a fim de identificar irregularidades, a perícia contábil atua sobre um determinado fato, alvo do caso litigioso.

O perito pode trabalhar juntamente com assistentes técnicos que as partes envolvidas têm o direito de indicar para acompanhar a avaliação.

5. Controladoria

A controladoria tem o objetivo de auxiliar os gestores nos processos de decisão através do controle (fiscal, financeiro, de desempenho) dos planejamentos da organização.

O contador inicia seu trabalho na controladoria verificando qual é o planejamento estratégico de crescimento da empresa e os padrões de qualidade estabelecidos.

Com o enfoque nos resultados que a empresa deseja atingir, o contador define os padrões de controle que serão aplicados aos resultados obtidos.

O controlador faz uma análise comparativa entre os padrões estabelecidos e os resultados alcançados, apontando os desvios (o que não foi realizado conforme o planejado). Após essa análise, elabora um relatório de relevância destes desvios indicando até que ponto eles comprometem os objetivos da organização.

Para os desvios mais relevantes, o contador sugere possíveis soluções aos gestores da empresa.

3. Controller de Empresa Privada

O **gerente de controladoria**, muitas vezes conhecido pelo termo em inglês **controller**, é o profissional responsável pelo planejamento, coordenação, direção e controle das atividades de curto, médio e longo prazo executadas nas áreas de **planejamento, controladoria e finanças**.

O **Gerente de Controladoria (Controller)** tem a função básica de extrair e consolidar informações relevantes, fidedignas e tempestivas, gerando relatórios para auxiliar a tomada de decisões dos gestores de cada área, bem como para a diretoria da organização. Porém, suas atribuições não param por ai. Um gerente de controladoria deve identificar pontos deficientes ou que podem ser melhorados para contribuir no incremento da rentabilidade e lucratividade da empresa, monitorando exposições ao risco.

Está sob a responsabilidade de um gerente de controladoria (controller) atuar com instruções para as demais áreas da empresa, realizar a análise de desempenho, análise e proposta de ações para a equipe de gestão, contabilidade, gestão de liquidez de ativos de controle, finanças, planejamento fiscal, governança corporativa, conformidade e garantia, gestão de riscos, análise de viabilidade de projetos e na redução de custos e melhorias contínuas na produtividade.

Também estão entre suas atribuições realizar acompanhamento e aplicação das medidas acordadas durante o processo de planejamento e fazer a programação de recursos em cooperação com serviços compartilhados.

Além disto, por conhecer a empresa de modo geral, muitas vezes o gerente de controladoria (controller) atua na implantação dos diversos sistemas de informações que compõem uma empresa (ERP, contabilidade, planejamento e orçamento, etc.).

Para isto, um gerente de controladoria precisa ter aptidões como saber tratar, refinar e apresentar, de maneira clara, resumida e operacional, dados contidos nos registros da contabilidade financeira. Deve ainda, para ter um trabalho eficaz, observar inúmeros princípios norteadores, como iniciativa, visão econômica, visão holística, persistências, imparcialidade, persuasão, liderança e ética.

Com que áreas o Gerente de Controladoria (Controller) se relaciona dentro da empresa?

O gerente de controladoria, por ser o profissional responsável pelo planejamento, coordenação, direção e controle das atividades de curto, médio e longo prazo nas áreas de planejamento, controladoria e finanças, deve se relacionar com praticamente todas as áreas dentro de uma empresa.

Por exemplo, ele deve buscar junto aos gestores de cada área quais são suas necessidades para desempenharem suas funções (recursos, materiais, equipamentos, contratação de pessoas), atuar junto à equipe comercial qual a projeção de vendas para o curto e médio prazo e com base nisto, verificar com a área de PCP (planejamento e controle de produção) quais serão as necessidades de compra de materiais, insumos, matérias-primas, investimento em novas máquinas e equipamentos, etc.

E estes são apenas alguns exemplos dos relacionamentos que o controller deve realizar com as demais áreas da empresa, realizando o levantamento de toda a projeção de receitas, custos, despesas e investimentos para consolidar e gerar as informações de projeção que serão validadas com a diretoria da organização e acompanhadas durante todo o exercício em forma de metas e objetivos. O gerente de controladoria também está diretamente envolvido com as questões de Governança, Risco e Conformidade.

Por isto é importante que o controller possua a sua disposição ferramentas ágeis e eficientes (como o Treasy, nossa solução de Planejamento e Controladoria), para auxiliá-lo a realizar o planejamento anual da empresa, definindo as metas e objetivos a serem alcançados e acompanhar mensalmente os resultados comparando se o que está sendo realizado está de acordo com o que foi planejado, e tomando providências para corrigir possíveis desvios a tempo.

Formação desejada de um Gerente de Controladoria (Controller)

Como vimos no tópico anterior, o gerente de controladoria costuma ser um profissional multidisciplinar, atuando em conjunto com praticamente todas as demais áreas da empresa, e para isto deve possuir conhecimentos básicos sobre o funcionamento de cada área.

Porém, é comum (e desejável) que o controller possua formação acadêmica em áreas mais ligadas a gestão e administração, como por exemplo, (mas não se limitando a): **Administração de Empresas, Ciências Contábeis** ou **Economia**.

Também é importante que este profissional busque se aprofundar em conhecimentos específicos, com a realização de pós-graduações ou MBAs em áreas como: **Finanças e Controladoria, Planejamento Estratégico** ou **Gestão Empresarial**.

Para que o profissional tenha um bom desempenho como controller, além da graduação é essencial que possua conhecimentos profundos de finanças e controle de processos, além de possuir bons conhecimentos em informática e ferramentas, como sistemas de gestão, liderança, negociação, tomada de decisão, trabalho em equipe, comunicação, cultura organizacional, compromisso com resultados, planejamento e organização, busca por solucionar problemas.

E dependendo do setor em que a empresa atua, ou se tem unidades no exterior, é imprescindível ao controller a fluência em outros idiomas.

4. Contador Fiscal de Empresa Privada

Todo negócio, independente de tamanho e área de atuação, precisa realizar o repasse das informações fiscais e contábeis ao Fisco, estar atento às alterações na legislação e realizar um bom planejamento tributário. Isso porque as mudanças são constantes, não apenas em relação ao mercado, mas também à concorrência e ao público. Só por esta breve introdução, já dá para começarmos a entender **o que faz o Contador daárea fiscal de empresa privada**, não é mesmo?

As atividades da **área fiscal** de uma empresa são extremamente importantes no processo de tomada de decisões e são elas que garantem os números utilizados para o planejamento estratégico do negócio. O repasse das informações fiscais pode ser realizado através de diversos documentos, tais como: relatórios, gráficos, apresentações e planilhas, tudo para facilitar na tomada de decisões e garantir a saúde do negócio.

Você, provavelmente, já observou ou ouviu falar da quantidade de atividades que envolvem a área fiscal e, mesmo que tenha ouvido aquela explicação rápida durante uma reunião com o seu contador ou controller, ficou sem entender quase nada sobre esse universo.

O que é e o que faz a Área Fiscal?

Para entender o que faz a área fiscal, primeiro precisa entender que ela é uma das bases fundamentais para o bom funcionamento da empresa. Muita coisa começa e termina nesse setor. Os profissionais que atuam nessa área devem possuir um senso crítico e analítico aguçado e devem estar atentos às oportunidades.

É através das atividades realizadas nessa área que a empresa pode **conseguir benefícios fiscais, reduzir custos** e **buscar créditos de impostos para compensação.**

Atualmente, a área fiscal acaba se limitando basicamente à escrituração e apuração de impostos, pois toda a responsabilidade que recai sobre ela se evidencia no pagamento dos tributos. Em virtude dessa limitação, a contabilidade fiscal é associada exclusivamente às obrigações fiscais.

Desdobramentos da Área Fiscal

A área fiscal é responsável por diversas atividades e algumas impactam diretamente nos custos operacionais da empresa. Quando pensamos na área fiscal, automaticamente associamos à impostos e obrigações acessórias, mas ela possui muitos desdobramentos que, em algumas empresas, dependendo do volume da movimentação, é segregada em diferentes departamentos.

Vamos mostrar quais são esses departamentos e qual a importância de suas atividades, sem esquecer a relação custo/ benefício para gerar as informações fiscais, contábeis e gerenciais.

Recebimento / Escrita Fiscal

É na área de Recebimento Fiscal que tudo começa. Em muitas empresas essa área abrange o recebimento físico e fiscal da mercadoria, desde a entrada do caminhão na portaria à escrituração da nota fiscal no sistema.

Podemos dizer que, se o profissional que faz o recebimento das mercadorias e a conferência das notas fiscais não realizar o seu trabalho, a produção da empresa simplesmente para, já que sem mercadorias ou matéria-prima não há como produzir e vender.

Sabemos que não basta receber a mercadoria e conferir a nota fiscal, é preciso escriturar tudo no sistema e assim alimentar toda a movimentação de estoque, custo do produto, livros de apuração e escrituração, relatórios financeiros para pagamento, entre outros.

Neste processo, não podemos esquecer a relação de custo x benefício para gerar essas informações. Então, é preciso ficar atento às novidades tecnológicas disponíveis para automatizar esse processo e reduzir os custos da área.

Apuração de Impostos

Dentre as inúmeras atividades da área fiscal, podemos destacar a apuração de impostos como uma das mais eminentes. Todos nós sabemos que é preciso realizar o pagamento dos impostos em dia e, brincadeiras à parte, por enquanto, só não pagamos impostos para respirar, não é mesmo?

Sendo assim, é no setor de apuração de impostos que a atenção deve ser redobrada. É por meio dele que a empresa consegue medir alguns índices importantes e, juntamente com outros departamentos da área fiscal, verificar qual a melhor opção de tributação para o negócio.

Vale lembrar que no Brasil possuímos quatro formas de tributação: Lucro Real, Lucro Presumido, Simples Nacional e Lucro Arbitrado, cada uma delas com suas especificações e particularidades. Esta última forma de tributação somente é aplicável pela autoridade tributária quando a pessoa jurídica deixar de cumprir as obrigações acessórias relativas à determinação do lucro real ou presumido.

De forma resumida, no Lucro Real o Imposto de Renda e a Contribuição Social são apurados a partir do lucro contábil, acrescido de ajustes (positivos e negativos), requeridos pela legislação fiscal.

No Lucro Presumido, a tributação desses impostos é feita de forma mais simplificada, aplicando percentuais fixos sobre determinadas receitas. Entretanto, no Lucro Presumido há um limite para poder optar por este regime, que é a receita bruta do ano anterior. A partir de 2014, o limite é de R$ 78 milhões.

Já o Simples Nacional é uma forma simplificada de cálculo e recolhimento dos tributos, aplicável às microempresas e empresas de pequeno porte. Porém, nem todas podem optar por essa forma de tributação. A primeira barreira impeditiva é a receita bruta anual, que deve ser inferior a R$ 3.600.000,00 (três milhões e seiscentos mil reais).

Obrigações Acessórias

Qualquer empresário sabe que o Brasil é famoso pela sua burocracia e pela enorme oneração do tempo na hora de comprovar que se está em dia com os pagamentos dos impostos. Isso sem contar todas as demais obrigações que praticamente brotam do solo, todos os dias.

E no meio de papeladas, correrias e reclamações, os arquivos da Escrituração Fiscal Digital surgem para mudar esse cenário, integrando, em um sistema único e digital, as informações fiscais, contábeis e cadastrais dos contribuintes.

Além de promover a integração entre o fisco de todos os entes federativos, o Sistema Público de Escrituração Digital (SPED) tem como principais objetivos racionalizar e uniformizar obrigações, através de transmissões únicas, e acelerar a identificação de bons e maus pagadores de impostos no país.

A ideia, também, é diminuir a papelada nos inúmeros processos, por parte das empresas, na administração dos impostos.

Controladoria

Dentre os processos desempenhados em setores como os de Controladoria, os que mais se destacam são os ligados às áreas de controles de informação, pois são eles que balizam as tomadas de decisão e dão segurança aos gestores na geração de resultado.

A confiabilidade nas informações fiscais é necessária devido à importância da apreciação dos dados contábeis, que facilitam o desenvolvimento e a implantação de estratégias adotadas nas organizações. É por meio dos dados contábeis que os gestores tomam as decisões relativas ao orçamento empresarial, plano estratégico, participações, entre ouros.

Por que a área fiscal é tão importante para as empresas?

Para continuarmos a entender o que faz a área fiscal das empresas, precisamos saber também que ela tem como principal objetivo, como já mencionamos anteriormente, facilitar a vida dos gestores na tomada de decisões. Conhecer a área fiscal da empresa, como funciona e quais impostos e taxas devem ser pagos facilita o andamento das atividades do setor e a comunicação com as demais áreas.

Com uma boa administração, essa área torna-se uma opção bastante atraente para as empresas, além de gerar uma série de benefícios, tais como:

- Benefícios fiscais para redução de custos;

- Melhora no <u>fluxo de caixa</u>, com pagamentos dos impostos e taxas;

- Redução de exposição ao fisco, com multas e fiscalizações; e

- Agilidade nos processos, nas barreiras fiscais.

Com tudo que foi exposto, fica claro que o Contador da área fiscal não tem apenas o objetivo de escriturar notas fiscais e apurar impostos, é através das informações geradas pela área fiscal e contábil que as empresas identificam oportunidades e melhoram a saúde do seu negócio.

Considerações Finais

Fala a verdade, você não imaginava que a área fiscal poderia ser tão importante na organização de uma empresa, não é mesmo? No fim das contas, todo o processo de produzir, alimentar estoques, vender, investir, reduzir custos, enfim... Todas as decisões mais importantes da empresa dependem das informações extraídas da área fiscal.

Então, qual a maior prioridade dos profissionais que atuam nessa área? Facilitar a vida dos gestores, responsáveis pela tomada de decisões, e garantir que tudo funcione da melhor forma, sem multas, atrasos, fiscalizações, apreensões e tudo mais que pode complicar o desdobramento das atividades das demais áreas da empresa.

Como está o Planejamento Tributário de sua empresa?

Em um país tão sobrecarregado de impostos e tributos como o Brasil, o Planejamento Tributário deve estar presente no aproveitamento de incentivos fiscais, no pagamento de juros sobre o capital, na distribuição de lucros e nas diversas formas de tributação das pessoas jurídicas e de seus acionistas e cotistas. **Além de ser um direito de toda empresa brasileira, o Planejamento Tributário é uma obrigação para um bom administrador!**

O cenário é complicado, mas existem diversas formas de se realizar um bom Planejamento Tributário, cabendo a empresa considerar todas as oportunidades, oferecidas pela legislação vigente, na redução de custos fiscais incidentes sobre as suas atividades.

Então, o Contador Fiscal através de estudos, realizados de acordo com as necessidades do mercado e do negócio da companhia, é possível agregar valor e solucionar as demandas fiscais como um todo, para que os resultados sejam sustentáveis em longo prazo.

5. Contador de Custos

Não importa se você está entrando agora no mundo do empreendedorismo e analisando a viabilidade de abrir a sua empresa ou se já está tocando os seus negócios há algum tempo, certamente essa palavra já ecoou muitas vezes na sua mente. Os "custos" são um ponto fundamental tanto na hora de avaliar as possibilidades de sucesso de um negócio quanto no dia a dia dos empresários que estão com a mão na massa – e sempre pensando em formas de reduzir os gastos.

Mas você sabe exatamente do que faz um **contador de custos**?

O objetivo primário da contabilidade de custos é a apuração dos custos, ou seja, dos gastos que a empresa tem ao produzir algo ou prestar um serviço. Desse modo, ela desempenha um papel fundamental para uma boa gestão financeira do negócio, podendo ser usada como uma ferramenta de apoio para as decisões dos gestores e para o futuro da empresa.

Por essa razão, é importante que ela seja feita de maneira correta e prática em todos os sentidos. Como estamos falando de cálculos complexos – isto é, de um nível avançado de entendimento das finanças da organização – é normal que muitos empresários se sintam um pouco perdidos ao se depararem com tantos números.

No entanto, visto a sua importância para o sucesso do negócio, mesmo que a tarefa tenha que ser passada às mãos de um profissional da contabilidade, é importante que todo empresário fique por dentro do assunto.

Se você quer entender mais também para poder avaliar se as coisas estão funcionando bem na sua empresa, leia mais e tire as suas dúvidas sobre como se elabora contabilidade de custos de uma organização.

O que é a contabilidade de custos

A contabilidade é uma ciência extremamente necessária para a sobrevivência e a regularização dos negócios de qualquer tipo e em qualquer âmbito. É somente em função dela que é possível realizar cálculos e apresentar detalhadamente informações sobre a evolução patrimonial e financeira de uma empresa ao longo do tempo.

Enquanto a contabilidade de forma genérica envolve técnicas e cálculos para manter o controle do patrimônio de uma empresa, a **contabilidade de custos** é uma área específica, uma engrenagem importante e fundamental dentro desse sistema.

Trata-se de uma parte da contabilidade voltada para os custos que uma empresa possui na produção dos seus bens ou na prestação dos seus serviços.

Ela se baseia no registro contábil das operações da organização e é responsável pelas contas de custeio. De acordo com a atuação da empresa, ela pode ser dividida em contabilidade de custos industriais e contabilidade de custos de serviços.

Custos diretos e indiretos, fixos e variáveis

Independentemente do tipo de empresa, os custos podem ser diretos ou indiretos. Os custos diretos são aqueles gastos diretamente ligados à produção de um produto ou a prestação de um serviço; enquanto os indiretos não podem ser relacionados de forma objetiva à produção ou à prestação de serviços.

Pode-se pensar, por exemplo, nos custos diretos como aqueles que envolvem itens necessários para um produto: no caso de uma padaria, a farinha e os outros ingredientes utilizados para fazer pão são custos diretos. Por outro lado, serão indiretos os custos desse mesmo estabelecimento com marketing para a divulgação do seu produto.

Também é muito comum na contabilidade de custos se falar em custos fixos e variáveis. Em grande parte dos casos, utiliza-se esses termos como referimento aos mesmos custos diretos e indiretos.

Os custos fixos se referem aos gastos que não dependem da produção, pois são custos que a empresa terá mesmo que altere a quantidade produzida.

Enquanto os custos variáveis são aqueles relacionados aos valores gastos pela empresa para produzir ou oferecer seus serviços, que variam de acordo com a produção.

Como fazer a contabilidade de custos

A contabilidade de custos permite a identificação e a mediação dos pagamentos feitos pela empresa. Esses dados envolvem desembolso, prazo, consumo de bens e depreciação de ativos financeiros.

Produzindo um levantamento detalhado dos gastos desembolsados, a contabilidade de custos deve fornecer um panorama completo dos gastos do empreendimento.

Para isso, é essencial contar com um especialista que auxilie em todos os processos contábeis da empresa. Esse profissional poderá trabalhar com diferentes métodos para dividir os gastos e elaborar a contabilidade de custos.

No método do **custeio por absorção**, por exemplo, todos os custos, diretos e indiretos, são absorvidos e rateados, ou seja, distribuídos para todos os produtos ou serviços.

Esse é um dos métodos mais usados, e de acordo com as orientações do Sebrae, disponíveis na biblioteca online da instituição neste link, a elaboração da contabilidade de custos dessa forma inclui algumas coordenadas iniciais como:

- Listar todos os custos envolvidos na produção de um produto ou na prestação de um serviço;

- Identificar e separar custos e despesas, relacionando os custos diretos;

- Ratear os custos indiretos seguindo regras de absorção de custos;

- Ratear as despesas seguindo regras de absorção de custos;

- Comparar custos e despesas totais por produto com preço de venda aplicado;

- Comparar custos e despesas totais por produto com os orçamentos e com os custos-padrão, analisando se houve variações entre o que foi planejado e o que foi executado;

- Tentar identificar as causas das variações e elaborar ações para correção, se necessário.

Ferramentas ajudam no levantamento dos dados e nos cálculos de custeio

Conhecer os valores envolvidos na oferta de um produto ou serviço garante uma gestão eficiente que permite realizar um controle de gastos adequado e fazer previsões importantes para o futuro dos negócios. Por essa razão, é essencial ter ao seu lado profissionais especializados e competentes.

Como a contabilidade de custos envolve o registro e a análise de muitas informações e a elaboração de cálculos avançados, é interessante para a empresa contar com ferramentas apropriadas que simplifiquem os seus processos contábeis.

Atualmente, existem plataformas oferecidas por serviços de contabilidade que reúnem todos os dados e documentos fiscais, contábeis e financeiros da empresa. Essas plataformas possibilitam que as tarefas envolvidas na contabilidade de custos, por exemplo, se tornem mais práticas, além de facilitar a relação entre contador e empresário.

6. Contador Autônomo – Dono de seu Escritório

Prós e contras de ser um contador autônomo

Toda empresa precisa de um contador. Mas o que é melhor? Trabalhar como contador autônomo ou abrir uma empresa? Há muita diferença entre uma e outra coisa? É melhor ser seu próprio patrão ou trabalhar como funcionário de um escritório contábil? Cada caso é um caso e o profissional deve analisar bem antes de decidir.

Confira algumas dicas para orientá-lo nessa decisão!

Os impostos

O profissional contador autônomo e a empresa pagam impostos de forma diferente. Uma empresa de contabilidade, emissora de notas fiscais e optante pelo Lucro Presumido (sistema de tributação escolhido pela maior parte das empresas), paga em torno de 11,33% sobre o valor de cada nota fiscal emitida. Esse valor é acrescido do ISS (imposto sobre serviços de qualquer natureza).

Um contador autônomo paga de outro modo: por meio do livro caixa, um documento de controle que registra todas as receitas e despesas profissionais em um dado mês. Despesas profissionais são aquelas relacionadas exclusivamente à ocupação do contador (aluguel, serviços de água, luz e telefone, material de escritório e outras coisas). Em um mês, somam-se as receitas e subtraem-se as despesas dedutíveis, gerando o rendimento líquido profissional, sobre o qual incidem os impostos (IRPF).

De modo geral, o IRPF chega a 11,45% sobre o rendimento líquido. A regra é: quanto maior o rendimento líquido, maiores os impostos.

Ausência de um chefe

Muitas pessoas desejam trabalhar sem ter patrão. O autônomo não tem um chefe específico, alguém que seja o "dono" do negócio e esteja sempre alerta ao seu trabalho, fiscalizando-o. Contudo, se você interpreta que patrão é aquele que paga seu salário, como autônomo o contador terá vários "patrões": os diferentes clientes que pagarão pelos serviços e exigirão excelência do profissional.

A questão de não ter um chefe está muito associada a certas ideias equivocadas sobre a relação patrão/empregado e é sempre bom rever sua posição sobre isso.

Flexibilidade de horários e escolha de clientes

Como autônomo, haverá maior flexibilidade de horários. O profissional pode adequar suas atividades ao seu tempo e trabalhar sem ter que seguir um horário rígido. Ele pode escolher o quanto deseja trabalhar por dia, dependendo das situações. Também poderá escolher seus clientes com mais liberdade, podendo recusar trabalhos que considere desagradáveis ou solicitados por pessoas em quem ele não confie.

Os direitos trabalhistas

Como autônomo, o contador não terá certos direitos trabalhistas, como pagamento de horas extras, férias e 13º salário, seguro desemprego, repouso semanal remunerado, salário garantido, folga e licença em ocasiões especiais, desconto máximo de até 6% do salário no vale-transporte, etc.

Para usufruir desses direitos, ele terá que ser um funcionário com Carteira de Trabalho assinada. Como colaborador de uma empresa, o contador terá que pagar somente metade do valor cobrado pelo INSS, já que a outra metade é paga pelo patrão. Como autônomo, terá que bancar o valor sozinho (embora, geralmente menor) e se disciplinar para efetuar esse pagamento em dia. Como dono de uma empresa, por sua vez, terá que oferecer os direitos trabalhistas a todos os seus funcionários.

Responsabilidades

Seja como dono de um negócio, contador autônomo ou funcionário, o contador terá responsabilidades. Como contador autônomo, terá maior acúmulo de funções, de vendedor, gestor, advogado e assim por diante (contudo, pode terceirizar esses serviços). Como funcionário, terá horários e prazos mais rígidos a cumprir. E como empresário, terá que gerenciar e liderar sua equipe.

Uma coisa é certa: sempre haverá responsabilidades! Mas, as dificuldades dependerão do perfil de cada um.

9 dicas para abrir um escritório de contabilidade

Empreender na área contábil é um sonho comum entre muitos que ainda estão na faculdade e também contadores que hoje atuam como empregados ou autônomos. Para esse público, não faltam boas **dicas para abrir um escritório de contabilidade** e tirar suas ideias do papel.

Você vai ver:

- O que considerar no plano de negócios do seu escritório;

- Como dar conta de todas as exigências na abertura;

- Critérios para definir a localização do escritório;

- O que não pode faltar na estrutura inicial;

- Com quais profissionais sua equipe deve contar;

- A importância da organização e padronização de tarefas;

- Como oferecer um serviço eficiente e de qualidade;

- Qual é a melhor estratégia de divulgação;

- Onde estão as oportunidades para crescer;

- O que sugerem colegas que já chegaram lá.

Siga as dicas para abrir um escritório de contabilidade

Listamos <u>perguntas fundamentais</u> a fazer antes de abrir um escritório contábil. Mas, para o profissional que tem esse objetivo para a **sua carreira**, é preciso ir além, e é por isso que apresentamos as nove dicas a seguir.

1. Tudo começa pelo planejamento – sempre ele.

Sabe aquele conselho que você, enquanto contador dá aos futuros empresários que o procuram para um suporte na abertura de empresa? Sim, estamos falando da importância do **plano de negócios**. Para se tornar um empresário contábil, não dá para deixar de lado esse valioso documento.

É nessa etapa que você precisa responder qual será efetivamente o negócio que irá iniciar. Isso inclui prever:

- Quais serviços irá prestar;

- Se o escritório será generalista ou escolherá a <u>segmentação</u>;

- Qual é o seu público-alvo;

- Em qual diferencial você irá apostar para vencer a concorrência;

- Qual a viabilidade da sua proposta de empresa no mercado atual;

- Qual a necessidade de investimento inicial e sua capacidade de atendê-la.

Fica claro que você precisa realizar uma <u>pesquisa de mercado</u>, pois necessita conhecer bem o terreno onde pisará. Abrir um escritório não pode ser uma aventura, nem mesmo correr o **risco de ser apenas mais um** na multidão.

2. Faça um check list burocrático.

"Faça o que eu digo, mas não o que faço". *"Em casa de ferreiro, espeto de pau"*. Vários ditados populares podem ser utilizados para se referir à hipotética (e inaceitável) situação de falta de algum **documento ou licença** exigidos para abrir um escritório de contabilidade.

Como as **burocracias** são muitas, faça um *check list* para regularizar a sua atuação junto a todos os órgãos, sejam eles municipais, estaduais ou federais.

3. Defina sua localização.

Um escritório contábil não se beneficia da instalação em um shopping, tampouco em uma zona rural, você concorda? Em linhas gerais, o **cenário ideal** para o seu novo negócio depende muito do público que espera atingir. Mas como regra básica, o contador não deve estar muito distante dos centros comerciais, para que possa ser acessado com facilidade por novos e antigos clientes.

Ao definir sua localização, considere ainda a **necessidade de deslocamento**, tanto para atendimento a empresas em suas sedes, quanto para visitas a órgãos oficiais, como secretarias da Fazenda, delegacias da Receita Federal e Junta Comercial. Quanto menos tempo perder nessas tarefas, melhor.

4. Pense no espaço que você precisa.

Outro aspecto importante, que acaba afetando a escolha do local para instalar o seu escritório, está na estrutura que você pretende montar para ele. No seu plano de negócios, você deve ter chegado a um **número ideal de clientes** que espera atender no mercado no qual irá atuar. Essa informação dará embasamento para definir o porte da sua empresa.

O próprio tipo de serviço que irá prestar influencia na necessidade ou não de **delimitação de espaços**, contratação de funcionários e aquisição de equipamentos, por exemplo.

É interessante prever ao menos uma recepção, uma sala para reuniões e uma sala para cada contador, já que a atividade demanda foco e concentração.

Se você optar pela gestão informatizada e seus clientes integrarem informações com o escritório por meio da tecnologia, poupará espaço, pois dispensará a reserva de uma sala exclusiva para **armazenamento de documentos** em papel.

Ainda sobre estrutura, embora não exista uma norma técnica brasileira específica para a montagem de um escritório de contabilidade, há várias outras que contemplam **aspectos de segurança**. O Serviço de Apoio às Micro e Pequenas Empresas (Sebrae) lista as principais delas neste link.

5. Capriche na montagem do time.

De quantos profissionais você precisa no dia a dia? Quais atividades podem ser terceirizadas? Ao prever a montagem da equipe, seja criterioso para garantir que haja **tranquilidade para o trabalho** de todos. Não vale dar a largada já sobrecarregando colegas ou, por outro lado, contratando pessoas que acabarão com mão de obra ociosa ou utilizada em outra função.

Se o seu orçamento inicial é restrito, nada impede de **começar sozinho**, talvez como microempreendedor individual (MEI), já que essa é uma atividade permitida no programa federal (CNAE 6920-6/01)

Aí, conforme o negócio crescer, você não poderá mais acumular tarefas, como recepcionar clientes e atender ao telefone. Depois, não terá mais como responder a todas as demandas contábeis sozinho. E, **se o futuro for promissor**, precisará de profissionais para cuidar da gestão financeira e administrativa.

6. Comece padronizando tarefas.

Entre as dicas para abrir um escritório de contabilidade, sempre que possível, é indicado **criar um método de trabalho**. Isso significa ter um calendário de rotinas e também um *modus operandi* para a realização de tarefas comuns.

Como as demandas tendem a ser muitas, e com **prazos diferentes**, a organização é fundamental para estar com tudo em dia. Não há como ter sucesso na sua empreitada se falhar com um cliente e fazê-lo pagar uma multa por isso, por exemplo.

7. Foque na qualidade do que oferece.

É bastante provável que você inicie seu escritório **sedento por clientes**. Afinal, quanto mais, melhor, certo? Nem sempre é assim que funciona.

Quando o assunto é **construir um negócio sólido**, você precisa conhecer a sua real capacidade de atendimento e dentro de um padrão mínimo de qualidade. Concentrar-se em quantidade de clientes não demora a cobrar a conta e ela pode ser pesada, abreviando a sua jornada pelo empreendedorismo.

A melhor forma de crescer, sem dúvidas, é conquistando o cliente com **soluções eficientes**, o que passa por agilidade, qualidade e preço justo.

8. Elabore estratégias de divulgação

Desde os primeiros passos do seu escritório e durante toda a existência dele, é preciso se preocupar com marketing. Por mais que você tenha resistência ao tema ou pense se tratar de um gasto desnecessário, elabore uma estratégia. Afinal, se não houver **divulgação** planejada, como atrair clientes?

O sucesso de uma **campanha de marketing** depende do foco na persona, que nada mais é do que um retrato fiel do seu público-alvo. É preciso saber como ele gosta de ser acessado para que o investimento tenha o melhor retorno possível.

A depender do seu **perfil de cliente**, pode ser interessante apostar em ações de marketing offline, como anúncios em jornais e revistas empresariais, fôlderes e panfletos. Cada vez mais, contudo, é no meio online que estão os melhores resultados. Mas tudo depende de estratégia, seja nas redes sociais, ao montar seu site de contabilidade ou ao criar e alimentar um blog, por exemplo.

Seja qual for a sua estratégia, não esqueça de atender às normas de contabilidade, que estabelecem **regras específicas** para o marketing por escritórios contábeis.

9. Fique de olho nas oportunidades.

Uma das melhores dicas para abrir um escritório de contabilidade e crescer é não perder nenhuma oportunidade de vista. O **bom posicionamento no mercado** não combina com estagnação. Busque parcerias e marque presença em eventos de entidades de classe na sua cidade ou região, como associações empresariais.

Também faça sua adesão à Federação Nacional das Empresas de Serviços Contábeis (Fenacon), **se mantenha atualizado** e acompanhe a movimentação do Conselho Federal de Contabilidade (CFC) e suas regionais.

Além disso, sempre que houver a oportunidade de inovar, aposte nessa prática, pois boas ideias costumam funcionar como um **diferencial competitivo** interessante e eficaz para ficar à frente dos concorrentes.

Bônus: o que aqueles que já chegaram lá têm a dizer

A página do ContaAzul para Contadores no Facebook instigou seus seguidores a **registrar um conselho** para quem ainda vai se formar na área contábil. Apesar de a ação não ter sido proposta com qualquer caráter de pesquisa de opinião, chama a atenção como determinadas palavras e expressões aparecem repetidamente entre as dicas.

Amor pela profissão, ética, moral, coragem, dedicação, conhecimento e atualização são dicas bastante comuns entre aqueles que já estão trabalhando na profissão que escolheram.

Mas mesmo entre eles, há muitos que talvez desejam deixar a atuação como autônomo e busquem dicas para abrir um escritório de contabilidade. Afinal, **se tornar um empresário contábil** agrega ao contador o cargo (e as responsabilidades) de empreendedor.

Selecionamos abaixo alguns dos melhores conselhos de profissionais seniores:

1. Conheça a responsabilidade

"Nessa profissão, o mais importante é amar o que faz, porque é muita responsabilidade, os prazos e as multas não são brincadeira, então, você fica com o sistema nervoso abalado. Mas eu amo o que faço e, graças a Deus, tive a certeza disso já na época em que fazia faculdade."

O que a <u>Rosy de Paiva</u> diz faz todo o sentido. Abrir um escritório de contabilidade aumenta ainda mais essa **pressão por resultados**, que às vezes parte do cliente e, em outras, do próprio contador. Esteja ciente dessa responsabilidade antes de ter seu negócio próprio na área.

2. Agregue valor ao cliente

"Ofereça valor, seja companheiro, estude sempre, inove e, o principal, tenha amor ao que se propõe a fazer. Dinheiro é consequência do seu dia a dia."

Em uma só frase, <u>Geovani Scalioni</u> deu dois conselhos sobre <u>agregar valor ao cliente</u> e sobre a necessidade de <u>inovar na contabilidade</u>. Se você deseja ter um escritório, pense nisso.

3. Cogite a especialização

"Se tiver a oportunidade de entrar para a carreira de auditoria, será muito bom, pois além de você ver sua evolução no conhecimento e carreira, você vê a contabilidade em sua essência e nos mais diversos mercados."

A dica de <u>Victor Manuel Duarte Junior</u> é específica sobre o ramo da **auditoria contábil**, que certamente é uma das excelentes <u>oportunidades</u> para abrir um escritório de contabilidade no Brasil. Mas também para o profissional já estabelecido e que deseja crescer, especializar-se em outra área e segmentar sua atuação pode render bons frutos.

4. Estude e atualize-se

"Leia e estude as NBC desde o 1° semestre."

Apesar de ser um conselho curto e direto, o que <u>Ellen Priscylla</u> fala tem grande abrangência. As **normas brasileiras de contabilidade** são constantemente atualizadas. Dessa forma, não há como abrir um escritório e oferecer um bom serviço ao cliente sem conhecer em detalhes o que esses regulamentos preveem.

5. Mantenha-se firme em atendimento às normas éticas

"Muitos chegarão à sua esquerda e tentarão lhe induzir a fazer coisas erradas, mas seja forte que tu não serás induzido."

Abrir um escritório contábil, por vezes, coloca o empreendedor diante de **obstáculos** para manter clientes. Como lembrou <u>Salmeiron Júnior</u>, nem sempre a empresa atendida deseja fazer tudo certo, sequer compreende ou dá valor à informação contábil. Manter-se firme eticamente é um dever e estimular seu cliente a fazer o mesmo é o desafio.

Considerações finais

Neste livro, você viu algumas **valiosas dicas** para abrir um escritório de contabilidade. Se você ainda está estudando ou se deseja deixar a atuação como autônomo ou empregado para ter um negócio próprio, use as informações com as quais teve contato hoje para ampliar seus conhecimentos.

O caminho do **empreendedorismo contábil** não é fácil, mas é enriquecedor – e não exatamente no sentido financeiro, mas nas oportunidades que se abrem junto com a empresa.

Estude e esteja pronto para **vencer os desafios** e se posicionar no mercado.

ESCRITÓRIO DE CONTABILIDADE - ANÁLISE DE NEGÓCIO

Contabilidade é um trabalho minucioso de análise das áreas fiscal, tributária e trabalhista de uma empresa, instituição ou entidade governamental ou não governamental. Portanto, é uma atividade que exige tempo para análise.

Muitas empresas contratam firmas ou escritórios de contabilidade para prestar esse serviço. Em muitos casos, não há vantagem financeira em manter uma estrutura contábil. Até mesmo porque muitas empresas são obrigadas a realizar auditorias periódicas.

Por essas razões, em alguns casos, é vantagem a empresa contratar um escritório de contabilidade, que passa a ser responsável pelo balanço contábil e financeiro, pagamento de tributos, resoluções de problemas relativos ao quadro de funcionários, entre outras questões relativas à contabilidade empresarial.

Mercado

O mercado de prestação de serviços contábeis é bastante concorrido. Por isso, é importante manter a qualidade no atendimento e serviços. Como diferencial em relação à concorrência, o contador deve traçar um diagnóstico correto da situação real do empreendimento, de forma a estabelecer estratégias adequadas para o cliente atingir suas metas e objetivos.

Apenas a prática não habilita o profissional a superar a concorrência. É imprescindível que ele faça o acompanhamento diário das mudanças econômicas e financeiras. Além disso, é fundamental que ele busque especialização e atualização profissional que pode se dar através de cursos, leitura e análise de noticiários, boletins e mapas fiscais.

Estrutura

Área mínima de 40 metros quadrados para disposição das mesas e cadeiras da equipe de trabalho, além dos armários, estantes, microcomputadores e outros móveis de escritório.

Equipamentos

- Mesas;
- Cadeiras;
- Armários para arquivo;
- Estantes para os livros;
- Computadores interligados em rede e com acesso à internet;
- Materiais de expediente.

Investimento

Varia de acordo com a estrutura a ser adotada. O aporte inicial de capital é de R$ 20 mil, em média.

Pessoal

O número de funcionários varia de acordo com a estrutura. Mas pode-se iniciar com apenas um funcionário, caso o empreendedor fique encarregado da parte administrativa.

Pré-requisitos

- Conhecimentos da legislação das áreas de atuação;
- Ser contador ou técnico de contabilidade registrado no Conselho Regional de Contabilidade;
- Ter experiência profissional e conhecimentos dos trâmites legais dos órgãos públicos e das associações de classe.

Cliente

O cliente pode ser pessoa física ou jurídica.

Para o cliente, o contador é o profissional que resolve os problemas de ordem fiscal, jurídica, tributária e de pessoal. É quem traça a saúde financeira da empresa e, ao mesmo tempo, orienta sobre o correto pagamento de tributos. Mas é pelo seu desempenho que o contador conquista seu cliente.

Honorários Contábeis

É necessário que o empreendedor saiba calcular, adequadamente, seus honorários, para fins de justa retribuição dos serviços.

Recomendamos a leitura da obra Como Fixar Honorários Contábeis.

Serviços

Alguns serviços prestados por escritórios de contabilidade:

- Contábil: Lucro Real, Lucro Presumido, Simples Nacional, MEI, Balancetes, Razão Analítico, Diário, Livro Caixa, LALUR, entre outros;
- Fiscal: Livro de Entrada, Livro de Saída, Livro de Apuração do IPI, Livros de Apuração do ICMS, ISS, entre outros;
- Trabalhista: Apontamentos, Folha de Pagamento, GPS, SEFIP, DARF entre outros;
- Outros: Aberturas, Transferência, Encerramento de Empresas, DIRPF, Consultoria, Assessoria, Certidões Negativas.

Pode-se também exercer atividade de assessoria específica em áreas de atuação de médias e grandes empresas.

Programa de trabalho

Um escritório de contabilidade funciona normalmente das segundas às sextas-feiras, das 8 horas às 18 horas. Ele deve ter organização e administração adequadas à atividade. A principal ferramenta de trabalho do contador é o Código de Ética do Contabilista. O responsável pelo serviço tanto pode ser um contador quanto ou um técnico contábil, mas ao técnico não é permitida a realização de serviços de auditoria.

Softwares

Contabilidade, Folha de Pagamento, SPED Fiscal, Livro Caixa, etc.

Atualização

Um dos requisitos para o sucesso da atividade é manter-se sempre atualizado em relação às normas contábeis, tributárias, trabalhistas e legais. Sugerimos os boletins gratuitos, remetidos via e-mail, pela equipe Portal Tributário:

Notícias Tributárias

Notícias Contábeis

Notícias Trabalhistas

Notícias Jurídicas

Dinâmica Empresarial

O escritório de contabilidade pode ser dividido por setores. Os principais são recursos humanos, fiscal, contabilidade e Imposto de Renda, auditoria, previdenciário e legislação. Para conquistar o cliente, o contador ou técnico contábil deve manter contato constante com a empresa. O trânsito de documentos requer um tratamento que evite extravios e atrasos.

A relação entre escritório e clientes tem de ser regida por contrato para estabelecer de forma clara os deveres e obrigações das partes envolvidas. Existe atualmente grande concorrência no mercado, incentivada pelo processo de terceirização desses serviços. Uma boa saída para se diferenciar é a especialização, ou seja, o atendimento a um determinado segmento.

Legislação Específica

Para abrir o empreendimento é necessário observar algumas providências:

- Registro na Junta Comercial;
- Registro na Receita Federal do Brasil;
- Registro na Secretária da Fazenda;
- Registro na Prefeitura do Município;
- Registro no INSS (somente quando não tem o CNPJ – Pessoa Autônoma – Receita Federal);
- Registro no Sindicato Patronal.

O novo empresário deve procurar a prefeitura da cidade na qual pretende montar seu empreendimento para obter informações relativas às instalações físicas da empresa e ao Alvará de Funcionamento.

7. Contador Funcionário de Escritório de Contabilidade

O Contador também poderá ser funcionário de um escritório de contabilidade. A área contábil lida com assuntos burocráticos e nem sempre é fácil manter toda equipe do escritório motivada. Fechamentos contábeis, prazos, folhas de pagamento e outras tarefas rotineiras 5 dicas para estimular a produtividade dos empregados contadores no escritório acabam muitas vezes deixando os funcionários contadores estressados. Para que isso não ocorra listamos.

1. Harmonia no espaço de trabalho

Manter a harmonia no ambiente de trabalho é uma das melhores maneiras de estimular a produtividade da equipe. Um espaço onde as pessoas têm objetivos comuns e interagem de forma saudável, possibilita maior compreensão das atividades designadas. Como consequência o desempenho delas torna- se melhor.

Para incentivar a equipe do setor contábil uma dica é conhecer as particularidades de cada integrante. Alguns membros possuem mais aptidão para determinada área, outros podem ser proativos em relação a algumas tarefas. O importante é identificar a capacidade de cada um e direcionar os serviços de contabilidade corretamente.

Esta é a primeira dica para estimular a produtividade no escritório de contabilidade

2. Chances de aperfeiçoamento

Trabalhar numa empresa que não acredita no potencial no empregado é uma das sensações mais desestimulantes que uma pessoa pode experimentar. Para que a equipe continue atraindo resultados positivos é sempre bom oferecer cursos, promoções, algum tipo de plano de carreira ou alternativa que ofereça crescimento profissional.

A motivação precisa ser reafirmada constantemente, caso contrário perde-se o motivo inicial pelo qual o funcionário começou a trabalhar no escritório de contabilidade. Possibilitar chances de aperfeiçoamento é a segunda dica para estimular a criatividade no escritório de contabilidade.

3. Integração entre os departamentos do escritório de contabilidade

Estimular os funcionários para que eles conheçam outros departamentos representa uma iniciativa importante no processo de integração do escritório de contabilidade. Esta é a terceira dica para estimular a produtividade.

Ao compartilhar informações e transferir conhecimentos, os funcionários enxergam o trabalho como um todo. O resultado desta integração são pessoas mais comprometidas com o emprego e com mais capacidade para resolver eventuais problemas do escritório de contabilidade.

4. Reconhecimento das competências individuais

Ser reconhecido aumenta a autoestima e reforça o prazer em trabalhar. Com base nisso é de extrema importância valorizar o funcionário pelo seu bom desempenho.

Na hora de parabenizar o funcionário contábil é sempre bom destacar quais foram os resultados celebrados, pois desta forma fica claro quais práticas poderão se repetir. Criar bonificações e entregar presentes diante de um resultado positivo também representa uma boa estratégia para motivação de funcionários.

Esta é a quarta dica para estimular a produtividade no escritório de contabilidade.

5. Automatização de alguns processos manuais

Automatizar algumas tarefas do escritório possibilita mais tempo e liberdade para os funcionários. Com isso a prospecção de clientes aumenta e o relacionamento com eles também melhora.

A quinta e última dica da lista é instalar programas de automação. Desta forma a priorização de tarefas se torna mais clara e o escritório ganha mais estabilidade, rapidez e organização.

8. Contador do Governo Federal

"O Perfil do profissional Contabilista que deseja ingressar num órgão público federal", é dedicado àquele profissional atuante na área contábil e que tem vontade de prestar concursos públicos. Este foi realizado na tentativa de auxiliar o candidato a estudar as matérias necessárias, mostrando que essas foram ensinadas na universidade com uma ênfase de 80% do que os concursos exigem, apresentando ao interessado qual seu mercado no âmbito público, podendo trabalhar na empresa, com independência, no ensino e em órgãos públicos. Com a pesquisa de campo concretizada o perfil do contabilista é identificado numa faixa de idade entre 21 a 30 anos, universitários em fase de conclusão ou mesmo recém-formado, que trabalha na área em torno de 2 a 4 anos e que o importante dentre estes profissionais é a característica de juntar a teoria, a prática, o seu interesse, sua atualização com todo tipo de informação, suas perspectivas diante da sociedade, citando que a mesma dá boas oportunidades e se refere ao interesse no ingresso em órgãos públicos federais pelo motivo dos planos de carreira e promoções que os mesmos podem oferecer.

INTRODUÇÃO

Este capítulo do livro tem a intenção de mostrar o perfil do contador que pretende ingressar na esfera pública federal, na promoção de um melhor desenvolvimento técnico e científico a este órgão. Demonstrando ainda, todas as perspectivas e interesses de se trabalhar nesta área, ressaltando os conhecimentos necessários para um fácil acesso neste mercado.

A delimitação do tema vai ao encontro do perfil do contabilista que deseja ingressar num órgão público federal. A escolha do tema foi avaliada pelo alto valor que acrescentará na sociedade, inclusive aos profissionais da área contábil, por ser um tema atual e de interesse à área.

Na identificação do profissional que atua na área contábil observou-se que o interesse destes profissionais no ingresso à vida pública cresce a cada dia. Mas, quais teriam sidos os fatores responsáveis por tal crescimento? Atenta-se ao fato de que não só aumenta o interesse das pessoas como se torna evidente uma grande busca por profissionais cada vez mais qualificados; o que se percebe claramente por meio das solicitações feitas pelos editais.

A problematização deste artigo faz referência ao trabalhador atuante na área contábil e qual o perfil do profissional desta área num todo? Outro problema para resolução, é destacar pela visão do contador, qual sua imagem para a sociedade e quais suas perspectivas diante dela? O por quê do interesse de contadores à vida pública? Quais são os campos de atuação dentro do mercado público que o interessado pode ingressar? Podemos dizer que tudo o que é aprendido na universidade é solicitado nos editais?

É importante identificar, no perfil do contabilista, que ele é um profissional que além de seu conhecimento específico, tem também uma visão geral administrativa. Este perfil faz referência a um graduado em ciências contábeis com uma faixa de idade de 35 a 50 anos com vasta experiência na área contábil, suficiente para adequar as empresas às legislações vigentes.

No entanto, infelizmente, a sociedade, ainda os vê como meros guarda-livros e, devido a esta imagem distorcida, provocada muitas vezes pela atuação de contadores que atuam sem experiência, o interesse destes profissionais tem se voltado para a vida pública. O emergente interesse dos profissionais da área contábil em atuar no setor público tem como hipótese o fator da não exigência de experiência e da boa remuneração oferecida. Entretanto, os interessados em desempenhar suas habilidades profissionais nos órgãos públicos devem se qualificar profissionalmente a fim de obter os conhecimentos adequados às exigências dos concursos públicos.

O mercado no âmbito público é amplo, os profissionais contábeis tem vasta atuação para seguir carreira. Sendo necessário, portanto que se articulem os conhecimentos específicos da área contábil a conhecimentos específicos do setor público e os conhecimentos gerais. Os conhecimentos solicitados nos editais são da grade curricular das universidades, porém estas devem melhor se adequar aos concursos públicos, enfatizando mais nas matérias voltadas ao setor.

O presente estudo tem, pois, a pretensão de apresentar as competências e as habilidades necessárias para que o contador/contabilista possa ingressar em no setor contábil ligado à esfera pública federal.

O objetivo geral deste é conhecer o perfil do contabilista num todo, tentando identificar quais os motivos gerados pela sociedade e editais publicados de concursos públicos federais, o que motivam o contabilista/contador embarcar na carreira pública. Objetivando divulgar aos profissionais contábeis que se interessam por esta área, uma comparação do que se é ensinado nas universidades com o que é solicitado dos concursos públicos. O objetivo específico deste busca apresentar dados estatísticos da relação perfil do profissional contábil x interesse na carreira pública x conhecimento necessário para este ingresso.

METODOLOGIA

O método utilizado é o de pesquisa junto com o método indutivo, pois este artigo será realizado através de estudos de caso, para tentar entender-se determinado fato. A técnica utilizada foi a qualitativa bibliográfica com base em artigos científicos publicados em diversos diretórios acadêmicos e de editais voltados a concursos públicos federais sancionados no período de 2001/2008 num total de 17 (dezessete) editais de diversos órgãos federais. Outra técnica também utilizada foi a quantitativa de campo que determinou num questionário com 10 (dez) perguntas, 120 (cento e vinte) destes foram efetuadas entre 02 de junho de 2.008 e 20 de junho de 2.008 e respondidas por 51 pessoas.

ANÁLISE DOS RESULTADOS O PERFIL DO CONTADOR

A nomenclatura "perfil" do contador engloba todo um ciclo de conhecimento com capital intelectual, conhecimento autônomo, conhecimento geral, específico e comunicação. Melhor, o contador deve lidar com o processo geral da empresa em que atua, expor conhecimentos que adquiriu durante sua graduação, passar seus conhecimentos profissionais num determinado assunto que conheceu e se aprofundou em sua pós-graduação. Saber colocar em palavras escritas ou verbais a aprendizagem que obteve didaticamente ou pela simples força de vontade.

O Contabilista identificado se encaixa num perfil de estudante em término de curso, que representa em pesquisa realizada o 45 % de universitários no 4º (quarto) ano do curso de ciências contábeis (gráfico 1), com uma faixa de idade entre 21 (vinte e um) a 30 (trinta) anos que segrega em 70 % dos pesquisados (gráfico 2).

É perceptível que grande parte dos universitários têm, devido a sua faixa etária e a sua experiência, tempo necessário para escolher sua carreira pois estes possuem um tempo de serviço em torno de 2 (dois) a 4 (quatro) anos como é demonstrado em pesquisa, com um percentual de 37% (gráfico 3), pode-se citar que estes universitários já considerados contadores, têm noções suficientes para decidir se desejam ingressar ou não na vida pública.

Com a identificação do contador, foi possível discriminar na pesquisa suas características, que se resulta em 92% dos pesquisados (gráfico 4), citando que, o contabilista precisa de conhecimentos teóricos, práticos sobre diversas matérias e áreas, como estatística, matemática, de alguns ramos de administração, recursos humanos, direito, suas legislações atualizadas e a tecnologia ou informática. Contudo, dizer que a atualização do profissional é um diferencial em seu perfil contábil é correto, independente da atividade que for desenvolver, o profissional da área contábil deve utilizar o seu interesse de aprendizado em favor próprio.

PERSPECTIVAS DA PROFISSÃO CONTÁBIL

O universitário que se forma contador, traz com ele, além de seus novos conhecimentos adquiridos, uma nova perspectiva de vida profissional. Todo contador deseja buscar, naquilo que faz, reconhecimento diante da sociedade.

Sabe-se que o profissional contábil exerce papel fundamental na sociedade, pois é a partir das informações fornecidas por ele que os usuários da contabilidade tomam suas decisões. Com isso, é necessário que o contador se atualize, pois as mudanças e os avanços tecnológicos se alteram constantemente, para que na busca de novas alternativas para o auxílio na tomada de decisões de empresas, ele possa facilitar a linguagem da contabilidade. Contudo, sendo o facilitador das informações, o profissional tenha o reconhecimento que buscou ao se formar.

A visão do contador, em relação a sua imagem junto à sociedade, de acordo com a pesquisa de campo foi constatada que em 38% (gráfico 5) dos pesquisados, os contadores acreditam que sua imagem junto à sociedade, está de bom agrado. Pois a sociedade dá boas oportunidades de carreira a contadores que não possuem experiência.

Ao contrário do que cita Marion (p.80, 2007): "A imagem dessa profissão no Brasil ou em países subdesenvolvidos (ou em desenvolvimento) está muito aquém que nos países desenvolvidos... Nos Estados Unidos, em alguns estados o contador é o mais bem remunerado entre os profissionais liberais. Lá, os auditores são uma classe privilegiada, ganham uma fortuna, jogam golfe e são muito respeitados. Isto acontece em outros países desenvolvidos.", o contador, principalmente os inexperientes, sente-se acolhidos pela sociedade, em oportunidades propostas.

De acordo com a pesquisa, o resultado é que 24% dos contadores acreditam que a sociedade os vê como gestores (gráfico 5), mesmo estando num país em desenvolvimento. Portanto, o profissional contábil que um dia desejou reconhecimento na sociedade em sua graduação, com o perfil anteriormente comentado, ele terá boa perspectiva profissional.

MERCADO NO ÂMBITO PÚBLICO

A Contabilidade oferece um campo de atuação amplo em qualquer esfera de atuação. De acordo com o decreto-lei nº 9295 de 27 de maio de 1946 e posteriores resoluções complementares, dispõe sobre as prerrogativas profissionais pela Resolução do Conselho Federal de Contabilidade nº 560/1983:

Art. 2º - o contabilista pode exercer as suas atividades na condição de profissional liberal ou autônomo, de empregado regido pela CLT, de servidor público, de militar, de sócio de qualquer tipo de sociedade, de diretor ou de conselheiro de quaisquer entidades, ou, em qualquer outra situação jurídica, definida pela legislação, exercendo qualquer tipo de função (...).

A profissão contábil pode exercer atividades em diversas funções e cargos, lidando de acordo com as oportunidades que lhe surgirem. Conforme organograma 1 abaixo, é possível visualizar com maior facilidade, os campos que a área contábil proporciona:

Organograma 1: Campo de atuação da profissão contábil

Além de todas as oportunidades que surgirem na vida profissional do contabilista, aquele que tem o desejo de ingressar na vida pública deve-se ater nas funções que os órgãos públicos federais oferecem como os descriminados acima.

Com base em editais publicados para concursos públicos a partir de 2.001, foi perceptível ver que é realizado apenas um concurso por ano para a área contábil com exigência de curso superior de ciências contábeis dentro da esfera federal, ou seja, podemos dizer que há maiores oportunidades nas áreas que exigem formação superior, porém não são de funções iguais, sim correlatas.

As oportunidades apresentadas nos editais da esfera pública federal são:

• Contador;
• Auditoria;
• Perícia;
• Analista de Finanças e Controle;
• Analista Previdenciário;
• Analista em Ciência Contábil e Tecnologia.

Dentro da pesquisa, a seguinte pergunta foi feita: "Qual a função na área pública, que mais atrai o contabilista para seguir carreira profissional?". A pesquisa foi realizada identificando ao pesquisado, apenas as funções que os editais recolhidos apresentaram.

Conforme a pesquisa, a função mais atrativa aos contadores para seguir carreira profissional é a Auditoria com a percentagem de 29% (gráfico 6), todas as demais funções tiveram seus votos. Porém a única que não teve percentagem alguma foi a função de Analista em Ciência Contábil e Tecnologia que esta relacionada ao Instituto Nacional da Propriedade Industrial (INPI), acredita que esta função não deve ser tão reconhecida junto aos contadores como as demais.

Ressalta que ao decorrer dos anos e editais publicados para concursos, outras funções correlatas aos profissionais contábeis podem surgir e atrair cada vez mais os contadores para a vida pública. Contudo, o contabilista tem vasto campo de atuação, na empresas, no ensino, independente ou mesmo em órgão público.

O PORQUÊ DO INTERESSE NESTA ÁREA

A procura pelo mercado público cresce a cada dia, o grande motivo para essa demanda segundo pesquisa é pelas promoções e planos de carreira oferecidos por esse campo de trabalho segregando um percentual de 56% (gráfico 7) e pela boa remuneração com um percentual de 30%.

A boa remuneração é o grande foco para as pessoas que buscam o mercado público, pois muitas pessoas querem ter um retorno em sua vida financeira, referente aos investimentos feitos anteriormente, como por exemplo, a universidade.

Um curso de graduação é o grande passo para o ingresso, mas nem todos os cargos necessitam de curso superior, porém, as oportunidades e benefícios são maiores e melhores para quem possui faculdade, de acordo com a pesquisa realizada com 37% para oportunidades e igualmente para os benefícios oferecidos.

A pesquisa demonstrou a grande procura devido aos itens benefícios e oportunidades e mostrando que muitas pessoas entram na faculdade apenas para concorrer a determinados cargos que exigem formação superior. As promoções e planos de carreira também são itens importantes para algumas pessoas, pois mostram que o importante não é somente entrar e sim ter o reconhecimento de seu trabalho e conseqüentemente crescerem e obterem maiores remunerações e benefícios sempre.

DEDICAÇÃO AO CONCURSO

Não existe uma regra dizendo quantas horas são necessárias para a dedicação à um concurso público, até porque as pessoas e a capacidade de aprendizagem são diferentes. A pesquisa demonstrou diversas opiniões referentes às horas que são necessárias, aonde se destacou com a percentagem de 38% ser aconselhado de 04 a 05 horas diárias.

O mais importante é a qualidade das horas e não a quantidade. O ideal é estudar o máximo de horas possíveis, desde que mantida a qualidade de estudo e um mínimo de qualidade de vida para agüentar este período de estudo e dedicação. Algumas pessoas, por possuírem boas condições de estudo, optam por estudar diretamente para o cargo de seus sonhos e o desejo em ingressar na vida pública. Somente as condições individuais vão poder definir o melhor caminho a ser seguido.

CONHECIMENTOS NECESSÁRIOS

O objetivo desta pesquisa no intuito dos conhecimentos necessários, foi proporcionar um maior horizonte no que é solicitado ao candidato de um concurso público em comparação do que é ensinado nas universidades.
Foi comparada a grade de matérias de uma universidade particular do ano de 2.005 a 2.008, considerando a grade curricular de turmas formandas em 2.008 do curso de contábeis, com

editais publicados para vagas de diversas funções aonde uma de suas exigências era de curso superior, para o ingresso de determinados órgãos públicos da esfera federal.

Dentre 20 (vinte) matérias da grade curricular da universidade, foi possível perceber com facilidade a grande exigência das mesmas nos editais. Por meio dos dados obtidos, nota-se com clareza que dentre as matérias ensinadas aos universitários a que se exige maior aptidão dentre os concursos públicos são assuntos relacionados com a matéria de Contabilidade Pública, num percentual de 26% das solicitações nos editais publicados e pesquisados.

Perceptível também, a não exigência de matérias como Orçamento Empresarial, Planejamento Tributário, Perícia, Arbitragem e Ciências Sociais Aplicadas que perfazem um percentual de 0%.

Por ser a mais utilizada, conforme pesquisa, que da matéria de Contabilidade Pública que se ensina na universidade, seus assuntos devem ter um maior enfoque. Academicamente falando, a matéria Contabilidade Pública deve ter maior destaque para que o candidato que formara e deseja ingressar na vida pública tenha a aptidão necessária e se sinta capaz de responder as questões no dia da prova referentes a esta matéria com segurança. Já na pesquisa realizada junto a profissionais da área contábil, notou-se que os candidatos estão informados em relação a concursos públicos, pois em 60% dos pesquisados disseram que: "Os conhecimentos solicitados nos concursos públicos na área contábil são conhecimentos gerais, específicos, atualidades e informática.".

Contudo, de acordo com a pesquisa, conclui-se deste que, as matérias ensinadas nas graduações de contábeis estão relacionadas em 80% nas matérias exigidas nos editais publicados e que nestes editais as matérias são de conhecimento de seus candidatos.

Concurso em Receita Federal

A realização de concursos públicos para ingresso em cargos do que é hoje a Carreira de Auditoria da Receita Federal do Brasil (ARFB) constitui uma tradição que segue por décadas.

A **Secretaria da Receita Federal do Brasil (RFB)** dispõe de cargos privativos de Auditor-Fiscal da Receita Federal do Brasil e de Analista-Tributário da Receita Federal do Brasil, cujo provimento depende de prévia aprovação em concurso público.

O concurso, tanto para AFRFB como para ATRFB, compreende, atualmente, três etapas, sendo:

– A primeira de **provas**;

– A segunda, constituída de **programa de formação profissional**, relacionado com o cotidiano das atividades a serem exercidas pelo futuro servidor; e

– A terceira (instituída em 2006), de caráter eminentemente prático, correspondente ao **Programa de Capacitação Profissional** (PCP), objetivando a complementação dos conhecimentos adquiridos na segunda etapa e a preparação dos servidores recém-nomeados na área para a qual estão sendo designados.

As duas primeiras etapas são executadas pela ESAF – Escola de Administração Fazendária, sob supervisão da RFB.

Concluída a segunda etapa e homologado o resultado final do concurso, os candidatos aprovados são nomeados pelo Coordenador-Geral de Recursos Humanos do Ministério da Fazenda.

A posse no cargo efetivo ocorre na unidade da RFB para a qual for designado o servidor.

A partir de 1996, os certames para o cargo de AFRFB passaram a ser por área de especialização, fato que representou uma inovação na forma de recrutar talentos para o Órgão.

Os candidatos disputam as vagas oferecidas em quatro áreas de especialização: <u>Aduana, Política e Administração Tributária, Auditoria e Tributação e Julgamento.</u>

Em 2000, embora o concurso para ATRFB tenha sido realizado sem especialização por área, passou a ser exclusivo de candidatos com curso superior. Esse fato também representou uma inovação.

CONCLUSÃO

De acordo com a pesquisa realizada, o perfil do profissional atuante na área contábil são jovens universitários em fase de conclusão de curso ou recém formados numa faixa de idade entre 21 e 30 anos, que possui capacidade de transmitir sua gama de informações aos que possam interessar de várias formas e análises, podendo repassar todo seu conhecimento adquirido durante sua graduação, pós- graduação e experiência. Após a análise feita, pela visão do próprio contador, sua imagem diante da sociedade é a melhor possível. Pois ele enxerga que a sociedade oferece aos novos contadores boas oportunidades, deixando de lado a imagem de guarda-livros e transmitindo confiança necessária para gerenciar os negócios da própria sociedade. Sendo o mercado de trabalho para o profissional contábil vasto de atuação, ele aposta na sociedade.

O crescimento do desejo dos profissionais contábeis à vida pública, apresentado pela pesquisa, é devido pelas promoções e planos de carreira que o trabalho em órgãos públicos possa oferecer, outro motivo encontrado refere-se a boa remuneração oferecida por este campo de trabalho, este desejo aplica-se no retorno do investimento feito ao longo dos anos de estudo. Lembrando que este desejo gera mais investimentos em horas de estudo ao candidato, destacando que não há regras de quantas horas diárias de estudo são necessárias, porém é totalmente necessário ter um período de horas de qualidade, sendo aconselhado, de acordo com a pesquisa, de 04 (quatro) a 05 (cinco) horas diárias para estudo.

Para ingresso em órgãos públicos federais, os conhecimentos necessários, que a pesquisa apresentou, englobam 80% do que é ensinado no curso superior, ou seja, do conteúdo programático de uma universidade particular de uma turma de graduação em contábeis, apenas 20% não é exigido nos concursos públicos, assim a universidade ensina a seus acadêmicos, o necessário para o ingresso na vida pública. A pesquisa enfatiza que os concursos públicos exigem os conhecimentos gerais, específicos de acordo com a função (área contábil), atualidades e informática.

Contudo, com a pesquisa concretizada, conclui-se que os profissionais contábeis possuem grandes chances de passarem nos concursos públicos, visto que as universidades ensinam o que os editais exigem, a sociedade dá boas oportunidades e o importante aos profissionais é ter o conhecimento de juntar a teoria, a prática, seu interesse, ser atualizado com todo tipo de informação e na tecnologia da informática, contudo isto, o candidato tem grande ajuda a ingressar com sucesso num órgão público federal.

9. Contador do Governo Estadual

No Serviço Público Estadual, um Contador também pode atuar nas mais diversas funções, como ser um Auditor Fiscal, um Analista tributário ou Administrador Público, entre outras dezenas de possibilidades. No entanto, para algumas áreas podem ser exigidos cursos e certificados além da graduação em Ciências Contábeis. Além de todas as oportunidades que surgirem na vida profissional do contabilista, aquele que tem o desejo de ingressar na vida pública deve-se ater nas funções que os órgãos públicos oferecem.

Com base em editais publicados para concursos públicos a partir de 2.001, foi perceptível ver que é realizado alguns concursos por ano para a área contábil com exigência de curso superior de ciências contábeis dentro da esfera estadual, ou seja, podemos dizer que há maiores oportunidades nas áreas estaduais que exigem formação superior, porém não são de funções iguais, mas sim correlatas.

As oportunidades apresentadas nos editais da esfera pública estadual são:

• Contador;
• Auditoria;
• Perícia;
• Analista de Finanças e Controle;
• Analista Previdenciário;
• Analista em Ciência Contábil e Tecnologia.

"O Perfil do profissional Contabilista que deseja ingressar num órgão público estadual", é dedicado àquele profissional atuante na área contábil e que tem vontade de prestar concursos públicos.

Após iniciar o curso de Ciências Contábeis é normal o estudante permanecer em dúvida sobre o **qual ramo seguir** em seu futuro profissional. Esta dúvida vai diminuindo na medida em que vai descobrindo as inúmeras áreas de atuação e vai entendendo qual área seguir pela qual mais tiver empatia.

O fato de possuir formação acadêmica nesta área abre portas para um mercado com muitas opções de atividades a serem escolhidas. Também há a abertura do mercado das áreas administrativas, financeiro, recursos humanos, etc.

Entre as principais atividades que podem ser desenvolvidas, estão o trabalho de contador como responsável técnico (seja em empresa ou em escritório de contabilidade) ou áreas ligadas diretamente como auditoria, consultoria e também o ramo em especial que vamos abordar neste material, *"concurso público"*.

Apto a cuidar do andamento e continuidade de uma empresa, o contador também possui plena aptidão para fiscalizar contribuintes seja na esfera Federal, Estadual, Municipal, Previdenciário ou ainda nos demais órgãos públicos onde haja a necessidade do profissional habilitado desta nossa área (contábil, administrativo, tributária, etc).

Conquistando uma vaga desejada no setor público o profissional passará a usufruir da estabilidade tão sonhada por tantos brasileiros.

Mas Quais São Os Pré-Requisitos Necessários Para Se Tornar Um Servidor Público Estadual?

Entre os diversos concursos públicos das várias esferas, as condições mais solicitadas nos editais estão:

– Ser **aprovado**(a) em concurso realizado pelas normas estabelecidas em edital;

– Ter **nacionalidade brasileira** ou naturalizado (observar que pode haver particularidades nesta situação, dependendo de cada edital);

– Estar em dia com as **obrigações eleitorais** e, em caso de candidato do sexo masculino, também com as militares;

– Possuir os requisitos exigidos (**formação**, por exemplo) para o exercício do emprego público (verificar as condições pré-estabelecidas em cada edital);

– Ter idade mínima de **dezoito anos** completos na data da posse;

– Ter **aptidão física e mental** para o exercício das atribuições do emprego público; e

– Cumprir as **demais determinações** que cada edital pode impor.

Como Geralmente São Os Contratos de Trabalho De Um Servidor Público?

A Lei 8.112 de 1.990 que trata sobre o regime contratação de funcionário público estabelece sobre da contratação, o qual deverá ser mediante concurso público:

Art. 10. A nomeação para cargo de carreira ou cargo isolado de provimento efetivo depende de prévia habilitação em concurso público de provas ou de provas e títulos, obedecidos a ordem de classificação e o prazo de sua validade.

Da Estabilidade:

Art. 21. O servidor habilitado em concurso público e empossado em cargo de provimento efetivo adquirirá estabilidade no serviço público ao completar 2 (dois) anos de efetivo exercício. (prazo 3 anos – vide EMC nº 19)

Art. 22. O servidor estável só perderá o cargo em virtude de sentença judicial transitada em julgado ou de processo administrativo disciplinar no qual lhe seja assegurada ampla defesa.

Poderá o funcionário público sofrer penalidades, de acordo com o tipo da infração cometida. São as penalidades (Art. 127):

I – advertência;

II – suspensão;

III – demissão;

IV – cassação de aposentadoria ou disponibilidade;

V – destituição de cargo em comissão;

VI – destituição de função comissionada.

Após Ser Contratado, É Possível Que o Funcionário Público Seja Demitido De Seu Emprego?

Já a demissão pode ocorrer se houver (Art. 132):

I – crime contra a administração pública;

II – abandono de cargo;

III – inassiduidade habitual;

IV – improbidade administrativa;

V – incontinência pública e conduta escandalosa, na repartição;

VI – insubordinação grave em serviço;

VII – ofensa física, em serviço, a servidor ou a particular, salvo em legítima defesa própria ou de outrem;

VIII – aplicação irregular de dinheiros públicos;

IX – revelação de segredo do qual se apropriou em razão do cargo;

X – lesão aos cofres públicos e dilapidação do patrimônio nacional;

XI – corrupção; e

XII – acumulação ilegal de cargos, empregos ou funções públicas;

É comum observarmos em departamentos públicos a nota que: "desacatar funcionário público no exercício da função ou em razão dela, a pena é detenção de seis meses a dois anos, ou multa". Realmente esta pena está prevista no Art. 331 do Código Penal. Mas como descrito no Art. 132 Inciso VII da Lei 8.112/90, a ofensa física por parte do servidor público em horário de serviço, a outro servidor ou a particular gera pena de demissão do cargo.

A Relação do Concurso Público e o Contador

Após formado o profissional se depara com uma grande diversidade de áreas a seguir no setor privado. O mesmo ocorre na esfera pública. Há uma ampla diversidade de setores, esferas e órgãos públicos a ser explorada.

Das Prerrogativas Profissionais do Contador

Na Resolução publicada pelo Conselho Federal de Contabilidade de n° 560 do ano de 1983 já estabelecia as atribuições de um contador, conforme mencionado no Art. 2°.

O contabilista pode exercer as suas atividades na condição de profissional liberal ou autônomo, de empregado regido pela CLT, de servidor público, de militar, de sócio de qualquer tipo de sociedade, de diretor ou de conselheiro de quaisquer entidades, ou, em qualquer outra situação jurídica definida pela legislação, exercendo qualquer tipo de função. Essas funções poderão ser as de analista, assessor, assistente, auditor, interno e externo, conselheiro, consultor, controlador de arrecadação, controller, educador, escritor ou articulista técnico, escriturador contábil ou fiscal, executor subordinado, fiscal de tributos, legislador, organizador, perito, pesquisador, planejador, professor ou conferencista, redator, revisor.

Já naquela época havia a clara vinculação do contador junto a órgãos públicos em legislação do Conselho Federal.

Concurso em Receita Estadual

Periodicamente a Receita da Fazenda de cada um dos estados abre edital de concurso público para a carreira de **Auditor-Fiscal da Receita Estadual**. Para esta função, entre outras formações necessárias, está a formação de contador.

Segue trâmites semelhantes da Receita Federal, com a aplicação de prova, resultado e convocação para o cargo.

Entre as **principais atividades de um auditor estadual,** estão:

I – lavrar termos, intimações, notificações, autos de apreensão, na conformidade da legislação competente do Estado;

II – dar início à ação fiscal, executar a auditoria fiscal em relação a contribuintes e demais pessoas naturais ou jurídicas envolvidas na relação jurídico-tributária e constituir o crédito tributário mediante o respectivo lançamento;

III – exercer fiscalização, com imposição das multas cabíveis, nos termos da lei;

IV – proceder à apreensão, mediante lavratura de termo, de bens, equipamentos, objetos, livros, papéis e documentos em qualquer meio de armazenamento, inclusive digital ou eletrônico, necessários ao exame fiscal;

V – administrar e executar a cobrança administrativa dos créditos tributários e não-tributários, inclusive sua inscrição em dívida ativa;

VI – gerenciar e, em fase administrativa, conceder moratória e parcelamento dos créditos tributários e não-tributários;

VII – responder a consultas formuladas por contribuintes no âmbito da administração tributária estadual;

VIII – prover a interpretação oficial para a aplicação da legislação tributária estadual;

IX – elaborar e expedir normas jurídicas e propor a edição de leis e decretos pertinentes, relativos às atividades da Receita Estadual;

X – exercer ou executar outras atividades ou encargos pertinentes à ação fiscal relativa aos tributos dos quais o Estado detenha capacidade tributária ativa;

XI – dar cumprimento à legislação tributária;

XII – gerenciar, supervisionar e especificar os sistemas de informação da Receita Estadual;

XIII – exercer ou executar outras atividades ou encargos que lhe sejam determinados pela legislação tributária ou pelas autoridades competentes;

10. Contador do Governo Municipal

No Serviço Público Estadual, um Contador também pode atuar nas mais diversas funções, como ser um Auditor Fiscal, um Analista tributário ou Administrador Público, entre outras dezenas de possibilidades. No entanto, para algumas áreas podem ser exigidos cursos e certificados além da graduação em Ciências Contábeis. Além de todas as oportunidades que surgirem na vida profissional do contabilista, aquele que tem o desejo de ingressar na vida pública deve-se ater nas funções que os órgãos públicos oferecem.

Com base em editais publicados para concursos públicos a partir de 2.001, foi perceptível ver que é realizado muitos concursos por ano para a área contábil nos milhares de municípios de todo Brasil com exigência de curso superior de ciências contábeis dentro da esfera municipal, ou seja, podemos dizer que há maiores oportunidades nas áreas municipais que exigem formação superior, porém não são de funções iguais, mas sim correlatas.

Concurso em Prefeituras

No âmbito Municipal, o profissional tem a opção de ingressar como **contador ou na área de fiscalização tributária**.

A **contabilidade aplicada ao setor público** possui algumas particularidades que normalmente passam desapercebidas pelos contadores da iniciativa privada. Tratam-se de pontos aplicados tão somente ao setor público e que o contador ao investir em concursos deve estar atualizado tanto para aplicar no momento da prova e também para aplicar na sua futura rotina diária.

Entre as **principais solicitações de Prefeituras**, estão os assuntos:

I – contabilidade geral, demonstrações e legislações que a rege;

II – noções de Auditoria;

III – legislação de Licitação;

IV – índices econômico-financeiros de estrutura, liquidez e rentabilidade;

V – classificação de custos: diretos, indiretos, fixos e variáveis; separação entre custos e despesas;

VI – créditos tributários;

VII – tributos diretos e indiretos;

VIII – matemática financeira;

IX – juros simples e compostos: capitalização e desconto;

X – taxas de juros: nominal, efetiva, equivalentes; e

XI – contabilidade pública.

Demais Concursos Públicos Que Ofertam Vagas Aos Profissionais Da Contabilidade

Existe uma gama diversificada de serviços onde o contador possui espaço e pode ingressar na área pública.

Além dos citados anteriormente, ainda possuem outros locais que pode ingressar, como:

– **Correios;**

– **Forças Armadas;**

– **Ministério do Trabalho;**

– **Previdência Social (INSS);**

– **Hospitais Públicos;**

– **Professor Universitário (Instituição Pública) ;**

– **CRC e demais órgãos de classe.**

Independente do órgão escolhido e da atividade desejada, o estudante deve ter como foco principal, como objetivo de vida **alcançar a sua vaga**. Será necessário haver todo um investimento de tempo para estudos, na compra de livros e materiais de apoio e em cursos preparatórios.

Nem sempre o objetivo é alcançado na primeira tentativa. Isto não significa que é impossível, significa que para obter a o resultado esperado será necessário um **esforço maior** e a conquista será uma questão de tempo.

11. Fiscal de Rendas Municipal

A Carreira Fiscal é uma das mais cobiçadas, pois oferece boas remunerações e condições de trabalho. Para prestar estes concursos normalmente pede-se como escolaridade mínima a graduação de ensino superior em qualquer área. Podemos dividir em três categorias: o fiscal municipal, estadual e federal.

O auditor fiscal é um funcionário público concursado que pode atuar nas esferas municipal, estadual e federal. Sua função principal é fiscalizar a arrecadação de impostos no país, monitorando pessoas físicas e jurídicas, analisando o pagamento de impostos pelos contribuintes, taxas ou outros itens fiscais que incidem sobre mercadorias e serviços, inclusive em transações de importação e exportação.

É uma atividade de grande responsabilidade, uma vez que o auditor fiscal é a autoridade encarregada de verificar o correto funcionamento do sistema tributário brasileiro, ajudando a combater crimes como sonegação de impostos e lavagem de dinheiro.

O concurso público para auditor fiscal é bastante concorrido. São centenas de candidatos por vaga e as provas, discursivas e objetivas, exigem conhecimentos avançados de Direito, Finanças e Tributação.

Piso salarial do Auditor Fiscal

Os auditores fiscais não possuem um piso salarial único com validade em todo o país. Seus rendimentos variam de acordo com alguns fatores, como a esfera de atuação, o tempo de serviço e gratificações.

A remuneração do auditor fiscal é composta de: salário base ou salário padrão, mais gratificações variáveis de contribuição individual e por cumprimento de metas.

Concursos recentes para auditor fiscal de alguns municípios brasileiros oferecem o salário inicial de aproximadamente 10 mil reais para jornada de 40 horas semanais. No âmbito estadual, os concursos para auditores fiscais anunciam remuneração aproximada de 15 mil reais, dependendo do Estado.

Média salarial do auditor fiscal

A carreira fiscal é uma das mais cobiçadas em concursos públicos, pois a média salarial desses profissionais é alta. Auditores fiscais têm remuneração inicial que vai de 10 mil reais até quase 20 mil reais, dependendo do âmbito (municipal, estadual, federal) e do local de atuação.

Seguem alguns exemplos de concursos que oferecem vagas para auditores fiscais e seus respectivos salários:

- Concurso da Prefeitura de **Florianópolis (SC)** para Auditor Fiscal de Tributos Municipais – AFTM: R$ 10.000,00 para 30 horas semanais

- Concurso da Prefeitura de **São Paulo (SP)** para Auditor Fiscal de Tributos Municipais – AFTM: R$ 13.931,34 para 44 horas semanais

- Tabela de remuneração de auditores fiscais da prefeitura de **Campo Grande (MS)**: R$ 8.298,61 até R$ 15.511,27

- Concurso para Auditor Fiscal Municipal de ISS em **Salvador (BA)**: R$ 16.821,09

- Concurso para Auditor Fiscal da Receita Estadual (AFRE) do **Rio Grande do Sul**: salário inicial de R$ 10.940,00 e Prêmio de Produtividade e Eficiência variável de R$ 8.188,94, para jornada de 40 horas semanais.

- Concurso para Auditor Fiscal da Receita Estadual (AFRE) da Secretaria da Fazenda do Estado do **Rio de Janeiro**: R$ 13.186,76 para 40 horas semanais

- Concurso para Auditor Fiscal do Tesouro Estadual (AFTE I) de **Pernambuco**: R$ 11.821,43

- Concurso para auditor fiscal da **Receita Federal**: R$14.965

Dependendo do tempo de serviço, gratificações variáveis, prêmios por cumprimento de metas e produtividade, a remuneração do auditor fiscal pode ultrapassar os R$ 40.000,00.

Sobre a carreira do auditor fiscal

Para exercer o cargo de auditor fiscal, seja no âmbito municipal, estadual ou federal (da Receita Federal e do Trabalho), é obrigatório passar por concurso público. Os candidatos devem ter **diploma de nível superior** e normalmente os concursos não pedem uma área de formação específica.

O concurso para auditor fiscal é bastante concorrido e os candidatos precisam atingir um número mínimo de acertos nas provas objetivas e discursivas. Segundo especialistas, os candidatos estudam por pelo menos dois anos para conseguir uma boa colocação. Língua portuguesa, raciocínio lógico, inglês, espanhol, contabilidade, auditoria, administração pública, economia e finanças públicas, direito civil, penal, comercial, administrativo, constitucional, previdenciário e tributário são algumas das disciplinas exigidas na prova para auditor fiscal.

Além de ter sólidos conhecimentos em Direito, Administração, Tributação, Economia e Finanças, o auditor fiscal deve demonstrar responsabilidade, dedicação, organização, integridade e alto grau de comprometimento com o País, pois trata-se de um cargo de extrema responsabilidade.

Entre as contribuições dos auditores fiscais para o País, podemos citar:

- Combater a sonegação, fiscalizando o pagamento de impostos por parte de contribuintes.

- Orientar os contribuintes sobre tributos e previdência.

- Ajudar a resguardar o sigilo bancário dos contribuintes.

- Combater a evasão de divisas e a lavagem de dinheiro.

- Manutenção da arrecadação previdenciária para assegurar o equilíbrio do sistema.

As atividades do auditor fiscal podem ser exercidas nas sedes das unidades arrecadadoras a que o profissional está vinculado (secretarias estaduais da fazenda, por exemplo), portos, aeroportos e aduanas. Atividades externas, como diligências e fiscalizações in loco também fazem parte do dia a dia dos auditores fiscais.

Onde estudar para ser Auditor Fiscal

Os concursos públicos para auditor fiscal não costumam exigir formação em uma área específica do conhecimento, mas para concorrer é obrigatório ter diploma de nível superior reconhecido pelo MEC.

12. Fiscal de Rendas Estadual

Um dos cargos mais relevantes da administração pública estadual é fiscal de rendas. É de suma importância, pois cada vez mais o Estado necessita de receita para investir em seus compromissos com a população. E para que isso ocorra, necessita de pessoas competentes para fiscalizar, acompanhar e orientar contribuintes.

Ao Agente Fiscal de Rendas estadual compete exercer, privativamente, a fiscalização direta dos tributos estaduais e as funções relacionadas com a coordenadoria, direção, inspeção, controle da arrecadação de tributos, chefia, encarregatura, supervisão, assessoramento, assistência, planejamento da ação fiscal, consultoria e orientação tributária, representação junto a órgãos julgadores, julgamento em primeira instância do contencioso administrativo tributário, correição da fiscalização tributária, gestão de projetos relacionados à administração tributária, planejamento estratégico da Coordenadoria da Administração Tributária, e outras atividades ou funções que venham a ser criadas por lei ou regulamento.

O Agente Fiscal de Rendas se sujeita à prestação de, no mínimo, 40 (quarenta) horas e, no máximo, 44 (quarenta e quatro) horas semanais de trabalho, bem assim, quando estabelecido, ao sistema de rodízio de períodos diurnos e noturnos, facultada a compensação de horários e as demais condições previstas na Lei Complementar nº 1.059, de 18 de setembro 2008.

Qual é o perfil necessário para ser fiscal?

Ser responsável, comprometido, honesto, ter boa aparência, postura, comportamento e vontade de cumprir as tarefas inerentes ao cargo.

Mas o que faz um agente fiscal de rendas estadual?

Simplesmente, o Agente Fiscal de Rendas da Receita Estadual é a autoridade destinada a privativamente, conforme os termos do artigo 142 do Código Tributário Nacional, fazer o lançamento de tributos.

O Agente Fiscal do Estado fica responsável por todos os tributos estaduais. Faz isso, lavrando os autos de infração, lançando as notas de débitos, os autos de apreensão e de notificações.

Os impostos no geral são os seguintes:

- ICMS: que incide sobre a circulação de mercadorias.

- IPVA: esse incide sobre a propriedade de veículos automotores.

- ITCMD: que incide sobre doações a título gratuito

Qual é a formação necessária para o concurso de AFR?

Para prestar os concursos para agente Fiscal da Receita Estadual, é preciso ter um diploma em qualquer curso superior. Em relação aos tecnólogos, os cursos de ensino superior que são reconhecidos pelo MEC são aceitos.

Os fiscos estaduais e as suas vantagens

Quando você estuda para um concurso do Fisco Estadual, você está se preparando para vários fiscos, pois os conteúdos dos editais são muito parecidos. Os concursos do ICMSs possuem diversas vantagens, observe as principais:

- Diversos concursos para todos os Estados do país

- Opção de moradia no local em que se deseja.

- Remuneração é bastante atrativa em muitos entes do Brasil. Alguns chegam a pagar produtividade e triênios. Esse ponto é muito importante.

Por isso decida por uma área não apenas pela remuneração, mas pela aptidão.

- Diversos fiscos possuem um trabalho em escala, com fiscalizações externas, volantes, grande flexibilidade no trabalho, trabalham 6 horas.

Tudo vai depender do Estado que você estiver trabalhando, e para quem não gosta de ficar em um escritório por 8 horas, é uma possibilidade a se considerar.

Com certeza existe uma grande obrigação e responsabilidades no cargo de agente fiscal.

- O ICMS é um tributo excelente para ser aditado, já que é realizado por meio de um trabalho investigativo. Por causa da não cumulatividade, o imposto deixa algumas marcas, de maneira que, na maioria das vezes é difícil a falta de pagamento do imposto não ser descoberta.

Fiscos estaduais e as suas desvantagens

Uma vez que falamos as principais vantagens, vamos ver algumas desvantagens em relação a outros Fiscos:

- Desobrigando alguns Estados, as finanças deles são mais sensíveis. Você pode perceber que, com a crise no País, diversos Estados estão em uma situação complicada, com atrasos de salário.

- A falta de recursos e sistemas gera uma desorganização: em diversos locais, os sistemas com um acesso à informação e as condições de trabalho deixam a desejar em relação à Administração Federal.

Qual a remuneração (ou salário) de um Fiscal do ICMS?

Essa pergunta pode ser difícil de ser respondida já que alguns Estados pagam ótimos salários e outros pagam um pouco menos.

De qualquer maneira, a remuneração média atualmente dos Estados é no mínimo de R$ 13.000,00 a R$ 30.000,00 iniciais.

Qual a Remuneração (salário) Agente Fiscal da SEFAZ SP?

A remuneração inicial do AFR pode começar já em R$ 16.899,91 e a final o teto do salário do Governador do Estado de São Paulo (por volta de R$ 22 mil).

Os AFR, também tem direito a um auxílio alimentação de R$ 15 reais por dia trabalhado e ao auxílio transporte no valor de aproximadamente três mil reais líquidos.

Ainda existem os Triênios de mais ou menos 5% de a cada três anos concluídos de serviço público. Ainda tem a participação na receita de tributos conhecidas como PR. Diversas vezes, o Fisco recebe participação na arrecadação bem acima do esperado, existe a possibilidade do recebimento da PR. Mas a remuneração do ICMS SP não é tão fácil de compreender. Vejam só: Primeiramente, você precisa entender que a carreira é dividida entre Fiscais Internos, que cumprem 8 horas diárias e possuem funções de confiança e Fiscais Externos, que geralmente trabalham fiscalizando as empresas "na rua". Os salários de ambos são calculados de forma diferente, vejam só:

Adicional de Transporte

O Adicional de transporte – somente os Externos recebem e ele serve para executar as suas diligências fiscais. Atualmente ele gira em torno de R$ 3 mil reais líquidos, uma vez que não incide Imposto de Renda e alíquota previdenciária.

PR – Participação nos Resultados

PR = A Participação nos Resultados tem previsão legal de ser paga trimestralmente, é importante salientar que não houve PR no ano de 2016, ou seja, ela zerou. Nos anos anteriores a média foi de 111,11%, ou seja, um fiscal interno nos níveis iniciais da carreira recebeu em média R$ 73 mil brutos anuais e um externo R$ 45 mil anuais.

Auxílio Alimentação

O auxílio alimentação é pago R$ 15 por dia trabalhado

Veja um exemplo de Salário:

Fiscal Externo

- O salário inicial do Agente Fiscal Externo é de cerca de R$ 12 mil + R$ 3.000 de auxílio transporte, o que dá uma média de R$ 15.222, lembrando que o auxílio transporte é livre de impostos e contribuições. a remuneração líquida inicial fica em torno de R$ 11.818.

- Caso a PR seja paga a 100%, o Fiscal Externo recebe cerca de R$ 46 mil anuais. A remuneração líquida inicial fica em torno de R$ 14 mil .

Fiscal Interno

  o O salário inicial do Agente Fiscal Interno é de cerca de R$ 16 mil e ele não recebe o auxílio transporte. A remuneração líquida inicial fica em torno de R$ 12 mil.

  o Caso a PR seja paga a 100%, o Fiscal Externo recebe cerca de R$ 67 mil anuais. A remuneração líquida inicial fica em torno de R$ 15 mil .

Lembramos que a remuneração pode variar em função dos dependentes e o cargo a ser ocupado. Dependendo do cargo a remuneração e a PR é maior.

Verificando as disciplinas do concurso ICMS SP 2013, Você deve saber o que geralmente cai nas provas.

Existe um somatório de Legislação, Contabilidade, Português, Tributário e Exatas. Chegando até 68% dos pontos da prova! Com 5 disciplinas você pode ser destacar.

Normalmente os Fiscos cobram as seguintes matérias.

Essenciais:

– A Legislação do ICMS você deve saber o básico: Lei Complementar 87e a Lei Complementar 24, artigo 155, parágrafo 2º da CF.

– Contabilidade Geral, Avançada e Custos: São primordiais, as três.

– Direito Tributário.

Pouco peso, mas são importantes:

– Constitucional e administrativo.

– Português.

– Matemática Financeira.

– Auditoria.

Pouco peso e caem um pouco:

– Comercial, civil e penal.

– Economia.

– Administração.

– Estatística.

– Raciocínio Lógico.

Qual a dificuldade da prova do concurso para Agente Fiscal de Rendas?

O nível do concurso é elevado, sendo uma prova difícil. Mas, demanda, contando com dois anos de estudo intensos do candidato é possível conseguir a almejada aprovação.

Qual a banca do concurso de AFR?

Tradicionalmente, os concursos de Agente Fiscal de Rendas são realizados pela Fundação Carlos Chagas – FCC.

Nessa banca todo cuidado é pouco, a FCC deu uma enorme evoluída principalmente na área fiscal, sendo considerada uma das melhores bancas. A prova não vai medir somente o seu conhecimento, mas também como você controla os seus nervos.

As provas para Tribunais talvez sirvam como treino. O nível é considerado mais profundo na grande maioria das provas da FCC.

Análise histórica do edital do ICMS SP 2006 – 2009 – 2013

Existem algumas disciplinas que são mais importantes, são as consideradas TOP 5 da Área Fiscal, que são elas: Contabilidade+ Tributário + Legislação + Português e Exatas. Elas que determinam os aprovados e representam mais de 55%.

A Concorrência do concurso

O concurso para agente fiscal da receita é sempre muito concorrido, e normalmente batem recorde de inscritos sempre que o edital é lançado.

Sem dúvidas é um concurso maravilhoso que pode te proporcionar grandes experiências, além de uma estabilidade única, podendo ainda ter um crescimento profissional no órgão. Quem deseja fazer o concurso precisa começar a estudar o quanto antes, só assim terá êxito na prova.

13. Fiscal de Rendas Federal

A carreira de fiscal em órgãos públicos é uma das mais concorridas do Brasil, o que se deve ao fato de as remunerações concedidas e as condições de trabalho serem satisfatórias. A Receita Federal é um dos órgãos públicos mais objetivados por quem pretende ser fiscal, pois oferece este cargo em diferentes áreas.

Para ser um fiscal da Receita Federal é necessário ter, no mínimo, o ensino superior em qualquer área, sendo a de Direito e a de Ciências Contábeis as mais requisitadas, além de se preparar rigorosamente para enfrentar a concorrência. Veja abaixo, mais informações sobre a carreira e **quanto ganha um fiscal da Receita Federal**.

Quanto Ganha um Fiscal da Receita Federal?

O **cargo de fiscal de rendas** é um dos cargos mais concorridos no **Concurso da Receita Federal**, oferecendo uma excelente remuneração. Este profissional é responsável por fiscalizar de forma direta os tributos estaduais, além de dirigir, assessorar, dar assistência, planejar, chefiar, representar e dar consultoria às funções que estão relacionadas à coordenadoria da instituição.

Para ser **fiscal de rendas da Receita Federal** é necessário ter curso superior completo em qualquer área, ter conhecimentos em administração, contabilidade e de Legislação Tributária, não ter nenhum registro de antecedentes criminais ou civis, ter mais de 18 anos de idade.

O salário inicial para esta profissão é de R$ 8.000,00, podendo aumentar de acordo com a experiência galgada pelo profissional.

Auditor Fiscal da Receita Federal

O **auditor fiscal da Receita Federal** é responsável por realizar atividades de campo, fazendo a fiscalização através da inspeção de estabelecimentos comerciais, industriais e de prestação de serviço. Outra função do fiscal é inspecionar mercadorias que estão em trânsito, fazendo sindicâncias em estações de trem, alfândegas, aeroportos, portos, mercados e rodovias.

Para **ser um fiscal da Receita Federal é preciso ter cursado qualquer graduação do ensino superior**, não possuir antecedentes criminais, ter conhecimentos em Direito Constitucional, Direito Internacional Público, Direito Penal, dominar a língua portuguesa e uma estrangeira como, por exemplo, espanhol, inglês ou francês.

O salário inicial pago para o auditor fiscal da Receita Federal é de R$ 7.534, 12, após 3 meses de trabalho.

Fiscal do Trabalho da Receita Federal

O **fiscal de trabalho da Receita Federal** desempenha o papel de fazer inspeções em áreas externas que estão sujeitas à legislação do trabalho, tendo que fazer o exame em documentos e livros que envolvem a relação de empregado e funcionário, além de autuar infratores quando identificar que o empregador está infringindo as Leis Trabalhistas.

Para ser um **fiscal do trabalho da Receita Federal** tem-se que ter escolaridade mínima de ensino superior completo em qualquer área, não ter nenhum tipo de antecedente criminal, além de português ser fluente em inglês ou espanhol, conhecimentos em Direito do Trabalho, Direito Civil, Direito Constitucional, Direito Penal e Direito Administrativo.

A remuneração concedida para este cargo é de R$ 7.534,12, que é paga inteiramente depois de três meses de trabalho.

Fiscal Tributário da Receita Federal

O **fiscal tributário da Receita Federal** tem como função fazer a fiscalização tributária das pessoas físicas e jurídicas, sendo que as suas atividades do dia a dia ficam mais restritas ao campo administrativo, visto que o funcionário ficará em contato com a análise de documentos sigilosos.

Para ser um **fiscal tributário da Receita Federal** é necessáiro ter concluído o ensino superior em qualquer área, de preferência em administração, direito ou contabilidade, que são funções mais presentes nas atividades realizadas por este profissional.

Também é essencial ter conhecimentos em informática, matemática, Direito Administrativo, Direito Previdenciário e gestão de tecnologia. O salário inicial para fiscal tributário é de R$ 3.937,81, podendo aumentar ao longo da carreira.

Como Ser Fiscal da Receita Federal?

Conquistar um **cargo de fiscal na Receita Federal** é um objetivo difícil de se concretizar devido à grande concorrência, mas não impossível. Em primeiro lugar, é necessário ficar atento aos editais estaduais que são realizados a cada ano para diferentes cargos, fazendo a inscrição com antecedência e lendo todos os requisitos e exigências de conhecimento.

Além disso, é de fundamental importância investir na sua preparação para enfrentar um concurso público, sendo recomendado fazer cursinhos específicos para a Receita Federal de, no mínimo, um ano.

14. Fiscal do INSS

O Fiscal do INSS fiscaliza as empresas para verificar se as mesmas estão recolhendo o tributo de acordo com a legislação específica.

Trabalhar no INSS é o sonho de muita gente e não é à toa que este é um dos concursos mais cobiçados. Quem está se preparando para ele, com certeza sonha em saber como é trabalhar lá dentro, quais áreas pode entrar e quais funções exercer. Remuneração, plano de carreira e ambiente de trabalho são algumas das questões que devem ficar na cabeça de quem sonha com a possibilidade de trabalhar no INSS.

O concurso para o INSS é bastante atrativo e pode ser uma importante porta de entrada para o serviço público. Essa atração não se caracteriza somente pelo salário, que gira em torno de R$ 8.000,00; mas, também pela capilaridade, número de vagas, carreira e vantagens que essa autarquia possui.

Com relação à capilaridade, são quase 2.000 agências espalhadas pelos municípios brasileiros. Ou seja, o servidor terá à sua disposição a opção de trabalhar em cidades diferentes ao longo da sua vida profissional, em confortáveis cidades do interior do país ou em belas praias do litoral brasileiro. Para quem gostar de mais aventuras, o INSS possui os "PREVBarcos" que são unidades móveis flutuantes, equipadas com toda tecnologia, que funcionam nos rios da região amazônica, a única opção de acesso à população ribeirinha.

Aos servidores são asseguradas as promoções na carreira e as gratificações de desempenho, além de os servidores poderem concorrer aos cargos diretivos das gerências executivas. Aliás, os cargos e funções de confiança do INSS, excetuando os diretores, são privativos de servidores efetivos.

A carga horária é de oito horas, com opção de redução para seis e remuneração proporcional. O plano de saúde escolhido pela maioria dos servidores é a GEAP, que possui preço acessível em relação aos outros planos privados e uma rede de cobertura nacional.

Então, vale a pena se preparar para esse concurso, pois são diversas vantagens a serem percebidas, conforme abaixo:

1. **Jornada de Trabalho Reduzida:** Os servidores do **INSS** têm direito a uma jornada de trabalho reduzida, essa jornada pode ser de 6 horas diárias. Normalmente, essa jornada varia em cada agência, existem algumas que a adotam e outras que adotam a jornada normal de 8 horas, e também em algumas o próprio servidor pode fazer essa escolha. Ao adotar a jornada de 6 horas ocorre uma redução na remuneração do servidor. Para pessoas que pretendem continuar estudando para outros concursos

ou mesmo que tenham um negócio próprio essa jornada de 6 horas pode ser uma boa oportunidade.

2. **Estabilidade:** Quem passar no **concurso do INSS** terá garantida a sua estabilidade no serviço público após 3 anos de efetivo exercício. Os **técnicos do INSS** desfrutam de um regime jurídico estatutário, ou seja, são regidos por um estatuto, que na União é a lei 8.112.

3. **Remuneração:** A remuneração inicial para quem ingressa na carreira de Fiscal **do INSS** gira em torno de 8 mil reais. Essa é uma excelente remuneração e muitas pessoas que trabalham na iniciativa privada levam anos para atingi-la. Além disso, devemos destacar que essa remuneração é para quem possui apenas o nível superior.

4. **Aposentadoria:** A aposentadoria do Fiscal **do INSS** poderá se dar quase com a remuneração integral que ele ganhava quando estava em atividade, diferente da iniciativa privada ou de cargos em bancos como Caixa Econômica e Banco do Brasil onde a aposentadoria fica limitada ao teto do RGPS, que hoje é de 4.390,24. Ou seja, se você trabalha na iniciativa privada e ganha 10 mil reais por mês irá se aposentar apenas com 4.390,24, enquanto se você estiver regido por um estatuto poderá se aposentar com uma remuneração muito próxima daquela que recebia quando estava em atividade.

5. **Status:** Ser servidor público federal gera um status. Não adianta falar que é um cargo como qualquer outro, pois não é. Existem hoje em dia muitas pessoas que tem como sonho ser servidor público federal, então você deve ter a consciência de que quando conseguir o cargo de Fiscal **do INSS** deve se orgulhar dele e do status que ele irá lhe proporcionar.

15. Fiscal do Ministério do Trabalho

O auditor fiscal do trabalho atua no Ministério do Trabalho e tem a função de garantir o cumprimento da legislação trabalhista, em muitas áreas. Cabe ao profissional, por exemplo, verificar se as empresas concedem férias, recolhem FGTS, incluem pessoas com deficiência e aprendizes. São também os auditores fiscais do trabalho que fiscalizam o trabalho infantil e escravo.

Conforme previsto no artigo 227 da Constituição Federal, não trabalhar na infância é um direito. Os adolescentes também são respaldados pela lei de aprendizagem, com garantia de acesso à profissionalização e ao mundo do trabalho seguro e protegido.

O Auditor-Fiscal do trabalho é responsável pela fiscalização do trabalho no Brasil e caracteriza-se por assegurar, em todo o território nacional:

O cumprimento de disposições legais e regulamentares, inclusive as relacionadas à segurança e à medicina do trabalho, no âmbito das relações de trabalho e de emprego;

A verificação dos registros em Carteira de Trabalho e Previdência Social (CTPS), visando-se à redução dos índices de informalidade;

À verificação do recolhimento do Fundo de Garantia do Tempo de Serviço (FGTS), objetivando maximizar os índices de arrecadação;

Ao cumprimento de acordos, convenções e contratos coletivos de trabalho celebrados entre empregados e empregadores; ao respeito aos acordos, tratados e convenções internacionais dos quais o Brasil é signatário;

À lavratura de auto de apreensão e guarda de documentos, materiais, livros e assemelhados, para verificação da existência de fraude e irregularidades, bem como ao exame da contabilidade das empresas, não se lhes aplicando o disposto nos artigos 17 e 18 do Código Comercial.

Quem deseja se tornar Auditor-Fiscal do trabalho precisa saber que é exigido nível superior em qualquer área e ser aprovado por meio do concurso para auditor-fiscal do MTPS. A seleção é realizada tradicionalmente pelo Centro de Seleção e de Promoção de Eventos da Universidade de Brasília (CESPE/UnB) ou pela Escola de Administração Fazendária (ESAF). Em ambos os casos é composta por provas objetivas e discursivas, exigindo um profundo conhecimento das mais diversas disciplinas, além de uma sindicância de vida pregressa, de caráter eliminatório. Não é à toa, que o certame é tido como um dos mais desafiadores da área fiscal, exigindo dos candidatos um altíssimo nível de preparação e um estudo pré-edital de muita dedicação.

Quem ingressar no próximo concurso para auditor-fiscal do trabalho terá motivos para comemorar a vitória que a categoria obteve em 2016. É que, após acordo com o Ministério do Planejamento, os AFT's tiveram seus vencimentos alterados e agora o menor valor é de R$ 21 mil, além de auxílio-alimentação no valor de R$ 458. A proposta salarial aprovada pelo governo prevê um reajuste de 21,3% em quatro anos, sendo 5,5% em 2016, 5,0% em 2017, 4,8% em 2018 e 4,5% em 2019, e uma nova composição remuneratória com Vencimento Básico e Bônus Eficiência. Os quatro pontos da pauta foram aprovados pelos Auditores-Fiscais do Trabalho.

Desde o mês de agosto de 2016, o menor vencimento básico, relativo ao primeiro nível da tabela, passou a ser de R$ 18.296,20 e desde janeiro deste ano é de R$ 19.211,01. A esses valores deverá ser acrescido o auxílio alimentação no valor de R$ 458,00 e o bônus de eficiência, o qual será de R$ 3.000,00, de agosto a dezembro de 2016, e que terá um valor flexível a partir de janeiro de 2017 (devendo girar na casa dos R$ 5.000,00). A remuneração mínima do primeiro padrão, em agosto de 2016, foi de R$ 21.746,20 (R$ 18.296,20 + R$ 458,00 + R$ 3.000), e a do último padrão será de R$ 27.213,31 (R$ 23.755,31 + R$ 458,00 + R$ 3.000).

Com o acordo pactuado, o Auditor-Fiscal do Trabalho, deixa de ser remunerado por subsídio, passando a ser remunerado por vencimento, alteração necessária para a implementação do chamado bônus eficiência, visto que no formato de subsídio, é vedado o acréscimo de qualquer gratificação, adicional, abono, prêmio, verba de representação ou outra espécie remuneratória, conforme disposto na Constituição Federal. Dessa forma, a remuneração do Auditor-Fiscal do Trabalho passa a ser composta por vencimento básico + bônus eficiência (uma espécie de prêmio por produtividade, que será regulamentado nos próximos meses, através do projeto de lei que será encaminhado ao congresso nacional).

A lotação dos aprovados no concurso, que é de âmbito nacional, é definida em ato do MTE, após homologação do resultado final do concurso, mediante o levantamento das unidades prioritárias, podendo recair sobre as Gerências Regionais do Trabalho e Emprego (GRTE) ou Sede das Superintendências Regionais do Trabalho e Emprego. Lembrando que os aprovados podem ser lotados nas unidades centrais do MTPS, ou em unidades descentralizadas espalhadas por todo o país.

No último concurso aberto os aprovados foram lotados nas superintendências regionais do Trabalho dos estados do Acre (4), Amazonas (24), Amapá (8), Bahia (7), Maranhão (1), Mato Grosso (6), Pará (20), Rondônia (20), Roraima (6) e Rio Grande do Sul (4).

Lembrando que o candidato aprovado, nomeado e empossado deverá permanecer em exercício na unidade na qual tenha sido inicialmente lotado, no mínimo, durante o período de 3 (três) anos, a contar da data de entrada em exercício.

-**Análise de Multas e Recursos**: nessa atividade você vai fazer a análise dos recursos relativos às autuações feitas por outros AFTs. Muitas pessoas que gostam do Direito e querem atuar em uma área muito jurídica tendem a se identificar demais com essa atribuição.

-Relações do Trabalho: trata-se de uma atividade de mediação de conflitos, assim você vai fazer mesas redondas entre empregados, empregadores e sindicatos, com vistas a ajudar as partes a chegarem a um acordo (sempre dentro da lei, lembre-se de que AFT não é juiz). Não é toda regional que tem essa atividade realizada por um AFT, mas ainda há muitos auditores com essa atribuição.

-Chefias de fiscalização: responsável por emitir as Ordens de Serviço e determinar quais empresas serão fiscalizadas e que denúncias serão atendidas, além de ser responsável pela organização da fiscalização do trabalho em sua regional.

-Superintendentes e Gerentes Regionais: ambos comandam as atividades administrativas de uma regional (estado ou região), sem ligação direta com a fiscalização. O gerente/superintendente comanda atividades administrativas como controlar o setor de emissão de carteiras de trabalho, aluguel predial, cuidar dos serviços de manutenção e limpeza, etc.

-Secretaria de Inspeção do Trabalho: órgão central, em Brasília. A desvantagem é que, para a maior parte dos candidatos, trabalhar em Brasília é ficar longe de casa. A vantagem é que você terá um papel importante na definição dos rumos da fiscalização nacional, com normatização, planejamento, etc.

Externas

Basicamente, um AFT externo recebe uma Ordem de Serviço, que indica o que e onde ele deverá fiscalizar. A partir daí você terá total liberdade para fazer sua fiscalização, você irá determinar sua rotina de trabalho e a forma de realizar os procedimentos necessários. Após finalizar a inspeção, você irá lançar um Relatório de Inspeção no sistema, indicando o que você encontrou e o que autuou.

16. Analista da CVM – Comissão de Valores Mobiliários

Os analistas de valores mobiliários são profissionais que elaboram relatórios de análise destinados à publicação, divulgação ou distribuição a terceiros, ainda que restrita a clientes. Tais relatórios podem estar na forma de textos, relatórios de acompanhamento, estudos ou análises sobre valores mobiliários específicos ou sobre emissores de valores mobiliários determinados que possam auxiliar ou influenciar investidores no processo de tomada de decisão de investimento, segundo definição da Instrução CVM nº 483/10, que regula a atividade.

Esse tipo de opinião envolve um aprofundamento técnico e o exercício da atividade, pela sua importância, é objeto de regulação pela Comissão de Valores Mobiliários, bem como da autorregulação do próprio mercado, neste caso por meio da APIMEC Nacional, que desde 2010 exerce a função de autorreguladora dos analistas de valores mobiliários. O Analista, além de ser aprovado na prova de qualificação técnica, deve obedecer ao código de conduta profissional da entidade que o credenciou, evitando situações de conflito de interesse, buscando informações idôneas e fidedignas, para usar como base de suas análises e recomendações, e mantendo independência em relação à pessoa ou instituição a qual estiver vinculado. Pessoas condenadas por certos crimes, como lavagem de dinheiro ou contra o sistema financeiro nacional, não podem ser credenciados.

O analista de valores mobiliários deve agir com integridade e ética profissional. Para isso, é vedado ao analista as seguintes atuações:

1)   Emitir relatórios de análise visando obter, para si ou para outrem, vantagem indevida;

2)   Omitir informação sobre conflitos de interesse;

3)   Negociar, direta ou indiretamente, em nome próprio ou de terceiros, valores mobiliários objeto dos relatórios de análise que elabore ou derivativos lastreados em tais valores mobiliários por um período de trinta dias anteriores e cinco dias posteriores à divulgação do relatório de análise sobre tal valor mobiliário ou seu emissor; e

4)   Negociar, direta ou indiretamente, em nome próprio ou de terceiros, valores mobiliários objeto dos relatórios de análise que elabore ou derivativos lastreados em tais valores mobiliários e sentido contrário ao das recomendações ou conclusões expressas nos relatórios de análise que elaborou por:

a)   Seis meses contados da divulgação de tal relatório; ou

b)   Até a divulgação de novo relatório sobre o mesmo emissor ou valor mobiliário.

Obs.: As vedações 3 e 4 não se aplicam às negociações com cotas de fundos de investimento, exceto se:

i)   O analista puder influenciar, direta ou indiretamente, a administração ou gestão do fundo; ou

ii)   O fundo concentre seus investimentos em setores ou empresas cobertos pelos relatórios produzidos pelo analista.

A atividade de analista de valores mobiliários pode ser exercida nas seguintes modalidades:

(1)   Autônoma;

(2)   Vinculada a instituição integrante do sistema de distribuição ou a pessoa natural ou jurídica autorizada pela CVM a desempenhar a função de administrador de carteira ou de consultor de valores mobiliários; ou

(3)   Vinculada a pessoa jurídica que tenha em seu objeto social exclusivamente a atividade de análise de valores mobiliários.

A Comissão de Valores Mobiliários (CVM) foi criada em 1976 pela Lei 6.385/76, com o objetivo de **fiscalizar, normatizar, disciplinar e desenvolver o mercado de valores mobiliários no Brasil, também chamado de mercado de capitais.**

A CVM é uma entidade autárquica em regime especial, vinculada ao Ministério da Fazenda, com personalidade jurídica e patrimônio próprios, dotada de autoridade administrativa independente, ausência de subordinação hierárquica, mandato fixo e estabilidade de seus dirigentes, e autonomia financeira e orçamentária.

Na prática, isto significa que a CVM possui independência funcional, administrativa e financeira. Ou seja, seus dirigentes e servidores não precisam de autorização do Ministro da Fazenda, ou Presidente da República, para exercerem as atividade que lhes competem e cumprirem com o mandato legal da Autarquia.

A CVM forma, junto com o Banco Central (Bacen), SUSEP e PREVIC, os órgãos supervisores do Sistema Financeiro Nacional, como mostrado abaixo:

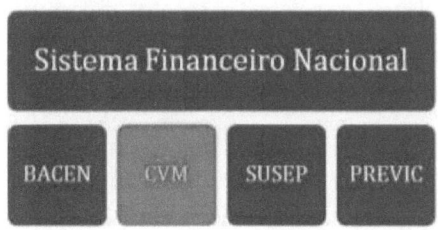

Enquanto o Bacen supervisiona os mercados de crédito, monetário e cambial, e a SUSEP e PREVIC cuidam dos mercados de seguros, resseguros, previdência complementar aberta e fechada, a CVM supervisiona o mercado de capitais. Neste mercado circulam por volta de R$ 5 trilhões anuais, um volume grande o bastante para existência de um órgão regulador específico para supervisioná-lo.

Bom, e qual é o mandato legal da CVM neste mercado? De forma resumida, compete à CVM realizar as seguintes atividades:

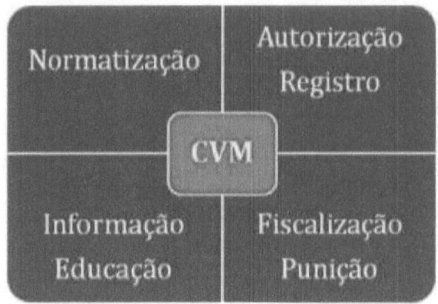

Normatizar significa elaborar as normas que dispõem as regras de funcionamento do mercado de capitais. Autorização e registro indica que compete à CVM o controle de acesso dos participantes do mercado, mediante autorização, e supervisão de suas atividades, mediante acompanhamento do registro que possuem junto à Autarquia. E, fiscalização e punição, indicam o "poder de policia" da CVM, podendo fiscalizar os participantes a aplicar sanções àqueles que não cumpre as regras dispostas. Lembrando que as penas são administrativas, incluindo multas, inabilitações etc.

E, não menos importante, também compete à CVM informar e educar a sociedade e participantes do mercado de capitais sobre temas correlatos a ele, incluindo educação financeira e o incentivo a hábitos de poupança. Você pode não saber, mas a CVM possui um departamento que possui o objetivo de estudar hábitos comportamentais que interferem no julgamento racional dos investidores em relação aos seus hábitos de consumo e investimento. Este departamento de finanças comportamentais possui parceria com centros de pesquisa nas principais universidades brasileiras, além de realizar eventos anuais para debater o assunto.

Continuando, segue abaixo o organograma da Autarquia com uma breve explicação sobre as áreas internas que mais demandam os analistas, inspetores e agentes executivos ingressantes:

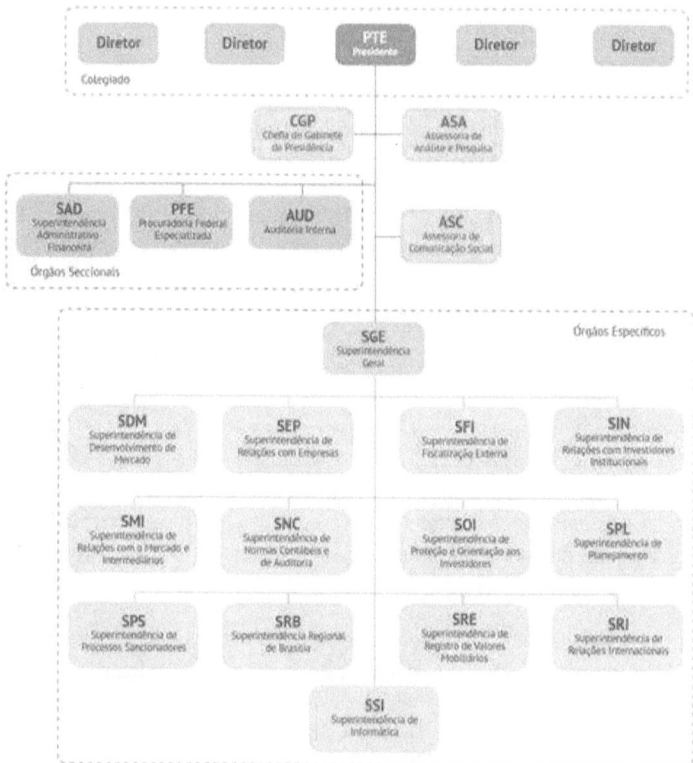

ORGANOGRAMA

- **SAD**

    o supervisionar e orientar a execução de atividades referentes à administração de recursos humanos;

    o supervisionar e coordenar a execução da administração financeira e de bens e serviços gerais; e

    o fiscalizar o pagamento e a arrecadação da taxa de fiscalização, das multas provenientes de penalidades aplicadas em julgamentos e das multas cominatórias.

- **SDM**

    o elaborar estudos, projetos e normas, orientados para o desenvolvimento do mercado de valores mobiliários;

    o atuar, em conjunto com as outras áreas, na revisão e ajustes dos atos normativos da CVM, adequando-os às necessidades do mercado; e

- propor ao Colegiado a eventual fixação de limites máximos de preço, comissões, emolumentos e outras vantagens cobradas pelas entidades que atuam no mercado de valores mobiliários.

- **SEP**

  - coordenar, supervisionar e fiscalizar os registros de companhias abertas e de outros emissores, bem como sua atualização; e

  - propor e fiscalizar a observância de normas sobre atividades relacionadas aos registros e a divulgação de informações pelas companhias abertas e outros emissores e sobre operações especiais.

- **SFI**

  - fiscalizar, supervisionar e orientar diretamente os participantes do mercado de valores mobiliários.

- **SIN**

  - coordenar, supervisionar e fiscalizar os registros para a constituição de fundos, sociedades de investimentos, carteiras de investidores estrangeiros e clubes de investimento;

  - coordenar, supervisionar e fiscalizar os credenciamentos para o exercício de atividades de administrador de carteira, consultor e analista de valores mobiliários; e

  - coordenar, supervisionar e fiscalizar o acompanhamento de atividades dos investidores institucionais nacionais e estrangeiros registrados na CVM, bem como propor e fiscalizar a observância de normas relacionadas aos registros e à divulgação de informações desses investidores institucionais.

- **SMI**

  - coordenar, supervisionar e fiscalizar as entidades integrantes do sistema de distribuição de valores mobiliários, assegurando a observância de práticas comerciais equitativas e o funcionamento eficiente e regular dos mercados de bolsa, de balcão, de balcão organizado e de mercados derivativos;

  - coordenar, supervisionar e fiscalizar os credenciamentos dos integrantes do sistema de distribuição de valores mobiliários e das entidades que atuam no mercado de valores mobiliários, bem como o dos prestadores de serviços, tais como, custódia e liquidação, escrituração e emissão de certificados de títulos e valores mobiliários;

- o propor e fiscalizar a observância de normas relacionadas ao funcionamento do sistema de distribuição de valores mobiliários e ao funcionamento dos mercados derivativos; e

- o fiscalizar os serviços e atividades das entidades que atuam no mercado de valores mobiliários e no mercado de derivativos, inclusive quanto à veiculação de informações.

- **SNC**

  - o estabelecer normas e padrões de contabilidade a serem observados pelas companhias abertas, fundos e instrumentos de investimento coletivo e outros emissores;

  - o credenciar e fiscalizar a atividade dos auditores independentes, pessoas físicas e jurídicas, e propor normas e procedimentos de auditoria a serem observados no âmbito do mercado de valores mobiliários; e

  - o elaborar pareceres sobre assuntos contábeis e de auditoria, no âmbito do mercado de valores mobiliários.

- **SOI**

  - o atuar em conjunto com outros setores da CVM, ou com outras entidades, na realização de projetos educacionais, no âmbito do mercado de valores mobiliários;

  - o analisar reclamações formais apresentadas pelo público em geral sobre a atuação de participantes do mercado; e

  - o administrar serviço de atendimento ao público para fornecimento de informações prestadas à CVM, por integrantes do mercado de valores mobiliários.

- **SRE**

  - o coordenar, supervisionar e fiscalizar o registro de distribuição pública de valores mobiliários;

  - o propor e fiscalizar a observância de normas sobre atividades relacionadas aos registros de distribuição de valores mobiliários; e

  - o coordenar, supervisionar e fiscalizar os registros de emissores que não estejam sob a esfera de competência das demais Superintendências, bem como sua atualização, conforme dispuser o regimento interno.

- **SRI**

o administrar a execução dos convênios de cooperação técnica, de troca de informações de fiscalização conjunta entre a CVM e os organismos correspondentes de outros países; e

o representar a CVM junto às instituições internacionais relacionadas aos órgãos reguladores, ou outros organismos atuantes na área de valores mobiliários, coordenando a execução de trabalhos que se façam necessários.

Cargos e benefícios

Bom, vamos a uma parte que interessa a todos os interessados em trabalhar na CVM: os cargos e seus perfis, a remuneração e demais benefícios.

Bom, o último concurso ofereceu vagas de Inspetor, Analista CVM (de Mercado de Capitais, Arquivologia, Biblioteconomia, Recursos Humanos, Sistemas, TI, Normas Contábeis e Auditoria, Planejamento e Execução Financeira) e Agente Executivo, para o Rio de Janeiro e São Paulo.

Os cargos de Inspetor e Analista exigem Nível Superior (em qualquer área de formação para quase todos os cargos) e o cargo de Agente Executivo, Nível Médio.

Abaixo segue a tabela de remuneração até 2019:

CARGO	CLASSE	PADRÃO	EFEITOS FINANCEIROS A PARTIR DE				
			1º de janeiro de 2015	1º de agosto de 2016	1º de janeiro de 2017	1º de janeiro de 2018	1º de janeiro de 2019
Analista da CVM

Inspetor da CVM | ESPECIAL | IV | 21.391,10 | 22.567,61 | 24.142,66 | 25.745,61 | 27.369,67 |
		III	20.796,81	21.940,63	23.471,92	25.030,34	26.609,28
		II	20.429,09	21.552,69	23.056,90	24.587,76	26.138,79
		I	20.067,86	21.171,59	22.649,21	24.153,00	25.676,60
	C	III	19.296,02	20.357,30	21.778,09	23.224,04	24.689,04
		II	18.917,67	19.958,14	21.351,07	22.768,67	24.204,95
		I	18.546,73	19.566,80	20.932,41	22.322,22	23.730,33
	B	III	18.183,07	19.183,14	20.521,98	21.884,53	23.265,03
		II	17.483,72	18.445,32	19.732,67	21.042,82	22.370,22
		I	17.140,90	18.083,65	19.345,75	20.630,21	21.931,59
	A	III	16.804,81	17.729,07	18.966,43	20.225,70	21.501,56
		II	16.475,30	17.381,44	18.594,53	19.829,12	21.079,96
		I	15.003,70	15.828,90	16.933,64	18.057,95	19.197,06

CARGO	CLASSE	PADRÃO	EFEITOS FINANCEIROS A PARTIR DE		
			1º de janeiro de 2017	1º de janeiro de 2018	1º de janeiro de 2019
Cargos de Agente Executivo da CVM	ESPECIAL	IV	9.357,34	9.978,83	10.608,27
		III	9.128,05	9.734,35	10.348,49
		II	8.906,12	9.497,47	10.096,53
		I	8.687,49	9.264,09	9.848,30
	C	III	8.234,99	8.781,36	9.335,10
		II	8.033,26	8.568,56	9.107,11
		I	7.836,50	8.356,91	8.884,47
	B	III	7.428,84	7.921,81	8.421,71
		II	7.249,02	7.730,69	8.218,21
		I	7.072,86	7.542,42	8.017,73
	A	III	6.702,44	7.147,16	7.598,44
		II	6.519,79	6.953,17	7.392,00
		I	6.342,15	6.763,38	7.189,98

Atualmente, as promoções são anuais. Após completar 12 meses na classe e padrão, o servidor passa à seguinte automaticamente. E, cá entre nós, a remuneração é muito atrativa!

Adicionalmente ao salário, a Autarquia incentiva a continuidade da formação do servidor. Neste sentido, é possível, por exemplo, se licenciar durante um curso de especialização/mestrado/doutorado recebendo o salário integral. Cabe salientar que esta possibilidade é estendida a todos os servidores e possui um processo transparente de escolha, incluindo a análise do tramite por área especialmente constituída para isso.

Adicionalmente, há incentivos para a realização de (i) cursos de idiomas (CVM paga até 60% do curso), (ii) certificações no mercado financeiro (a mais comum é o CFA), (iii) cursos e seminários na área de trabalho do servidor, (iv) além da possibilidade de afastamento para cursos de especialização/mestrado/doutorado recebendo o salário integral .

Continuando, em linhas gerais, o Inspetor é o servidor responsável pela fiscalização externa dos regulados. Por exemplo, se em alguma análise interna não foi possível concluir sobre a questão por falta de informações, os Inspetores são deslocados para fiscalizar externamente, geralmente no local do regulado. Esta atividade se assemelha a uma auditoria e pode envolver depoimentos, análises de documentos, escutas telefônicas etc.

O Analista CVM é o responsável pelo trabalho interno, nas mais diversas áreas acima apresentadas. Vou citar meu exemplo para elucidar.

Ingressei na CVM no concurso de 2010 como Analista de Mercado de Capitais. Essa divisão (Mercado de Capitais) só existe no edital, com a finalidade de captar o perfil dos candidatos. Como ingressei nessa área, fui alocado em áreas-fim da autarquia, aquelas responsáveis pela supervisão do mercado de capitais.

Trabalhar nas áreas-fins da CVM, em geral, envolve uma certa identificação com o mercado de capitais. O perfil dos ingressantes indica neste sentido. Isto não significa que apenas os formados em economia, administração e direito trabalham na CVM. Muito pelo contrário! Tenho colegas engenheiros, dentistas (!), músicos (!) e formados em outras áreas do conhecimento.

O que há de comum entre eles? O interesse pelo mercado de capitais, pelas atividades da autarquia e pela excelência no trabalho.

A CVM é um órgão eminentemente técnico. Não há qualquer vinculação política dos servidores, nem influência de políticos. (CVM chamando a atenção do Governo Temer em relação à indicação do Presidente da Petrobrás). Adicionalmente, o ambiente de trabalho lembra muito a inciativa privada, pois o trabalho da Autarquia está muito ligado ao setor privado.

Mas, acumulamos alguns privilégios.

Em geral, a maioria trabalha 8h por dia. Ou seja, trabalhamos com assuntos similares aos tratados por bancos de investimentos, fundos de investimentos, corretoras e bolsa de valores, mas exercemos nossas atividades com mais tranquilidade e sem a pressão verificada no dia a dia destas entidades (aqueles que trabalham no sistema financeiro irão entender bem o que eu disse).

Alguns servidores lotados na área de atendimento aos investidores (SOI) trabalha 6h corridas por dia (em regime de 12 horas ininterruptas, sendo dois plantões de 6 horas ininterruptas cada, controladas por registro de frequência). Adicionalmente, é importante afirmar que o regime "home office" está em fase de regulamentação interna.

Mas, isso não significa que não trabalhamos. Muito pelo contrário. Conheço diversas áreas do serviço público e, posso afirmar com segurança, que algumas áreas da CVM estão entre as mais ativas e produtivas do serviço público federal. É por isso que estamos na principal carreira do executivo federal junto com o Banco Central, Ministério do Planejamento, entre outros.

Próximo Concurso e Vagas em Aberto

Bom, já deve estar claro que para ingressar na CVM é preciso ser aprovado em concurso público. O edital do último concurso está disponível aqui.

A CVM já pediu a realização de um novo concurso em 2015 ao MPOG, solicitando 69 vagas de agente executivo, 6 para inspetor e 14 para analista. Em função da situação política e econômica brasileira em 2015, o pedido não foi analisado.

De toda forma, a Autarquia já demonstrou a necessidade de ingresso de novos servidores e pode, em breve, ter seus pedidos atendidos pelo MPOG.

A título de curiosidade, em 2010 o MPOG aprovou a realização do concurso pela CVM e na mesma semana o edital do concurso foi publicado.

E, qual a situação de vagas atualmente? Bom, as informações referentes à março de 2016 são as seguintes:

Quantitativo de Servidores por Localidade

Cargo	Vagas Ocupadas				Vagas Autorizadas	Vagas Livres
	RJ	SP	DF	Total		
Nível Superior - NS						
Analista	216	25	2	243	263	20
Inspetor	76	34	2	112	123	11
Procurador Federal	23	3	-	26	46	20
Total NS	315	62	4	381	432	51
Nível Intermediário - NI						
Agente Executivo	99	18	-	117	196	79
Aux. de Serv. Gerais	27	1	-	(*) 28	28	-
Total NI	126	19	-	145	224	79
DAS						
Sem Cargo Efetivo	26	2	2	30	30	-
Total Geral	467	83	6	556	686	130

(*) Contempla uma vaga como excedente

Fonte: SRH / SIAPE

Pedidos de Aposentadorias

Cargo	2016 (Até Mar)	Habilitados			Total
		2016	2017	2018	
Analista	1	12	5	0	18
Inspetor	1	5	2	1	9
Agente Executivo	1	6	3	2	12
Aux. de Serv. Gerais	0	13	3	2	18
Total	3	36	13	5	57

A tendência é que um próximo concurso atenda aos cargos em aberto e, eventualmente, a previsão de aposentadorias. Por exemplo, em relação ao cargo de Analista, ao menos 20 vagas devem ser oferecidas para provimento imediato em um próximo edital. Como ocorreu nos certames anteriores, todos os excedentes podem ser convocados.

E, como de costume, o próximo concurso irá incluir as matérias de Contabilidade Societária, Auditoria, Estrutura e Funcionamento do Mercado de Capitais (são 2 matérias diferentes!), Economia, Português, Inglês, Matemática Financeira, além da possibilidade de incluir matérias mais tradicionais em concursos, como Direito Constitucional e Administrativo.

Estudar para um concurso desse não é algo trivial, feito de um dia para o outro. Portanto, a sugestão sempre válida é iniciar os seus estudos com a maior antecedência possível. Em tempos de recessão econômica, vencimentos como das carreiras da CVM devem atrair uma imensidão de candidatos.

17. Analista do BACEN – Banco Central do Brasil

O **BCB** é autarquia federal em regime especial, integrante do Sistema Financeiro Nacional – SFN, vinculado ao Ministério da Fazenda – MF.

Para você que estuda Direito Administrativo, essa autarquia foi criada em 1964, por meio de uma **descentralização administrativa**, ao incorporar atribuições que antes foram designadas pelo Ministério da Fazenda a três instituições distintas: Superintendência da Moeda e do Crédito – SUMOC, Banco do Brasil – BB e o Tesouro Nacional.

Nota-se que não há relação de hierarquia entre o MF e o BCB, mas, tão somente, o controle e a fiscalização sobre os serviços prestados pela autoridade monetária. Para ratificar esse entendimento, podemos pegar como exemplo a obrigatoriedade de o Presidente do BCB encaminhar carta aberta ao Ministro da Fazenda em caso de descumprimento da meta de inflação, como ocorreu neste ano de 2016. Para quem tiver curiosidade, segue o link da referida carta:

A missão institucional do Bacen é:

"Assegurar a estabilidade do poder de compra da moeda e um sistema financeiro sólido e eficiente".

Assim, podemos notar duas atribuições importantíssimas do BCB: **Política Econômica/Monetária** e **Fiscalização** do Sistema Financeiro Nacional. Essas são as "áreas-fim" do BCB. Contudo, temos diversas "áreas-meio" que nos dão suporte ao cumprimento de nossa missão, as quais descreverei adiante.

Atualmente, há três carreiras no BCB: Analista, Técnico e Procurador.

As atribuições ao cargo de **Analista do Banco Central do Brasil** são:

- Formulação execução, acompanhamento e controle de planos, programas e projetos relativos a:

1. gestão das reservas internacionais;

2. políticas monetária, cambial e creditícia;

3. emissão de moeda e papel-moeda;

4. gestão de instituições financeiras sob regimes especiais;

5. desenvolvimento organizacional; e

6. gestão da informação e do conhecimento.

- Gestão do sistema de metas para a inflação, do sistema de pagamentos brasileiro e dos serviços do meio circulante;

- Monitoramento do passivo externo e a proposição das intervenções necessárias;

- Supervisão do Sistema Financeiro Nacional, compreendendo:

1. organização e a disciplina do sistema;

2. fiscalização direta das instituições financeiras e das demais instituições autorizadas a funcionar pelo Banco Central do Brasil;

3. monitoramento indireto das instituições financeiras, de conglomerados bancários, de cooperativas de crédito, de sociedades de crédito ao micro-empreendedor, de administradoras de consórcio, de agências de fomento, de demais entidades financeiras independentes e de conglomerados financeiros que não possuam, entre suas empresas, bancos de qualquer espécie;

4. prevenção de ilícitos cambiais e financeiros;

5. monitoramento e análise da regularidade do funcionamento das instituições sujeitas à regulação e à fiscalização do Banco Central do Brasil;

6. proposta de instauração de processo administrativo punitivo aplicado às instituições sujeitas à regulação e à fiscalização do Banco Central do Brasil;

7. análise de projetos, de planos de negócios e de autorizações relacionadas ao funcionamento de instituições sujeitas à fiscalização do Banco Central do Brasil.

- Elaboração de estudos e pesquisas relacionadas a:

1. políticas econômicas;

2. acompanhamento do balanço de pagamentos;

3. desempenho das instituições financeiras não autorizadas a funcionar no País; e

4. regulamentação das matérias de interesse do Banco Central do Brasil.

- Formulação e proposição de políticas, diretrizes e cursos de ação relativamente à gestão estratégica dos processos organizacionais;

- Fiscalização das operações do meio circulante realizadas por instituições custodiantes de numerário;

- Elaboração de relatórios, pareceres e de propostas de atos normativos;

- Realização das atividades de auditoria interna;

- Elaboração de informações econômico-financeiras;

- Desenvolvimento de atividades de tecnologia e segurança da informação voltada ao desenvolvimento, à prospecção, à avaliação e à internalização de novas tecnologias e mercadologias;

- Desenvolvimento de atividades pertinentes às áreas de programação e execução orçamentária e financeira, de contabilidade e auditoria, de licitação e contratos, de gestão de recursos materiais, de patrimônio e documentação e de gestão de pessoas, estrutura e organização;

- Representação do Banco Central do Brasil junto à órgãos governamentais e instituições internacionais, ressalvadas as competências privativas dos Procuradores do Banco Central do Brasil;

- Atuação em outras atividades vinculadas às competências do Banco Central do Brasil, ressalvadas aquelas privativas dos Procuradores do Banco Central do Brasil.

O Banco Central é composto por 8 (oito) diretorias e 1 (uma) presidência, ou seja, nossa Diretoria Colegiada, aquela que compõe o Comitê de Política Monetária – COPOM para decidir sobre a taxa de juros, seria composta por 9 (nove) membros. Digo "seria", pois há um diretor acumulando duas diretorias: Diretor de Administração – Dirad e Diretor de Relacionamento Institucional e Cidadania – Direc. Portanto, são 8 (oito) diretores que hoje compõem a Diretoria Colegiada do Banco Central, incluindo o Presidente, o qual é escolhido pelo Presidente da República e possui *status* de Ministro de Estado.

A despeito de haver diversas áreas, o processo de remoção interna não é tão simples. Na maioria das vezes, é feito mediante permuta de servidores entre os departamentos, o que acaba acontecendo com maior intensidade com a chegada de novos servidores quando temos concursos abertos e com prazo vigente.

O horário de trabalho, em Brasília, é das 9h:00 às 12h:30 e das 14h:00 às 18h:30. Em alguns departamentos, pode haver horário diferenciado, a depender do serviço que será executado. O pessoal da Tecnologia da Informação – TI, por exemplo, pode ter de trabalhar em regime de plantão, pois o BCB é o operador do Sistema de Pagamentos Brasileiro – SPB, no qual são operadas, entre outras coisas, a compensação e a liquidação de ordens eletrônicas de débito e de crédito. Imagina se isso parar por um minuto no Brasil inteiro? Seria o verdadeiro caos para a economia.

Temos uma universidade corporativa denominada Universidade Corporativa do Banco Central – UNIBACEN. Semanalmente, são oferecidos diversos cursos muito interessantes para qualificar, ainda mais, nossos servidores. Digo "ainda mais", pois o BCB é a entidade da Administração Pública com o maior número de mestres e doutores por metro quadrado. Nossa universidade está localizada na ASBAC (Associação dos Servidores do Banco Central) e acabou de ser reformada. Não me lembro de ter frequentado outro prédio com uma infraestrutura tão boa para estudar. Ficou Showww!

Outro item importante é o programa de pós-graduação do BCB, que se constitui de dois tipos de patrocínio aos servidores:

1. Mediante **concessão de afastamento** para que o servidor frequente o curso, nos casos de pós-graduação *stricto sensu* (mestrado acadêmico e doutorado) e de pesquisa na modalidade intercâmbio; e

2. Mediante **pagamento, total ou parcial, dos custos do curso**, nos casos de cursos de pós-graduação lato sensu e de mestrado profissional, hipóteses em que o servidor continua exercendo suas atividades laborais ordinárias.

Importante ressaltar que, em ambos os casos, o servidor permanece recebendo subsídio normalmente.

Agora a melhor notícia: os subsídios dos cargos de Analista e Técnico.

- Analista: **R$ 15.828,90 (atual)** – **R$16.933,64 (Ago/2016)**;

- Técnico: **R$ 5.692,36 (atual)** – **R$ 6.005,44 (Ago/2016)**.

Além disso, há auxílio alimentação (pago em dinheiro) no valor de **R$ 458,00**.

Sendo assim, **futuros Analistas e Técnicos do BCB**, vocês já entrarão ganhando **R$ 17.391,64** e **R$ 6.463,44**, respectivamente.

Muitos alunos me questionam por onde começar a preparação para o próximo concurso. Minha resposta é: **pelas disciplinas comuns a todos os cargos!** Antes de o aluno entrar efetivamente nas matérias específicas do cargo que irá concorrer às vagas, julgo ser necessário ter alguns conhecimentos prévios (gerais) que irão facilitar o aprendizado. Portanto, é primordial saber as funções do Banco Central e como ele atua no mercado antes de estudar, por exemplo, finanças privadas. Ter uma boa noção de Sistema Financeiro Nacional e de Economia é pré-requisito não só para compreender a essência do mercado financeiro, mas para o candidato ter conhecimentos plenos sobre assuntos que serão discutidos diariamente em seu ambiente de trabalho.

Ademais, na parte geral está uma das disciplinas mais importantes do concurso: Língua Portuguesa. Além de ter uma prova discursiva dificílima (um estudo de caso de 90 linhas e duas dissertações de 30 linhas), você será demandado diariamente para escrever documentos importantíssimos ao desenvolvimento do trabalho dentro do BCB.

Portanto, meus amigos, aqueles que realmente querem "brigar" pelas vagas do próximo concurso já devem intensificar seus estudos, haja vista o altíssimo nível exigido nas provas dos últimos certames.

18. Analista do BNDES – Banco Nacional de Desenvolvimento Econômico e Social

O Banco Nacional de Desenvolvimento Econômico e Social (BNDES) é uma empresa pública federal, sendo hoje o principal instrumento de financiamento de longo prazo para investimentos em todos os segmentos da economia, se destacando no apoio à agricultura, indústria, infraestrutura e comércio e serviços. Além de oferecer condições especiais para micro, pequenas e médias empresas, o banco também tem implementado linhas de investimentos sociais, direcionados para educação, saúde, agricultura familiar, transporte urbano e saneamento básico. É uma entidade componente da administração pública indireta e atualmente vinculada ao Ministério do Planejamento, Orçamento e Gestão, tendo como objetivo apoiar empreendimentos que contribuam para o desenvolvimento do Brasil. Desta ação resultam a melhoria da competitividade da economia brasileira e a elevação da qualidade de vida da sua população.

Desde a sua fundação, em 1952, é um órgão de fomento no contexto do desenvolvimento econômico como esboçado no Plano SALTE. O BNDES vem financiando os grandes empreendimentos industriais e de infraestrutura tendo marcante posição no apoio aos investimentos na agricultura, no comércio e serviço, nas micro, pequenas e médias empresas, e aos investimentos sociais direcionados para a educação e saúde, agricultura familiar, saneamento básico e ambiental e transporte coletivo de massa.

Suas linhas de apoio contemplam financiamentos de longo prazo e custos competitivos, para o desenvolvimento de projetos de investimentos e para a comercialização de máquinas e equipamentos novos, fabricados no país, bem como para o incremento das exportações brasileiras. Contribui, também, para o fortalecimento da estrutura de capital das empresas privadas e desenvolvimento do mercado de capitais.

Os escritórios centrais do BNDES ficam localizados no Rio de Janeiro. Também há representações regionais em São Paulo (Departamento Regional Sul), Brasília (Departamento de Relações com o Governo) e Recife (Departamento Regional Nordeste), além de representações internacionais em Montevidéu, no Uruguai (inaugurado em 27 de agosto de 2009) e em Londres, na Inglaterra (inaugurado em 04 de novembro de 2009).

O **Banco Nacional de Desenvolvimento Econômico e Social (BNDES)**, assim como qualquer grande empresa, possui uma gestão de pessoal estratégica que, além de valorizar os funcionários, organiza-se para sempre ter condições de preencher vagas que possam ser abertas. O objetivo é evitar vacâncias e, consequentemente, alterações na atuação da empresa no cenário nacional e internacional, por sobrecarga de trabalho e carência de pessoal.

Pensando nisso, uma das estratégias do BNDES é abrir concursos periódicos, logo após o prazo de validade da seleção em vigor expirar. Seguindo esse critério, o setor de Recursos Humanos do banco informará a abertura de um novo concurso.

As funções oferecidas serão técnico administrativo, de nível médio, com rendimento inicial de R$ 4.759, e profissional básico, de nível superior específico, com remuneração de R$ 12.022,85. Nesses valores estão incluídos auxílio-alimentação de R$ 397,35 e auxílio-refeição de R$ 965,50. As áreas contempladas para a função de nível superior serão Administração, Análise de Sistemas – Desenvolvimento, Análise de Sistemas – Suporte, Arquitetura, Arquivologia, Biblioteconomia, Comunicação Social, Contabilidade, Direito, Economia, Engenharia e Psicologia.

O banco tem ainda como estratégia proporcionar diversas vantagens a seus funcionários, para valorizá-los. O BNDES oferece plano de saúde (assistências médica, hospitalar e dentária), vale transporte, variável de acordo com a localidade, plano de previdência complementar e programa de assistência educacional de R$ 829,55 por filho.

Os interessados já devem estar se preparando, tendo em vista que os concursos do BNDES costumam ser muito concorridos. As principais ferramentas para um bom estudo são os programas e as provas das seleções anteriores. No concurso de 2012, os candidatos a técnico administrativo foram avaliados por meio de 70 questões objetivas, sendo 25 de Língua Portuguesa, 25 de Matemática, oito de Língua Estrangeira, seis de Conhecimentos Específicos sobre o BNDES e seis de Conhecimentos Gerais.

Já os concorrentes a profissional básico responderam ao mesmo número de questões, sendo 30 de Conhecimentos Básicos (Língua Portuguesa e Língua Estrangeira) e 40 de Conhecimentos Específicos, além de cinco questões discursivas de conteúdo específico. O BNDES contrata pelo regime celetista.

19. Analista de Orçamento do Governo Federal

A Carreira de Orçamento foi criada pelo Decreto-Lei nº 2.347, de 23 de julho de 1987, tendo sido posteriormente regida também pelo Decreto nº 95.077, de 22 de outubro de 1987, e pela IN no 202/SEDAP, de 4 de novembro de 1987. Pela Lei nº 11.890, de 24 de dezembro de 2008, a carreira de Planejamento e Orçamento passou a integrar as Carreiras e Cargos do Grupo de Gestão Governamental.

A premissa básica para a criação da carreira de Planejamento e Orçamento foi no sentido de que estaria sendo estruturada a vida profissional dos agentes do Sistema de Orçamento no âmbito do Poder Executivo, aos quais são confiados a programação, a elaboração e o acompanhamento dos Orçamentos Fiscais, da Seguridade Social e de Investimento das Empresas Estatais, assim como a formulação, o acompanhamento e avaliação de planos, programas e orçamentos, e a realização de estudos e pesquisas sócio-econômicos.

De acordo com informações do Sistema Integrado de Administração de Recursos Humanos – SIAPE há hoje 715 cargos de APO. As atribuições da Carreira de APO podem ser divididas em 2 grupos de atividades:

Elaborar o Orçamento: subsidiar a elaboração das diretrizes orçamentárias e da política fiscal, projetar o cenário fiscal, projetar parâmetros macro econômicos, analisar o comportamento das despesas, projetar receitas, projetar despesas obrigatórias, estabelecer valores para as despesas discricionárias (não obrigatórias), detalhar a programação orçamentária, consolidar o orçamento.

Apoiar a Formulação de Políticas Públicas: analisar cenários, diagnosticar problemas, mapear partes interessadas, realizar estudos técnicos, identificar prioridades, modelar planos, propor alternativas estratégicas, propor linhas de ação e propor regramento jurídico.

Os Analistas de Planejamento e Orçamento terão exercício em Brasília com a remuneração mensal inicial, em forma de subsídio, no valor de R$ 15.003,70. Os novos servidores serão lotados nas Secretarias de Orçamento Federal (SOF) e de Planejamento e Investimentos Estratégicos (SPI) do MP para exercício em Brasília.

O Analista de Planejamento e Orçamento exerce atividades de nível superior, de complexidade e responsabilidade elevadas, compreendendo direção superior da administração orçamentária e planejamento público, assessoramento especializado, inclusive na área internacional, orientação e supervisão de auxiliares, abrangendo estudo, pesquisa, análise e interpretação da legislação econômico-fiscal, orçamentária, de planejamento, de pessoal e encargos sociais, com vistas à adequação da política de planejamento e orçamento ao desenvolvimento econômico; supervisão, coordenação e execução dos trabalhos referentes à elaboração, acompanhamento e revisão dos instrumentos legais de planejamento e orçamento (PPA, LDO e LOA); desenvolvimento dos trabalhos de articulação entre o planejamento e os orçamentos governamentais, modernização e informatização dos sistemas de planejamento e orçamento da União.

20. Analista Financeiro do Governo Federal

As funções exercidas por um Analista Financeiro do Governo Federal poderá ser:

Supervisão, coordenação, direção e execução de trabalhos especializados sobre gestão orçamentária, financeira e patrimonial, análise contábil, auditoria contábil e de programas; assessoramento especializado em todos os níveis funcionais do Sistema de Controle Interno; orientação e supervisão de auxiliares; análise, pesquisa e perícia dos atos e fatos da administração orçamentária, financeira e patrimonial; interpretação da legislação econômico-fiscal, financeira, de pessoal e trabalhista; supervisão, coordenação e execução dos trabalhos referentes à programação financeira anual e plurianual da União e de acompanhamento e avaliação dos recursos alcançados pelos gestores públicos; modernização e informatização da administração financeira do Governo Federal. Atuar no aprimoramento e fortalecimento das ações correicionais no Poder Executivo Federal; acompanhar o andamento dos processos administrativos disciplinares em órgãos ou entidades da Administração Pública Federal; zelar pela integral fiscalização do patrimônio público; e proceder ao andamento das representações e denúncias recebidas pela Controladoria-Geral da União, como objetivo de combater condutas e práticas referentes à lesão ou ameaça de lesão ao patrimônio público.

A remuneração de um profissional de finanças que atua nos cargos de contador, auditor, analista contábil, de planejamento ou financeiro pode variar de R$ 1,5 mil a R$ 10 mil, conforme o tempo de experiência no mercado e o porte da empresa. O levantamento com estes valores foi divulgado pelo estudo "Salary Guide 2009 – 2010", elaborado pela consultoria Robert Half.

O menor salário observado na série foi o do analista contábil com experiência de até dois anos e que atua em companhia de pequeno ou médio porte. Este executivo recebe quase sete vezes menos que um contador de uma grande empresa, com mais de 15 anos na área.

Confira abaixo a relação salarial de cada cargo, conforme o tempo de experiência e porte da empresa contratante.

Contador
• **Pequena e média empresa**
zero a 2 anos: de R$ 3 mil a R$ 4,5 mil
3 a 5 anos: de R$ 4 mil a R$ 5,5 mil
6 a 9 anos: de R$ 4,5 mil a R$ 6 mil

10 a 15 anos: de R$ 5 mil a R$ 7 mil
15 anos ou mais: de R$ 5,5 mil a R$ 8 mil

• **Grande empresa**

zero a 2 anos: de R$ 4 mil a R$ 5,5 mil
3 a 5 anos: de R$ 4,5 mil a R$ 7 mil
6 a 9 anos: de R$ 5 mil a R$ 8 mil
10 a 15 anos: de R$ 6 mil a R$ 9 mil
15 anos ou mais: de R$ 7 mil a R$ 10 mil

Auditor

• **Grande empresa**

zero a 2 anos: de R$ 2,5 mil a R$ 4 mil
3 a 5 anos: de R$ 4 mil a R$ 6 mil
6 a 9 anos: de R$ 5 mil a R$ 7 mil
10 a 15 anos: de R$ 5,5 mil a R$ 7,5 mil
15 anos ou mais: de R$ 6 mil a R$ 8,5 mil

Analista Contábil

• **Pequena e média empresa**

zero a 2 anos: de R$ 1,5 mil a R$ 2,5 mil
3 a 5 anos: de R$ 2 mil a R$ 3 mil
6 a 9 anos: de R$ 2,5 mil a R$ 4 mil
10 a 15 anos: de R$ 3,5 mil a R$ 5 mil
15 anos ou mais: de R$ 4 mil a R$ 5 mil

• **Grande empresa**

zero a 2 anos: de R$ 2 mil a R$ 3,5 mil
3 a 5 anos: de R$ 3 mil a R$ 5 mil
6 a 9 anos: de R$ 3,5 mil a R$ 5,5 mil
10 a 15 anos: de R$ 4 mil a R$ 6 mil
15 anos ou mais: de R$ 5 mil a R$ 6,5 mil

Analista de Planejamento

• **Pequena e média empresa**

zero a 2 anos: de R$ 1,8 mil a R$ 2,5 mil
3 a 5 anos: de R$ 2 mil a R$ 3,2 mil
6 a 9 anos: de R$ 3,5 mil a R$ 4,5 mil
10 a 15 anos: de R$ 4 mil a R$ 5,3 mil
15 anos ou mais: de R$ 4,6 mil a R$ 6 mil

• **Grande empresa**

zero a 2 anos: de R$ 2 mil a R$ 3,5 mil
3 a 5 anos: de R$ 3,5 mil a R$ 5,5 mil
6 a 9 anos: de R$ 4 mil a R$ 6,5 mil

10 a 15 anos: de R$ 5 mil a R$ 7,5 mil

15 anos ou mais: de R$ 6 mil a R$ 8 mil

Analista Financeiro

• Pequena e média empresa

zero a 2 anos: de R$ 1,8 mil a R$ 2,5 mil

3 a 5 anos: de R$ 2 mil a R$ 3,2 mil

6 a 9 anos: de R$ 3,5 mil a R$ 4,5 mil

10 a 15 anos: de R$ 4 mil a R$ 5,3 mil

15 anos ou mais: de R$ 4,5 mil a R$ 6 mil

• Grande empresa

zero a 2 anos: de R$ 2 mil a R$ 3,5 mil

3 a 5 anos: de R$ 3,5 mil a R$ 5,5 mil

6 a 9 anos: de R$ 4 mil a R$ 6 mil

10 a 15 anos: de R$ 4,5 mil a R$ 6,5 mil

15 anos ou mais: de R$ 5,5 mil a R$ 7,5 mil

21. TTN – Técnico do Tesouro Nacional

Recentemente tivemos a conversão em Lei das Medidas Provisórias 440 e 441, ambas matérias sofreram vetos presidenciais, dentre estes, a conversão da MP 440 na Lei 11.890/08 resultou em veto ao Art. 168 e da MP 441 na Lei 11.907/09 em veto ao Art. 257. Os dois artigos vetados tinham basicamente o mesmo conteúdo, ou seja, pretendiam transformar em cargos de Analista-Tributário da Receita Federal do Brasil os cargos oriundos da Secretaria de Receita Previdenciária e que foram transferidos para a Secretaria de Receita Federal.

A Direção Executiva Nacional (DEN) do Sindireceita manteve durante todo o trâmite das referidas MPs, como de costume, uma postura coerente com sua história sindical e deixou que o assunto fosse naturalmente trabalhado nas esferas competentes (Legislativo e Executivo) sem fazer nenhuma manifestação que pudesse ser interpretada como embaraço às expectativas dos colegas oriundos da Previdência Social.

Convertidas em leis as referidas MPs, e diante das razões dos respectivos vetos por parte do Presidente da República, bem como de algumas manifestações de entidades sindicais representantes dos servidores previdenciários envolvidos, o Sindireceita se sente no dever de relatar, a título de esclarecimentos, parte da história da Carreira de Auditoria da Receita Federal do Brasil.

A origem da atual Carreira de Auditoria da Receita Federal do Brasil deu-se ainda em meados da década de 80. Naquela época, houve a criação da então chamada Carreira Auditoria do Tesouro Nacional-ATN. No início do ano de 1985, o ainda presidente João Figueiredo, por meio do Decreto-Lei n º 2.225, de 10 de janeiro de 1985, juntamente com os ministros Ernane Galvêas (Fazenda) e Delfim Neto (Planejamento) decretaram o seu nascedouro. O referido decreto-lei, ao criar, no âmbito do Ministério da Fazenda, a Carreira ATN determinou que a mesma fosse estruturada em dois cargos: Auditor-Fiscal do Tesouro Nacional e Técnico do Tesouro Nacional, com lotação privativa na Secretaria da Receita Federal, e efetivou a transposição das categorias funcionais do Grupo de Tributação, Arrecadação e Fiscalização, TAF-600 para a mesma. Os então Fiscais de Tributos Federais (TAF-601) juntamente com os Controladores de Arrecadação Federal (TAF 602) foram transpostos para o cargo de Auditor-Fiscal do Tesouro Nacional, e os Técnicos de Atividades Tributárias (TAF-606) foram igualmente transpostos para o cargo de Técnico do Tesouro Nacional.

É importante ressaltar algumas determinações legais constantes no DL. 2.225/85: embora ele estabelecesse que o cargo de Técnico do Tesouro Nacional era de nível médio, no seu artigo 4º constava a possibilidade de os ocupantes de tais cargos terem acesso ao cargo de Auditor-Fiscal do Tesouro Nacional, após alcançarem o último padrão da 1ª Classe. Constava também no citado decreto-lei que o valor de vencimento do Auditor-Fiscal do

Tesouro Nacional serviria como base para a fixação do valor do vencimento dos demais integrantes da Carreira de Auditoria do Tesouro Nacional, portanto, incluídos aí os Técnicos do Tesouro Nacional que, aliás, tinham ao chegar no último padrão da última classe, um vencimento 10% maior do que o Auditor-Fiscal do primeiro padrão da classe inicial. Outra determinação constante no decreto-lei era a garantia de que estariam asseguradas a todos os ocupantes dos cargos da Carreira ATN, as gratificações, indenizações e vantagens que a época eram concedidas aos Fiscais de Tributos Federais, aplicando-se, inclusive, as mesmas bases de cálculo e percentuais ou valores para o respectivo nível a que pertencesse o funcionário.

Ainda no primeiro ano da criação da Carreira ATN, ou seja, em 1985, houve um concurso público para preencher quase 4.000 vagas do cargo de Técnico do Tesouro Nacional, e embora na época o cargo tivesse como exigência de ingresso apenas o diploma de nível médio, as disciplinas cobradas no concurso eram de nível superior, dentre aquelas já tínhamos: Direito Tributário, Direito Administrativo, Direito Penal, Contabilidade, Estatística e outras. Isto fez com que a grande maioria dos aprovados já no primeiro concurso público para o cargo de Técnico do Tesouro Nacional fosse detentora de nível superior.

Todos os integrantes da Carreira ATN fizeram um rigoroso concurso para ingressar na mesma, composto de duas etapas, sendo a primeira de provas objetivas e a segunda de um curso de formação de elevado nível promovido pela Escola de Administração Fazendária (Esaf).

No tocante a área de atuação dos cargos da Carreira ATN (AFTN e TTN), praticamente todas as atividades relacionadas as competências regimentais da então Secretaria da Receita Federal (SRF) eram compartilhadas por ambas categorias, isto é, tanto em relação aos tributos internos, bem como aos tributos externos, havendo desde o nascedouro da Carreira ATN uma predominância quase que absoluta da participação dos integrantes da Carreira em todos os segmentos da SRF. Este fato serviu para consolidar a estrutura inicial, servindo de paradigma para todas as reestruturações ocorridas ao longo dos últimos 25 anos.

A primeira grande mudança se deu em 1988 com a criação de uma gratificação específica para compor a remuneração dos integrantes da Carreira ATN, ou seja, os TTN e AFTN passaram a ter como principal rubrica em seus vencimentos a chamada Remuneração Adicional Variável (RAV). Em 1999, o então presidente Fernando Henrique Cardoso editou a MP 1.915, a Carreira ATN passou a ser chamada de Carreira Auditoria da Receita Federal(ARF), composta pelos cargos de Auditor-Fiscal da Receita Federal e Técnico da Receita Federal, ambos com exigência de nível superior. Com a MP 1.915, extinguiu-se a RAV e em substituição ao padrão de remuneração dos integrantes da Carreira, deu-se maior peso ao vencimento básico de ambos os cargos e criou-se a Gratificação de Incremento da Fiscalização e da Arrecadação (Gifa). Mais uma vez a mesma foi concedida a ambos os cargos da Carreira ARF em virtude das inquestionáveis áreas de atuações dos mesmos.

Finalmente entre 2005 e 2007, na mais recente e talvez a mais ampla reestruturação ocorrida na Carreira de Auditoria da Receita Federal, ou seja, no processo de unificação das secretarias da Receita Federal e Receita Previdenciária, prevaleceu a lógica estrutural existente há mais de 20 anos, no caso da Carreira de Auditoria da Receita Federal, e há quase 10 anos no tocante a Carreira de Auditoria-Fiscal da Previdência Social, uma vez que esta só teve sua formação em 1999 composta apenas de um único cargo em sua estrutura, o de Auditor-Fiscal da Previdência Social – AFPS. Desta unificação resultou a criação da Receita Federal do Brasil – RFB, bem como de uma única carreira de Auditoria, composta dos cargos de Analista-Tributário da Receita Federal do Brasil – ATRFB e de Auditor-Fiscal da Receita Federal do Brasil – AFRFB, sendo estas as novas denominações dos respectivos cargos envolvidos, quais eram: Técnicos da Receita Federal e Auditores-Fiscais da Receita Federal e da Previdência Social.

Embora reconheçamos que a estrutura da Carreira de Auditoria da Receita Federal sempre demandou aprimoramentos, e ao longo de toda sua existência tenhamos buscado e lutado em prol de tais aprimoramentos, não podemos jamais negar fatos e esquecer que a mesma detém uma já sólida história.

22. Agente do Tribunal de Contas da União

O Tribunal de Contas da União tem o papel de impor sanções aos responsáveis por lesões ao patrimônio público, mesmo que sejam pessoas físicas ou jurídicas sem vinculação com o Poder Público.

Com independência comparada à do Ministério Público, um órgão que não está ligado a nenhum poder e exerce sua função constitucional, o **Tribunal de Contas da União** (Concurso Auditor do TCU) realizará, no primeiro semestre de 2018, um novo concurso público para a carreira de auditor federal de controle externo. O último **concurso TCU** foi prorrogado até 1º de dezembro deste ano e não poderá ser mais prorrogado.

O TCU é o órgão técnico responsável pelo **controle externo** da Administração Pública Federal. No âmbito de suas atribuições, o Tribunal busca **coibir a ocorrência de fraudes** e **desvios de recursos**, bem como **condenar** e **punir** os responsáveis pelas irregularidades. Além disso, a atuação do Tribunal contribui para a **melhoria da transparência** e do **desempenho** da gestão pública.

Veja alguns trabalhos de destaque e de grande impacto na sociedade realizados pelo TCU recentemente:

- TCU encontra mais de 160 mil famílias com indícios de irregularidades no Bolsa Família

- TCU constata que a estimativa de receitas primárias para 2016 pode estar superdimensionada em R$ 162,3 bilhões

- TCU recomenda paralisação de obras de Angra III. Empresas podem ser declaradas inidôneas

- TCU faz recomendações para aprimorar o planejamento portuário do país

- Correção em pagamentos do INSS determinada pelo TCU pode economizar R$ 500 milhões ao ano

- TCU analisa recursos da União e do Banco Central contra decisão sobre pedaladas fiscais

Note que são trabalhos bem significativos, nas mais diversas áreas, envolvendo elevado montante de recursos públicos. Nesse contexto, a responsabilidade do **Auditor TCU** é grande, pois suas instruções e relatórios são a base para as decisões tomadas pelo Tribunal.

Assim, as condições de trabalho dos servidores devem ser as melhores possíveis. Como veremos, o TCU não deixa a desejar nesse aspecto.

Independência funcional

No exercício de suas atribuições, o Auditor TCU possui total **independência funcional**, isto é, possui garantia da instituição para manifestar e registrar sua opinião e análise técnica nos trabalhos que realiza, sem influências externas ou mesmo internas.

Tal característica contribui sobremaneira para a satisfação profissional de nós Auditores, pois nos sentimos parte dos resultados proporcionados pelo Tribunal.

Estímulo ao desenvolvimento profissional

O TCU é conhecido pela **qualidade técnica** dos seus servidores. Para tanto, o Tribunal **estimula** e **facilita** a participação dos Auditores em diversos cursos, seminários e congressos, nacionais e internacionais. Eu mesmo concluí um mestrado na UNB, com apoio total do TCU, inclusive com **redução da jornada de trabalho** durante 2 anos.

Infraestrutura

Para aqueles que trabalham na sede, em Brasília, o TCU conta com **estacionamento próprio** e **coberto**, **restaurante**, **berçário**, **academia de ginástica**, **barbearia**, **manicure**, **agências bancárias**, **correios**, **posto médico** e **odontológico**, além da **biblioteca**, conhecida por sua excelência. *Esqueci alguma coisa?* Essa infraestrutura toda realmente faz a diferença.

Jornada de trabalho

A jornada de trabalho do Auditor TCU é de **35h semanais**, com **banco de horas** e **controle eletrônico de frequência**. Considero essa uma grande vantagem, pois podemos programar nossos dias, trabalhando mais em uns e compensando em outros. E não tem briga com o chefe, uma vez que o registro é eletrônico, efetuado nas catracas localizadas nas entradas do Tribunal. Dessa forma, a instituição ganha e os servidores também.

Há ainda possibilidade de **redução da carga horária**, nos casos em que o servidor esteja participando de curso de interesse do Tribunal, podendo a jornada de trabalho passar para 25h semanais.

Férias e Recesso

As férias do Auditor TCU podem ser divididas em até 3 períodos. Além disso, há o **recesso anual**, no período de **17/12 a 16/1**, conforme previsto no Regimento Interno. Com isso aliado ao banco de horas, digo que é possível planejar tranquilamente seus projetos pessoais.

Tele-trabalho

O Tribunal, seguindo a tendência das grandes organizações modernas, consolidou o regime de tele-trabalho, ou **trabalho em casa**.

Nesse sistema, o Auditor TCU, desde que cumpra determinados requisitos, pode trabalhar em casa quando cuida de processos cujo esforço de análise é individual, mediante o ajuste de metas de desempenho com o chefe. É isso mesmo, o expediente é cumprido em casa. *Uma boa, não?*

Lotação

A sede do TCU é em **Brasília**, onde está lotada a maioria dos servidores.

Porém, o Tribunal possui sedes regionais nas capitais de **todos** os Estados da Federação.

Periodicamente, são organizados **concursos de remoção internos** para preenchimento de vagas nas regionais e na sede, proporcionando, assim, opção de mobilidade aos servidores que assim desejem.

"Programa de milhagem"

Com base na sua **avaliação de desempenho**, o Auditor TCU acumula pontos que podem ser trocados em uma série de **benefícios institucionais**, como o patrocínio de cursos pelo Tribunal ou mesmo alguns dias de folga. Um verdadeiro "programa de milhagem"!

Trata-se de uma forma de premiar servidores com bom desempenho funcional, privilegiando a meritocracia.

Plano de Saúde

Os servidores do TCU, além do atendimento médico e odontológico proporcionado na sede, também possuem direito a Plano de Saúde, na sistemática de ressarcimento, ou seja, o servidor paga o plano e o Tribunal ressarce uma parte desse valor, tudo direto no contracheque.

O ressarcimento atualmente proporcionado pelo Tribunal é **quase total**, de modo que o servidor arca com apenas um pequeno valor para ter acesso aos benefícios do plano de saúde, inclusive para seus dependentes.

O Plano de Saúde do TCU trabalha com as operadoras **AMIL** e **UNIMED** (o servidor pode escolher entre as duas).

Remuneração

Além de todos esses benefícios, que já seriam um diferencial e tanto em favor do TCU, os servidores do órgão recebem uma **excelente** remuneração, que está **entre as melhores** da Administração Pública Federal.

A seguir está o quadro da remuneração atualizada da carreira do TCU:

Estrutura remuneratória TCU – Lei 13.320/2016 (valores para 2019):

Auditor Federal de Controle Externo - AUFC - 2016					
Padrão	Venc. Básico	Gratif. Desemp.	Gratif. CE	Aux. Alimentação	TOTAL
13	10.095,88	8.475,69	12.289,75	924,00	31.785,32
12	10.286,02	8.475,69	11.726,07	924,00	31.411,78
11	9.986,44	8.475,69	11.484,41	924,00	30.870,54
10	9.695,57	8.475,69	11.426,87	924,00	30.522,13
9	8.895,05	8.475,69	10.851,96	924,00	29.146,70
8	8.635,96	8.475,69	10.622,22	924,00	28.657,87
7	8.384,42	8.475,69	10.312,84	924,00	28.096,95
6	8.139,66	8.475,69	10.011,78	924,00	27.551,13
5	7.468,07	8.475,69	9.633,80	924,00	26.501,56
4	7.250,54	8.475,69	9.353,20	924,00	26.003,43
3	7.039,37	8.475,69	9.080,79	924,00	25.519,85
2	6.834,35	8.475,69	8.816,31	924,00	25.050,35
1	6.635,29	8.475,69	6.767,99	924,00	22.802,97

Técnico Federal de Controle Externo - TEFC					
Padrão	Venc. Básico	Gratif. Desemp.	Gratif. CE	Aux. Alimentação	TOTAL
13	6.886,54	5.509,23	5.233,77	924,00	18.553,54
12	6.679,92	5.509,23	4.943,15	924,00	18.056,30
11	6.479,52	5.509,23	4.794,84	924,00	17.707,59
10	6.285,14	5.509,23	4.651,00	924,00	17.369,37
9	6.096,58	5.509,23	4.572,43	924,00	17.102,24
8	5.913,70	5.509,23	4.435,28	924,00	16.782,21
7	5.736,29	5.509,23	4.244,86	924,00	16.414,38
6	5.564,18	5.509,23	4.117,50	924,00	16.114,91
5	5.397,25	5.509,23	3.993,96	924,00	15.824,44
4	5.235,36	5.509,23	3.821,81	924,00	15.490,40
3	5.078,28	5.509,23	3.656,37	924,00	15.167,88
2	4.925,92	5.509,23	3.497,40	924,00	14.856,55
1	4.778,15	5.509,23	2.341,30	924,00	13.552,68

Detalhe é que progressão funcional na carreira ocorre a **cada 6 meses**, de modo que, com pouco mais de 6 anos de casa, o servidor já chega ao **topo da carreira**.

Funções de confiança

Durante sua carreira no Tribunal, o Auditor TCU pode ocupar **Funções de Confiança**, passando a ter atribuições de **chefia, direção ou assessoramento**.

Logicamente, a par da maior responsabilidade ao ocupar alguma dessas funções, o servidor recebe uma **gratificação** correspondente em sua remuneração.

Atualmente, a **gratificação pelo exercício de função de confiança** no TCU possui os seguintes valores:

Nível da Função	Valor
FC-6	5.810,02
FC-5	5.234,44
FC-4	4.433,06
FC-3	3.296,37
FC-2	1.738,03
FC-1	1.303,53

Acesso ao cargo de Auditor TCU

Para se tornar um Auditor TCU, basta *"apenas"* ter **nível superior de escolaridade**, em **qualquer área**, e, obviamente, **passar no concurso**.

O concurso do TCU está dentre os mais concorridos do país. Também, pelo que vimos até aqui em relação às vantagens do cargo, não poderia ser diferente, não é mesmo?

O Tribunal tem a tradição de realizar concursos **anuais** ou, no máximo, **bianuais**, com **poucas vagas** em cada certame e sem prorrogação do prazo de validade.

Apesar de não exigir formação específica, geralmente as vagas dos concursos do TCU são distribuídas por áreas (TI, obras, auditoria governamental), com provas direcionadas para cada ramo.

Os concursos do TCU são realizados com periodicidade e têm tradição de serem publicados sempre que um vigente vence. A atividade de fiscalização do TCU é denominada controle externo em oposição ao controle interno feito pelo próprio órgão sobre seus próprios gastos. Seu objetivo é garantir que o dinheiro público seja utilizado de forma eficiente atendendo aos interesses públicos.

Uma boa notícia para quem deseja ingressar no maior órgão de fiscalização do país é que na última quinta-feira, dia 31 de agosto de 2017, o Poder Executivo Federal encaminhou ao Congresso Nacional o Projeto de Lei Orçamentária 2018 (PLOA), que ainda será analisado pelo Congresso Nacional. Nele, consta previsão para provimento de 10 vagas para a carreira de auditor.

O posto de auditor é aberto para graduados em qualquer área. Uma preparação antecipada e direcionada pode garantir que qualquer candidato conquiste uma vaga no Tribunal de Contas da União. Para enfrentar uma concorrência de peso, no último foram mais de 9 mil inscritos, é necessário que os candidatos iniciem desde já a preparação.

Para dar uma impulsionada nos seus estudos, convidamos para um bate-papo o professor Emerson Douglas, que além de professor do *Gran Cursos Online* é auditor federal de controle externo. Ele destacou pontos importantes que precisam ser levados em consideração por quem estuda para fazer parte de u dos órgãos mais importantes do país.

O professor iniciou nossa conversa falando um pouco de sua caminha até o cargo. "O que me levou ao TCU foram os caminhos da vida, nunca imaginei trabalharia lá. Comecei como qualquer concurseiro, em geral, e acabei tendo um sucesso, passando em alguns concursos, como Polícia Federal, Abin (duas vezes), fui consultor legislativo da Câmara Legislativa do DF, analista do Senado. Quando você vem estudando para concursos diversos, acaba que vai ter um momento que as coisas encaixam e vão dar certo. Tive oportunidades de sair do TCU, mas optei pelo órgão, que é muito bom", afirma.

Indagado sobre o que fez ele escolher o TCU, Emerson foi contundente. " O TCU tem uma espécie de canto da sereia, falam tão bem do órgão que acaba que as pessoas que eu conheci que eram apaixonadas, começaram a falar dos benefícios, vantagens. Por ser uma carreira extremamente atrativa, quem passa no concurso não quer sair mais, muito pelo contrário, quem sai acaba voltando", afirma.

Ele destaca um dos benefícios. "Que tal uma carreira que tem apenas treze níveis para você chegar ao topo dela? Entrasse no nível I e em doze anos você está no nível treze. Mas não, no TCU em seis anos você chega ao topo, pois sobe-se de padrão a cada seis meses. Não existe nenhum órgão que proporcione tal benefício", pontua.

Por fim, ele deixa uma mensagem para os candidatos que desejam iniciar a preparação." Fácil não é . A gente rala muito para conseguir um cargo público de alto nível e não vai ser fácil, mas vale muito a pena. Não esmoreça, tropeços haverá, dificuldades também. Todo mundo tem problema, todo mundo tem doença na família, todo mundo tem às vezes tragédias. Isso faz parte da nossa caminhada, isso não pode te derruba e isso deve ser usado como experiência para nos deixar mais fortes e seguir em frente em busca de um sonho".

23. Agente dos Tribunais de Contas do Estado

O **Tribunal de Contas do Estado** é um órgão público cujas atribuições são fiscalização contábil, financeira, orçamentária, operacional e patrimonial de cada estado e de seus municípios. É também um órgão auxiliar de controle externo junto ao Poder Legislativo.

No âmbito jurisdicional, o TCE abrange toda a administração estadual, fiscalizando as contas públicas referentes a contratos, convênios, acordos, subvenções e demais operações que envolvam orçamento público, sejam estas realizadas tanto por pessoas jurídicas como pessoas físicas.

Composição

O Órgão é composto pelos cargos de Conselheiro, Conselheiro-Substituto, Agente de Fiscalização (Auditor de Controle Externo) e Auxiliar Técnico da Fiscalização, os quais possuem as seguintes atribuições:

Conselheiros: são nomeados pelo Governador, após aprovação da Assembleia Legislativa. Possuem as mesmas garantias, prerrogativas, impedimentos, vencimentos e vantagens do Desembargador do Tribunal de Justiça do Estado de São Paulo. São responsáveis por exercer a direção de processo que lhe tenha sido distribuído, como Relator ou Juiz Singular, bem como por emitir parecer prévio sobre as Contas do Poder Executivo e pelo julgamento das Contas do Poder Legislativo, das Autarquias, Fundações, Empresas Públicas e Sociedades de Economia do Governo do Estado e dos Municípios Paulistas, exceto da Capital.

Conselheiros-Substitutos (Auditores Substitutos de Conselheiros) é um cargo público de provimento efetivo, de nível constitucional previsto no §4º do art. 73 da CF/88, ocupado por servidor público, de nível superior, que tem como função precípua substituir os Conselheiros. Além disso, os **Conselheiros-Substitutos (Auditores Substitutos de Conselheiros)** também exercem as atribuições ordinárias da judicatura de contas: presidir e relatar os processos a eles distribuídos; e na substituição terão as mesmas garantias e impedimentos do titular e, quando no exercício das demais atribuições da judicatura, às de Juiz de última entrância.

Agentes de Fiscalização (Auditores de Controle Externo): Cargo público de provimento efetivo ocupado por servidor público, de nível superior, cujos titulares são responsáveis pelo exercício da fiscalização contábil, financeira, orçamentária, operacional, patrimonial e demais ações de controle externo, bem como pela elaboração e assinatura dos relatórios de Auditoria externa.

Auxiliar Técnico de Fiscalização: Cargo de provimento efetivo ocupado por servidor público, de nível médio, cujos titulares auxiliam os Agentes de Fiscalização (Auditores de Controle Externo).

CONCURSOS: TCE-SP

Qual a função do TCE-SP?

Antes de estudar para um concurso público, qualquer que seja, é prudente tomar conhecimento sobre a missão do órgão que você pretende atuar. É terrível passar num concurso e se frustrar com aquele que parecia o emprego dos sonhos. Então, vejamos o papel do Tribunal de Contas do Estado de São Paulo.

O TCE-SP tem como competência atuar na fiscalização contábil, financeira orçamentária, operacional e patrimonial do Estado de São Paulo e de seus Municípios, exceto o da Capital.

Também atua nas respectivas entidades de administração direta ou indireta e na das fundações por eles instituídas ou mantidas. O TCE observa a legalidade, legitimidade, economicidade, aplicação de subvenções e renúncia de receitas.

Ou seja... Após ser aprovado no Concurso TCE-SP você deverá atuar na fiscalização do uso do dinheiro público no estado de São Paulo.

Os cargos do Concurso TCE-SP

Falaremos neste artigo sobre os cargos de Agente da Fiscalização e Agente da Fiscalização-Administração.

Veja as características de cada um deles:

Agente da Fiscalização

Missão: prestar serviços internos e externos no âmbito da fiscalização contábil, financeira, orçamentária, operacional e patrimonial do Estado e dos seus Municípios, exceto o da Capital, e das respectivas entidades da administração direta e indireta.

Escolaridade: Curso superior (grau de Bacharel) em Direito, Ciências Contábeis, Economia, Administração de Empresas ou Pública, Engenharia Civil ou Gestão de Políticas Públicas.

Salário: R$ 12.984,88

Agente da Fiscalização-Administração

Missão: prestar serviços internos e externos nas áreas da administração de pessoal, de materiais, de transportes, de comunicações, de finanças e orçamento, biblioteca.

Executar atividades didáticas pedagógicas que exijam conhecimentos específicos da área educacional e recreativa de convivência infantil ou nas áreas de saúde, assistência social e nutricional, executar.

Acompanhar atividades rotineiras que exijam conhecimentos específicos e outras atividades correlatas.

Escolaridade: Curso superior (grau de Bacharel) em Direito, Ciências Contábeis, Economia, Administração de Empresas ou Pública, Arquitetura e Urbanismo, Engenharia Civil, Gestão de Políticas Públicas, Biblioteconomia ou Documentação, Enfermagem, Nutrição, Pedagogia Especializada em Educação Infantil, Psicologia e Serviço Social.

Salário: R$ 12.984,88

O que estudar para passar no TCE-SP

No caso do cargo de Agente da Fiscalização, você precisará estudar as seguintes disciplinas:

- Língua Portuguesa
- Raciocínio Lógico
- Informática
- Direito Administrativo
- Direito Constitucional
- Direito Civil
- Direito Penal
- Contabilidade Geral
- Contabilidade Pública
- Auditoria e Prestação de Contas

Caso sua preparação seja para o cargo de Agente da Fiscalização-Administração, segue o conteúdo programático:

- Língua Portuguesa
- Raciocínio Lógico
- Informática
- Direito Administrativo
- Direito Constitucional
- Gestão Pública

- Políticas Públicas

- Noções de Direito Financeiro e Orçamentário

- Noções de Execução Orçamentária e Financeira

- Administração Financeira e Orçamentária

E então? Qual conteúdo programático você tem mais facilidade para encarar?

Alguns materiais para o Concurso TCE-SP

Veja a seguir alguns materiais complementares, que podem lhe ajudar muito a estudar com qualidade.

- Edital do Concurso (com todas as informações)

- Material de Contabilidade Geral

- Material de Auditoria e Prestação de Contas

- Material de Gestão Pública

Algumas dicas pouco conhecidas

Mesmo o edital estando disponível para todos os candidatos, alguns não atentam para detalhes fundamentais.

A primeira delas é a seguinte: a prova é dividida em duas partes, a de conhecimentos gerais e a de conhecimentos específicos.

Conhecimentos gerais são Português, Raciocínio Lógico e Informática. As demais disciplinas integram a parte de conhecimentos específicos.

A prova é composta por 40 questões de conhecimentos gerais e 40 questões de conhecimentos específicos.

Mas as questões de conhecimentos específicos **têm peso 2**. Ou seja: a parte de conhecimentos gerais vale 40 pontos, a de conhecimentos específicos vale 80 pontos.

Além disso, os critérios de desempate privilegiam quem se dá bem nas disciplinas específicas. Veja quais são todos os critérios (em ordem):

1. Tiver idade igual ou superior a 60 (sessenta) anos;

2. Tiver maior número de acertos nas questões de Conhecimentos Específicos (disciplina Direito Administrativo);

3. Tiver maior número de acertos nas questões de Conhecimentos Específicos (disciplina Contabilidade Pública);

4. Tiver maior número de acertos nas questões de Conhecimentos Gerais (disciplina Língua Portuguesa).

Não deixe de estudar as disciplinas de conhecimentos gerais, mas tenha um carinho especial pelas disciplinas de conhecimentos específicos.

24. Agente dos Tribunais de Contas Municipais

Na esfera federal, há o *Tribunal de Contas* da União (TCU). Na esfera estadual, os *tribunais de contas* dos estados. Já na esfera *municipal*, a história é mais delicada: a Constituição, em seu artigo 31, §4º, diz que "é vedada a criação de Tribunais, Conselhos ou órgãos de Contas *Municipais*".

A dupla função do Tribunal de Contas dos Municípios no que toca ao exercício da fiscalização das contas prestadas pelo Chefe do Poder Executivo Municipal, ora como agente político, ora como agente público gestor da coisa pública.

Como corolário do princípio do Estado Democrático de Direito surge para todos os poderes e órgãos constituídos a obrigação de submeter os seus atos ao controle fiscalizatório da sociedade e principalmente do próprio Estado.

No âmbito estatal ganham destaque os preceitos dos artigos 70 e seguintes do texto constitucional que atribuem o exercício da fiscalização financeira, orçamentária, operacional e patrimonial da União e das entidades da administração direta e indireta, quanto à legalidade, legitimidade, economicidade, aplicação das subvenções e renúncia de receitas ao Congresso Nacional, com o auxílio do Tribunal de Contas.

Em decorrência do princípio da simetria das normas constitucionais, as regras sobre organização, composição e atribuições delineadas pela Constituição Federal devem também ser observadas pelas Constituições Estaduais e Leis Orgânicas Municipais.

Atenta à matéria atinente à fiscalização da administração municipal, a Constituição Federal expressamente previu no art. 29 que o Município reger-se-á por Lei Orgânica, atendendo aos princípios estabelecidos na Constituição Federal e Estaduais. Mais adiante o art. 75 confirma o mencionado princípio da simetria ao afirmar que as normas relativas à fiscalização contábil, financeira e orçamentária devem ser aplicadas aos Tribunais e Conselhos de Contas Municipais, denotando-se a competência desta Corte para julgar os administradores e responsáveis por bens, dinheiros e valores públicos, também na esfera municipal.

Com base nas noções acima, procuraremos evidenciar as diferentes modalidades de controle exercidas sobre a Administração Pública nas três esferas de governo. Na sequência, destacaremos o modelo de controle externo realizado nos Municípios, bem como a diferença entre a natureza das contas anuais e de gestão apresentadas pelo Chefe do Executivo Municipal. Passaremos então a análise da figura do Prefeito Municipal como administrador responsável pela gestão de contas públicas e o julgamento dessas contas pelo Tribunal de Contas.

O CONTROLE DOS ATOS DA ADMINISTRAÇÃO PÚBLICA

O controle dos atos da Administração Pública é uma das principais características do Estado Democrático de Direito e tem como finalidade precípua preservar os interesses maiores do Estado enquanto sociedade politicamente organizada. Esse controle pode ser interno, quando ocorre a autofiscalização; ou externo, quando um órgão diverso do Executivo fiscaliza os atos deste. Assim, pode ser exercido pela própria Administração, pelo Judiciário, pelo Legislativo ou ainda pelo Tribunal de Contas.

O controle desempenhado pela própria Administração, também denominado administrativo, deriva do poder de autotutela que essa tem sobre seus atos e agentes.

O controle realizado pelo Judiciário está restrito à análise da legalidade dos atos, ou seja, à verificação da conformidade do ato com a norma legal que o disciplina.

O controle exercido pelo Legislativo, caracterizado por sua natureza política, opera-se por meio da aprovação dos instrumentos de planejamento (PPA, LDO e LOA) que consolidam as políticas públicas, estima receitas e despesas, e pela posterior fiscalização da execução desses instrumentos, tudo com objetivo de assegurar a boa aplicação e impedir o mau uso dos recursos.

A competência do Legislativo é caracterizada por sua amplitude, ressaltada pelo art. 70 da Constituição Federal ao estabelecer que a fiscalização exercida pelo Congresso Nacional, que se dá mediante controle externo, compreende os aspectos contábeis, financeiros, orçamentários, operacionais e patrimoniais da Administração Pública quanto à legalidade, à legitimidade, economicidade, aplicação de subvenções, inclusive da renúncia de receita e dos repasses de recursos públicos a entidades privadas, a título de subvenção social.

Decorre ainda do texto constitucional, que nos aspectos enunciados pelo mencionado art. 70, o controle a cargo do Congresso Nacional deve ser realizado com o auxílio do Tribunal de Contas, que possui competências próprias, exclusivas e indelegáveis, cujas características serão abordadas neste artigo.

Na sua tarefa de prestar auxílio ao Poder Legislativo, que possui a missão institucional de julgar as contas anuais apresentadas pelo Chefe do Executivo, o Tribunal de Contas elabora o parecer prévio (art. 71, I), realiza auditorias ou inspeções (art. 71, IV) ou presta informações solicitadas (art. 70, VII), bem como, emite pronunciamentos sobre despesas não autorizadas, nos casos em que a autoridade governamental não tiver prestado os esclarecimentos necessários ou estes forem insuficientes (art. 72, §1º).

Em suma, incumbe ao Tribunal de Contas exercer com exclusividade as competências fiscalizatórias consignadas nos incisos I a XI, do art. 71, destacando-se o julgamento das contas dos administradores e demais responsáveis por dinheiros, bens e valores públicos da administração direta ou indireta, o registro dos atos de admissão de pessoal e de aposentadoria, a realização de inspeções e auditorias, a aplicação aos responsáveis, em caso de ilegalidade ou irregularidade nas contas as sanções previstas em lei, podendo resultar a imputação de débito por danos ao erário e a aplicação de multa proporcional ao dano causado.

Não obstante as atribuições delineadas acima referirem-se ao texto da Constituição Federal, importa ressaltar que, por força do princípio da simetria, a estrutura da Carta Maior deve ser observada pelas Constituições Estaduais e Leis Orgânicas Municipais.

Ocorre que, no âmbito dos Municípios a atuação do Tribunal de Contas e do Legislativo no que se refere ao julgamento de contas dos administradores, tem se revelado deveras controvertida, tanto entre cidadãos e destinatários desses julgamentos, quanto entre os próprios julgadores administrativos e operadores do direito em geral, razão pela qual é importante esclarecer, com mais objetividade, a distinção entre as contas julgadas pela Câmara Municipal, mediante parecer prévio do Tribunal de Contas, e as contas julgadas pelo Tribunal com destaque para a natureza de cada qual.

DA OBRIGAÇÃO DE PRESTAR CONTAS

Todo aquele que gere recursos de terceiros tem a obrigação de prestar contas. Na esfera da Administração Pública esse dever assume um significado ainda mais relevante, uma vez que a essa incumbe a essencial tarefa de gerir os recursos públicos de que é dona toda a coletividade.

O dever de prestar contas está consolidado no art. 70, parágrafo único, da Constituição Federal de 1988, o qual estabelece que "prestará contas qualquer pessoa física ou jurídica, pública ou privada, que utilize, arrecade, guarde, gerencie ou administre dinheiros, bens e valores públicos ou pelos quais a União responda, ou que, em nome desta, assuma obrigações de natureza pecuniária".

A prestação de contas tem por finalidade levar à coletividade o resultado da gestão dos recursos públicos que são retirados, na sua grande maioria, do cidadão sob a forma de tributo. Destaca-se a relevância da obrigação de prestar contas nos Estados democráticos de direito, na medida em que exige dos governantes e administradores maior cuidado na administração dos recursos públicos e a necessária observância das normas regentes e dos princípios da boa administração.

Fundamental esclarecer que esse dever de prestar contas atribuído a todo aquele que gere recursos públicos, não se confunde com o dever atribuído ao Chefe do Executivo, de apresentar contas do ente, na condição de agregador das contas globais anuais, incluindo a administração indireta.

Em outras palavras, de um lado há o dever do Chefe do Executivo de consolidar as contas globais anuais de todos os poderes e entidades da administração indireta e submetê-las ao Legislativo, que profere julgamento estritamente político, após parecer prévio do Tribunal de Contas dos Municípios ou respectivo Tribunal de Contas Estadual quando for o caso.

De outro lado, há o dever de todo administrador que, na condição de gestor público, capta receitas e ordena despesas, de submeter suas contas direta e exclusivamente ao Tribunal de Contas, que profere julgamento técnico de legalidade, legitimidade e economicidade, podendo ensejar a responsabilização administrativa, civil e penal do gestor.

CONCURSOS

O Contador poderá prestar concurso para o Tribunal de Contas do Município do Rio de Janeiro (TCM-RJ) para o cargo de Auditor de Controle Externo que já tem previsão para ocorrer no segundo semestre do ano que vem. A informação foi passada pelo secretário geral de administração do órgão, Heleno Monteiro.

De acordo com o Tribunal, o concurso será realizado para suprir o atual déficit de 25 servidores, porém tudo indica que ocorrerão mais contratações, pois além de ser formado um cadastro de reserva, existe previsão de ter ainda mais aposentadorias até o ano de 2021.

Qualquer pessoa que possua o Ensino Superior completo pode participar da seleção para Auditor de Controle Externo. Os ganhos são de R$13.867 nos primeiros três meses e depois passam para R$17.931,45 por conta da soma dos encargos especiais.

Os contratados também possuirão direito a auxílio-saúde no valor de R$1.200 e auxílio-creche (dependentes de até seis anos) ou auxílio-educação (dependentes de até 17 anos) no valor de R$1.129. A carga horária de trabalho é de 40h semanais e o regime de contratação é o estatutário, aquele que garante a estabilidade.

Os interessados devem começar os estudos o quanto antes para seguir um cronograma tranquilo. No último concurso, realizado em 2010, quando o cargo ainda se nomeava por Técnico de Controle Externo, os participantes foram submetidos a duas provas objetivas com 70 questões cada uma.

Acredita-se que a estrutura deve continuar mais ou menos a mesma, as questões foram de Língua Portuguesa, Auditoria, Contabilidade Geral, Contabilidade Pública, Matemática Financeira, Raciocínio Lógico, Direito Administrativo, Direito Constitucional, Direito Financeiro, Noções de Informática, Instrumentos de Controle Externo e Ética do Servidor na Administração Pública.

25. Planejador Tributário de Empresas: autônomo ou empregado

Uma enorme necessidade de obtenção e gestão de recursos financeiros faz com que as empresas avaliem com regularidade sua gestão tributária, visando economia fiscal. Para o Contador, minha dica é analisar com muito cuidado os diversos regimes de tributação existentes, bem como as operações lícitas que podem trazer redução do pagamento de tributos.

CONTEXTO

É de notório conhecimento que o nível de tributação sobre as empresas e pessoas físicas no Brasil é absurdo, chegando a inviabilizar certos negócios. Empresas quebram com elevadas dívidas fiscais, e nem as contínuas "renegociações" (REFIS) trazem alívio ao contribuinte.

Se o contribuinte pretende diminuir os seus encargos tributários, poderá fazê-lo legal ou ilegalmente. A maneira legal chama-se elisão fiscal ou economia legal (planejamento tributário) e a forma ilegal denomina-se sonegação fiscal.

O planejamento tributário é um conjunto de sistemas legais que visam diminuir o pagamento de tributos. **O contribuinte tem o direito de estruturar o seu negócio da maneira que melhor lhe pareça, procurando a diminuição dos custos de seu empreendimento, inclusive dos impostos.** Se a forma celebrada é jurídica e lícita, a fazenda pública deve respeitá-la.

É sabido que os tributos (impostos, taxas e contribuições) representam importante parcela dos custos das empresas, senão a maior. Com a globalização da economia, tornou-se questão de sobrevivência empresarial a correta administração do ônus tributário.

Segundo o IBPT, no Brasil, em média, 33% do faturamento empresarial é dirigido ao pagamento de tributos. Somente o ônus do Imposto de Renda e da Contribuição Social sobre o Lucro das empresas pode corresponder a 51,51% do lucro líquido apurado. Da somatória dos custos e despesas, mais da metade do valor é representada pelos tributos. Assim, é imprescindível a adoção de um sistema de economia legal.

O princípio constitucional não deixa dúvidas que, dentro da lei, o contribuinte pode agir no seu interesse. Planejar tributos é um direito tão essencial quanto planejar o fluxo de caixa, fazer investimentos, etc.

TIPOS DE ELISÃO

Há duas espécies de elisão fiscal:

1. Aquela decorrente da própria lei e
2. A que resulta de lacunas e brechas existentes na própria lei.

No caso da elisão decorrente da lei, o próprio dispositivo legal permite ou até mesmo induz a economia de tributos. Existe uma vontade clara e consciente do legislador de dar ao contribuinte determinados benefícios fiscais. Os incentivos fiscais são exemplos típicos de elisão induzida por lei, uma vez que o próprio texto legal dá aos seus destinatários determinados benefícios. É o caso, por exemplo, dos Incentivos à Inovação Tecnológica (Lei 11.196/2005).

Já a segunda espécie, contempla hipóteses em que o contribuinte opta por configurar seus negócios de tal forma que se harmonizem com um menor ônus tributário, utilizando-se de elementos que a lei não proíbe ou que possibilitem evitar o fato gerador de determinado tributo com elementos da própria lei.

É o caso, por exemplo, de uma empresa de serviços que decide mudar sua sede para determinado município, visando pagar o ISS com uma alíquota mais baixa. A lei não proíbe que os estabelecimentos escolham o lugar onde exercerão atividades, pois os contribuintes possuem liberdade de optar por aqueles mais convenientes a si, mesmo se a definição do local for exclusivamente com objetivos de planejamento fiscal.

ATENÇÃO! 2017 JÁ INICIA COM UMA TOMADA DE DECISÃO

Importante decisão tributária deve ser efetivada, anualmente, pelos administradores empresariais, relativamente às opções: Lucro Real, Lucro Presumido ou Simples Nacional.

Como a legislação não permite mudança de sistemática no mesmo exercício, a opção por uma das modalidades será definitiva. Se a decisão for equivocada, ela terá efeito no ano todo.

A opção é definida no primeiro pagamento do imposto (que normalmente é recolhido em fevereiro de cada ano), ou, no caso das optantes pelo Simples Nacional, por opção até o último dia útil de janeiro.

A apuração do Imposto de Renda da Pessoa Jurídica (IRPJ) e da Contribuição Social Sobre o Lucro Líquido (CSLL) pode ser feita de três formas:

1. Lucro Real (apuração anual ou trimestral);
2. Lucro Presumido e
3. Simples Nacional (opção exclusiva para Microempresas e Empresas de Pequeno Porte).

REINTEGRA - EXPORTADORES

A alíquotas do benefício de ressarcimento tributário do REINTEGRA – Regime Especial de Reintegração de Valores Tributários para as Empresas Exportadoras - será elevada para 2% (dois por cento), entre 1º de janeiro de 2017 e 31 de dezembro de 2017 - conforme dispõe o Decreto 8.415/2015, alterado pelo Decreto 8.543/2015.

Lembrando ainda que o valor do incentivo, apurado após 1º de outubro de 2014, não será computado na base de cálculo do IRPJ e da CSLL.

Profissionais empreendedores

Todo profissional tem dentro de si uma veia **empreendedora**, e estão prontos para atuar em diversos tipos de negócios. Mas, quando o assunto tem a ver com, abrir uma empresa ou empreender de forma individual, surge a pergunta que não quer calar: Será que devo ser **MEI – Microempreendedor Individual, Empresário, Profissional Liberal** ou um **Profissional Autônomo**? Em que se diferenciam e quais os benefícios e vantagens dessas modalidades para se empreender?

Dito isto, pode-se afirmar que duas categorias de empreendedores para elencar suas diferenças e vantagens, e que assim, você como profissional contábil possa tomar a decisão que melhor se encaixa em seu perfil. Vamos falar sobre o **Profissional Liberal e o Profissional Autônomo.**

Vamos lá?

Profissional Liberal

Esse profissional precisa ter formação técnica ou universitária, com registro em uma ordem ou conselho profissional, sendo, na maior parte das vezes, associado a algum tipo de sindicato. Além disso, possui a liberdade de poder realizar suas atividades de dois modos:

- Sendo empregado com carteira assinada

- Ou trabalhando por conta própria

Como os **profissionais liberais** possuem essa livre atuação profissional, exercendo a profissão independentemente, respondem civilmente a falhas ou erros técnicos que porventura ocorram, por meio de seu trabalho.

A modalidade de profissional liberal é estendida a diferentes segmentos profissionais, com suas devidas certificações:

- Advogados

- Médicos

- Arquitetos

- Jornalistas

- Dentistas

- Professores

- Contadores

- Engenheiros

Portanto, o Contador pode trabalhar com carteira assinada em um escritório de contabilidade, de segunda e quarta-feira e, nos demais dias da semana, agir como **profissional liberal,** sem haver, assim, impedimentos para prestação de assessoria e serviços a outros clientes ou escritórios.

O Profissional Autônomo

Trabalhar como contador autônomo em uma empresa ou ter seu próprio escritório de contabilidade? Essa é mesmo uma dúvida comum entre os profissionais da área, afinal, um contador pode ter **grandes chances de êxito** na carreira sem precisar ser empregado em regime CLT.

Assim, antes de definir qual dos caminhos é mais válido, é essencial conhecer melhor essas alternativas de trabalho. E, com as informações deste texto, vai ficar bem mais fácil **entender essas opções** para fazer uma boa escolha. Continue lendo e confira!

Contador autônomo

Não é incomum vermos contadores trabalhando no escritório de uma empresa como autônomos, ou seja, **com contrato,** em vez de terem registro em carteira de trabalho.

Geralmente, esse tipo de profissional consegue realizar melhor as suas tarefas quando tem autonomia, pois fica **livre de subordinações e hierarquias.** A opção é comum entre aqueles que não querem ter vínculo empregatício, mas que ainda não podem se tornar administradores de uma empresa própria.

Vantagens

Quando atua de forma autônoma, como qualquer outro profissional, o contador **não tem vínculo empregatício** com a empresa — ou com as diversas empresas — para a qual presta serviço. Isso significa que ele **não é subordinado, nem está sujeito a dedicar um número exato de horas** diárias às atividades que precisa fazer.

Assim, o próprio contador tem **liberdade para determinar os dias e horas** nos quais vai executar os serviços que a empresa contratou. Além disso, o trabalho não precisa, necessariamente, ser alocado na empresa contratante: o profissional também tem flexibilidade na escolha do local de onde vai trabalhar.

Outra vantagem é **poder contar com um substituto** caso tenha algum contratempo, desde que seja alguém igualmente capacitado para fazer a atividade enquanto ele estiver impossibilitado.

Desvantagens

Por não ter vínculo com a empresa, o seu **contrato pode ser rompido a qualquer momento,** e o profissional pode ser dispensado mesmo antes de a atividade ser finalizada. Assim, autônomos que trabalham para apenas uma empresa correm risco de ficar sem renda garantida, caso isso aconteça.

Além disso, a empresa **não tem obrigação** de dar benefícios, como vales, décimo terceiro salário ou licenças a quem é autônomo. Inclusive, é para evitar mais prejuízos que todas as condições de trabalho de um autônomo devem ser bem **formalizadas em um contrato**.

Tributação

O trabalhador autônomo **não é obrigado a emitir <u>nota</u>, nem a ter um CNPJ** para receber os seus pagamentos.

Ele **pode receber por meio de RPA** (recibo de pagamento para autônomo), e esse pagamento sofrerá os devidos descontos (15% caso a renda mensal seja de R$ 1.372,00 a R$ 2.743,00; se a renda for maior, serão descontados 27,5%, além da contribuição para o INSS e ISS, se não conseguir se isentar deste último junto ao município).

Caso o serviço seja prestado a uma empresa, ela se encarrega desses descontos. Já se for prestado a uma pessoa física, é o próprio profissional autônomo que deve fazer as devidas contribuições tributárias.

MEI

Uma opção de regime de trabalho autônomo **na qual os contadores podem se enquadrar** é o MEI — Microempreendedor Individual. Mas vale ressaltar que essa opção só é possível para quem lucra **até R$ 60 mil por ano**, ou seja, R$ 5 mil por mês. **A partir de 2018** esse limite será de **até R$ 81 mil por ano.**

A taxa mensal para se manter como MEI inclui 5% do valor do salário-mínimo vigente, somados a R$ 5,00 pela autorização de prestar serviços. Como essa despesa com tributos é baixa, muitos profissionais preferem usar o MEI nos **primeiros anos como empreendedor.**

A possibilidade de emitir nota fiscal, dada pelo MEI, permite um registro formal do serviço prestado, o que costuma ser **bem visto pelas empresas contratantes**, garantindo mais trabalhos e clientes para o profissional autônomo.

Empreendedor com escritório próprio

Já quando um contador decide abrir seu próprio escritório, geralmente, é porque ele percebeu que é capaz de ter uma **carteira de clientes mais ampla,** e precisa de um local estruturado para atendê-los e realizar os serviços com precisão.

Com um escritório próprio, o profissional deve se preocupar não somente em executar bem o trabalho de contador, mas também com outras tarefas, como **gerir a empresa** e os possíveis empregados e **cuidar do marketing** e divulgação dos seus serviços.

Vantagens

Uma das grandes vantagens de abrir uma empresa ao constituir escritório próprio é que o **lucro do profissional pode ser muito maior,** de forma legalizada. Além disso, dependendo do sistema tributário ao qual a empresa se enquadre, as **taxas cobradas podem ser mais vantajosas** do que as que são devidas por um profissional autônomo.

Desvantagens

Apesar de, para muitos, isso ser um sonho — ou até uma libertação —, ser o seu próprio patrão implica que o profissional deve ser capaz de executar atividades que, nem sempre, fazem parte da sua especialidade.

Gerir a empresa significa desde montar a infraestrutura até realizar os pagamentos necessários, bem como adquirir materiais dos mais básicos aos mais específicos. Além disso, é preciso **saber contratar funcionários,** designar tarefas e acompanhar o desempenho deles.

Prospectar clientes, **fazer propaganda** dos serviços oferecidos além de **organizar o cronograma de trabalho,** também são tarefas com as quais o contador empreendedor deve se preocupar.

Assim, enquanto a empresa não tem respaldo suficiente para terceirizar esses serviços ou para contar com uma equipe especializada em cada setor, "sobra" tudo para o empreendedor.

Tipos de empresas e regimes tributários

O contador precisa se **atentar às regras tributárias** aplicáveis a cada tipo de empresa, assim como ao porte que ela tem ou pode atingir, para conseguir definir a melhor opção na hora de registrar o seu escritório.

Por isso, vale a pena buscar informações sobre os seguintes tipos possíveis de empresas no Brasil:

- Microempreendedor Individual (MEI);

- Empresário Individual;

- Empresa Individual de Responsabilidade Limitada (EIRELI);

- Sociedade Limitada (Ltda.);

- Sociedade Anônima (S.A.).

Além disso, é preciso conhecer bem os **regimes tributários** aplicáveis no País para entender a qual deles a empresa deve se submeter. Por isso, rever o funcionamento do **Simples Nacional**, do **Lucro Presumido** e do **Lucro Real** é fundamental.

A análise minuciosa dos pontos levantados neste texto será essencial para que o contador **entenda em que fase profissional está**, e qual perfil, de autônomo ou empreendedor, dá conta de suas demandas e lucros.

O caminho mais natural é começar como autônomo, até se sentir, com a experiência adquirida, seguro para abrir um escritório. Mas fica a cargo do próprio profissional a decisão que realmente faça sentido — e, o mais importante, que garanta a sua **sustentabilidade no mercado**.

26. Analista Financeiro de Instituições Financeiras

Nos últimos anos, devido à instabilidade econômica que o país vivencia, o analista financeiro vem enfrentando um mercado de trabalho cada vez mais competitivo. Com a crise, as empresas e instituições financeiras têm buscado reordenar seus cargos e funções de modo a melhorar seus resultados.

É neste contexto que as especializações na área de finanças passam a ser fundamentais para que os profissionais contábeis obtenham colocação, reconhecimento e se destaquem diante da concorrência.

Quais são os campos de atuação de um analista financeiro?

A profissão de analista financeiro conta com uma vasta gama de possibilidades de atuação. De modo geral, podemos dizer que a sua principal atribuição é acompanhar, de forma minuciosa, a rotina financeira de uma empresa, banco ou seguradora.

Para isso, o profissional registra e elabora relatórios de entradas e saídas de recursos, analisa fluxos de caixa e realiza projeções de faturamento com o objetivo de diagnosticar a saúde financeira da organização e identificar possíveis melhorias em seu desempenho.

O analisa financeiro também pode atuar fornecendo consultorias de investimentos e aconselhando o cliente sobre o produto financeiro mais adequado para a composição de sua carteira de investimentos.

A profissão é muito versátil e exige constante atualização. Acompanhe as principais habilidades necessárias para essa função:

- Profundo conhecimento em contabilidade financeira e entendimento interdisciplinar em áreas como Administração;

- Habilidades de análise e projeção bem desenvolvidas;

- Identificação de oportunidades de investimentos por meio da análise de demonstrativos financeiros;

- Capacidade de avaliação e elaboração de modelagens financeiras;

- Facilidade de comunicação e relacionamento com o cliente;

- Conhecimento sobre o mercado de capitais e fluência em inglês.

A importância do aprimoramento profissional

Nos últimos anos, o mercado de trabalho para analistas financeiros tem sofrido importantes alterações devido principalmente a fatores econômicos e tecnológicos. O aumento das taxas de inflação e de juros tem impulsionado tanto empresas quanto pessoas físicas a buscar alternativas para aumentar a rentabilidade de seus recursos.

Da mesma forma, a facilidade com que as aplicações financeiras podem ser feitas pela internet passou a ser um fator de incentivo para a conscientização financeira e maximização dos lucros das organizações por meio dos investimentos.

Assim, o analista financeiro deve ter um perfil dinâmico, criativo e pronto para encarar os desafios e as instabilidades do mercado. Além disso, deve buscar uma sólida formação profissional por meio de cursos de aprimoramento. Só assim terá um diferencial competitivo e poderá desenvolver, de forma plena, as habilidades que comentamos acima.

Três cursos de aprimoramento profissional para turbinar o seu currículo

Conheça algumas especializações que podem ampliar as suas possibilidades de atuação no mercado:

Modelagem Financeira e Valuation

Este curso é essencial para preencher a lacuna existente entre o aprendizado acadêmico e o mundo real, já que oferece ao profissional habilidades financeiras necessárias no mercado de trabalho.

As aulas costumam fornecer recursos para a criação de modelos a partir de ajustes de demonstrativos financeiros, previsão de linhas de demonstração de resultados, balanço patrimonial e fluxos de caixas. Além disso, o profissional será capaz de desenvolver sua capacidade de fazer importantes análises como a de previsão de receitas e despesas.

Project Finance

As capacitações oferecidas nessa área atendem a profissionais de diversos nichos. Esses cursos incluem o aprendizado para a realização de diferentes projetos como *Greenfield*, Expansão e BOT e discutem detalhes como: a receita do projeto, as despesas operacionais, fluxos de caixa e gastos de capital.

A projeção de dados financeiros possibilita que o analista melhor compreenda a viabilidade econômica do projeto e possa prestar consultorias a setores como o de Energia, Transporte e Logística.

Analista de Crédito Corporativo

Essa qualificação faz com que o analista seja capaz de analisar a situação creditícia de uma empresa. Com o aprendizado adquirido, ele poderá traçar um panorama dos fatores internos e externos que determinam o nível creditício da organização e quais riscos estão envolvidos no endividamento.

Os Salários dos Profissionais da área de Finanças

1. Profissionais qualificados são raros e, por isso, valorizados

Os **salários** dos profissionais de finanças devem crescer entre 5% e 10%, em média, no próximo ano. A informação parte do relatório que acompanha o Guia Salarial 2016 produzido pela Robert Half. O papel cada vez mais estratégico ocupado por diretores, gerentes, coordenadores e analistas financeiros, contábeis-fiscais, de finanças corporativas e de tesouraria explica a valorização mesmo na **crise**, segundo o documento. Profissionais destas áreas têm sentindo menos os sinais do mau momento na economia e muitas posições financeiras estão na lista de profissões e carreiras promissoras para 2016, segundo consultorias de recrutamento consultadas por EXAME.com De acordo com o Guia Salarial da Robert Half, os maiores aumentos salariais em 2016 devem ser nos holerites dos analistas na área contábil-fiscal. O percentual projetado pela consultoria é de 11%. E, ao lado de gerentes financeiros, controllers, analistas de controladoria, analistas de tesouraria e de profissionais de auditoria, os analistas contábeis-fiscais deverão ser os mais disputados no mercado de trabalho, ainda que as contratações em finanças e contabilidade tendam à estabilidade. Em relação ao perfil mais valorizado, a consultoria destaca, além de profundo conhecimento técnico, **inglês** fluente, capacidade multitarefa e perspicácia comercial e empresarial. Profissionais qualificados são raros, segundo 59% dos CFOS entrevistados pela em recente pesquisa também realizada pela Robert Half. Confira os salários praticados e projetados para 2016 para 24 cargos na área de finanças.

- **2. CFO**

Porte da empresa	Salário em 2015	Salário em 2016	Variação 2015-2016
Pequena/Média	15 mil a 40 mil reais	18 mil a 40 mil reais	5,40%
Grande	30 mil a 75 mil reais	30,2 mil a 75 mil reais	0,20%

- **3. Controller**

Porte da empresa	Salário em 2015	Salário em 2016	Variação 2015-2016

| Pequena/Média | 8 mil a 25 mil reais | 10 mil a 25 mil reais | 6,10% |
| Grande | 18 mil a 35 mil reais | 18,2 mil a 35 mil reais | 0,40% |

- **4. Gerente de auditoria**

Porte da empresa	Salário em 2015	Salário em 2016	Variação 2015-2016
Pequena/Média	sem informação	sem informação	sem informação
Grande	12 mil a 26 mil reais	12,1 mil a 26 mil reais	0,30%

- **5. Auditor**

Porte da empresa	Salário em 2015	Salário em 2016	Variação 2015-2016
Pequena/Média	3 mil a 9 mil reais	3,1 mil a 9 mil reais	0,80%
Grande	4 mil a 13 mil reais	4,1 mil a 13 mil reais	0,60%

- **6. Gerente contábil fiscal**

Porte da empresa	Salário em 2015	Salário em 2016	Variação 2015-2016
Pequena/Média	8 mil a 16 mil reais	10 mil a 16 mil reais	8,30%
Grande	12 mil a 26 mil reais	12,1 mil a 26 mil reais	0,30%

- **7. Coordenador contábil fiscal**

Porte da empresa	Salário em 2015	Salário em 2016	Variação 2015-2016
Pequena/Média	6 mil a 11 mil reais	6,1 mil a 11 mil reais	0,60%
Grande	8 mil a 14 mil reais	8,1 mil a 14 mil reais	0,40%

- **8. Analista contábil fiscal sênior**

Porte da empresa	Salário em 2015	Salário em 2016	Variação 2015-2016
Pequena/Média	4,5 mil a 7 mil	5 mil a 7,5 mil%	8,70%
Grande	6,5 mil a 10 mil reais	6,6 mil a 10 mil reais	0,60%

- **9. Analista contábil fiscal pleno**

Porte da empresa	Salário em 2015	Salário em 2016	Variação 2015-2016

Pequena/Média   3 mil a 5,1 mil reais 3,5 mil a 5,5 mil reais% 11,00%

Grande   4 mil a 6,6 mil reais 4,5 mil a 6,5 mil reais   3,80%

- **10. Analista contábil júnior**

Porte da empresa	Salário em 2015	Salário em 2016	Variação 2015-2016
Pequena/Média	2,5 mil a 3,5 mil reais	2,6 mil a 3,5 mil reais	1,70%
Grande	3 mil a 4 mil reais	3,1 mil a 4 mil reais	1,40%

- **11. Gerente de planejamento financeiro/controladoria**

Porte empresa	Salário em 2015	Salário em 2016	Variação 2015-2016
Pequena/Média	9 mil a 20 mil reais	10 mil a 20 mil reais	3,40%
Grande	12 mil a 27,5 mil reais	12 mil reais a 28 mil reais	1,30%

- **12. Coordenador de planejamento financeiro/controladoria**

Porte da empresa	Salário em 2015	Salário em 2016	Variação 2015-2016
Pequena/Média	6,5 mil a 12 mil reais	6,6 mil a 12 mil reais	0,50%
Grande	8,5 mil a 15,5 mil reais	8,6 mil a 15,5 mil reais	0,40%

- **13. Analista de planejamento financeiro/controladoria sênior**

Porte da empresa	Salário em 2015	Salário em 2016	Variação 2015-2016
Pequena/Média	5 mil a 8 mil reais	6,8 mil a 10 mil reais	3,8%
Grande	6,7 mil a 10 mil	3,5 mil a 5,7 mil reais	0,6%

- **14. Analista de planejamento financeiro/controladoria pleno**

Porte da empresa	Salário em 2015	Salário em 2016	Variação 2015-2016
Pequena/Média	3 mil a 5,5 mil reais	3,5 mil a 5,7 mil reais	8,20%
Grande	4 mil a 6,7 mil reais	4,5 mil a 6,7 mil reais	4,70%

- **15. Analista de planejamento financeiro/controladoria júnior**

Porte da empresa	Salário em 2015	Salário em 2016	Variação 2015-2016
Pequena/Média	2,5 mil a 4 mil reais	2,6 mil a 4 mil reais	1,50%

Grande   3,5 mil a 4,5 mil reais 3,6 mil a 4,5 mil reais 1,20%

- **16. Gerente de finanças corporativas**

Porte da empresa	Salário em 2015	Salário em 2016	Variação 2015-2016
Pequena/Média	9 mil a 20 mil reais	10 mil a 20 mil reais	3,40%
Grande	12 mil a 28 mil reais	12,1 mil a 28 mil reais	0,20%

- **17. Coordenador de finanças corporativas**

Porte da empresa	Salário em 2015	Salário em 2016	Variação 2015-2016
Pequena/Média	6,5 mil a 12 mil reais	6,6 mil a 12 mil reais	0,50%
Grande	8,5 mil a 15,5 mil reais	8,6 mil a 15,5 mil reais	0,40%

- **18. Analista de finanças corporativas sênior**

Porte da empresa	Salário em 2015	Salário em 2016	Variação 2015-2016
Pequena/Média	6 mil a 8 mil reais	6,1 mil a 8 mil reais%	0,70%
Grande	7 mil a 10 mil reais	7,1 mil a 10 mil reais	0,60%

- **19. Analista de finanças corporativas pleno**

Porte da empresa	Salário em 2015	Salário em 2016	Variação 2015-2016
Pequena/Média	3,5 mil a 6,1 mil reais	3,6 mil a 6,1 mil reais	1,00%
Grande	4 mil a 7 mil reais	4,5 mil a 7 mil reais	4,50%

- **20. Analista de finanças corporativas júnior**

Porte da empresa	Salário em 2015	Salário em 2016	Variação 2015-2016
Pequena/Média	2,5 mil a 4 mil reais	2,6 mil a 4 mil reais	1,50%
Grande	3,5 mil a 4,5 mil reais	3,6 mil a 4,5 mil reais	1,20%

- **21. Gerente de tesouraria/financeiro**

Porte da empresa	Salário em 2015	Salário em 2016	Variação 2015-2016
Pequena/Média	8 mil a 16 mil reais	8,1 mil a 16 mil reais%	0,40%
Grande	12 mil a 24 mil reais	12,1 mil a 24 mil reais	0,30%

- **22. Coordenador de tesouraria/financeiro**

Porte da empresa	Salário em 2015	Salário em 2016	Variação 2015-2016
Pequena/Média	6 mil a 10 mil reais	6,1 mil a 10 mil reais%	0,60%
Grande	8 mil a 13 mil reais	8,1 mil a 12 mil reais	0,50%

- **23. Analista de tesouraria/financeiro sênior**

Porte da empresa	Salário em 2015	Salário em 2016	Variação 2015-2016
Pequena/Média	4,5 mil a 7 mil reais	5 mil a 7 mil reais	4,30%
Grande	5,5 mil a 9 mil reais	6 mil a 9 mil reais	3,40%

- **24. Analista de tesouraria/financeiro pleno**

Porte da empresa	Salário em 2015	Salário em 2016	Variação 2015-2016
Pequena/Média	3 mil a 5,5 mil reais	3,5 mil a 5,5 mil reais	5,90%
Grande	4 mil a 6,5 mil	4,5 mil a 6,5 mil reais	4,80%

- **25. Analista de tesouraria/financeiro júnior**

Porte da empresa	Salário em 2015	Salário em 2016	Variação 2015-2016
Pequena/Média	2,3 mil a 3,5 mil reais	2,5 mil a 3,5 mil reais%	3,40%
Grande	3,2 mil a 4 mil reais	3,3 mil a 4 mil reais	1,40%

27. Analista de Crédito e Cobrança das Empresas

O **Analista de Crédito e Cobrança** é o profissional responsável por atuar com envio de segunda via de boletos bancários, envio de segunda via de notas fiscais, solicitação de baixa bancária, sustação de protesto, emissão de carta de anuência, envio de recibo de locação e nota fiscal de prestação de serviços. Um **Analista de Crédito e Cobrança** executa procedimentos inerentes à rotina de contas a receber, analisando as fichas cadastrais e propostas de vendas e demais documentos de clientes.

Está sob as responsabilidades de um **Analista de Crédito e Cobrança** conferir títulos recebidos pelos bancos, certificando-se quanto à exatidão dos valores recebidos. Controlar e certifica-se quanto à exatidão das notas de crédito, abatimentos e liquidações, auxiliar nas demais atividades do setor, tais como digitação e conferência de documentos, analisar as fichas cadastrais e propostas de vendas e demais documentos de clientes, examinar extratos financeiros, contábeis e outros informes comerciais, garantir o cumprimento das políticas de crédito e cobrança nos prazos estabelecidos pela empresa, efetuar análise de cadastro, documentos comprobatórios e balanço patrimonial para atribuição de linha de crédito, bem como assegurar a confiabilidade desta concessão cumprindo toda a cadeia do processo como cobrança e conciliação dos pagamentos, realizar análise de crédito para pessoa física e jurídica, além de análise de documentos comprobatórios e balanço patrimonial, efetuar consultas ao Serasa e Acsp, realizar o envio de segunda via de boletos bancários, envio de segunda via de notas fiscais, solicitação de baixa bancária, sustação de protesto, emissão de carta de anuência, envio de recibo de locação e nota fiscal de prestação de serviços, dar suporte aos associados da tesouraria, controle e baixas de devoluções, controle de créditos pendentes não identificados, cancelamento de notas fiscais no contas a receber, verificar prorrogação de vencimento, cobrança aos clientes inadimplentes, submeter descontos concedidos para aprovação da diretoria comercial, alocar título em cartório de acordo com a definição do gestor, administrar as políticas da companhia visando reduzir DSO e Overdue, manter contato com os clientes corporativos na busca de recuperação de crédito. Para que o Profissional tenha um bom desempenho como **Analista de Crédito e Cobrança** além da graduação é essencial que possua conhecimento em cobrança, cálculos de juros, possuir capacidade de organização e conhecimento avançados de pacote Office.

Com que áreas dentro de uma empresa, um Analista de Crédito e Cobrança se relaciona?

O **Analista de Crédito e Cobrança** por ser o profissional responsável por atuar com envio de segunda via de boletos bancários, envio de segunda via de notas fiscais, solicitação de baixa bancária, sustação de protesto, emissão de carta de anuência, envio de recibo de locação e nota fiscal de prestação de serviços se relaciona com toda área da tesouraria, financeira e contábil dentro de uma empresa.

Formação Desejada de um Analista de Crédito e Cobrança

1. - Graduação em Administração de Empresas

2. - Economia

3. - Ciências Contábeis

Média salarial do cargo de um Analista de Crédito e cobrança:

Porte da Empresa

Nível Profissional

	Trainee	Júnior	Pleno	Sênior	Master
Pequena	R$ 1805.01	R$ 2256.26	R$ 2820.33	R$ 3525.41	R$ 4406.76
Média	R$ 2346.51	R$ 2933.14	R$ 3666.43	R$ 4583.04	R$ 5728.8
Grande	R$ 3050.47	R$ 3813.09	R$ 4766.36	R$ 5957.95	R$ 7447.44

28. Tesoureiro

Uma **tesouraria** ou **tesoiraria** é o órgão de uma entidade (um <u>governo</u>, um <u>partido político</u>, uma <u>autarquia</u> ou qualquer outra <u>instituição</u>) encarregado da <u>contabilidade</u>, armazenamento ou transações de <u>dinheiro</u>. Em caso de entidades governamentais, costuma receber o nome de **tesouro**. A pessoa encarregada da tesouraria recebe o nome de tesoureiro

O que faz?

O **Tesoureiro** é o profissional responsável por efetuar todos os lançamentos e baixas referentes a recebimentos com cartões de crédito e débito no sistema integrado de gestão. Um **Tesoureiro** realiza pagamento de fornecedores, alimenta o sistema com entradas e saídas, efetua atendimento ao cliente (recebimento de cheques devolvidos) e fechamento geral.

Está sob as responsabilidades de um **Tesoureiro** atuar com rotinas administrativas e financeiras de tesouraria, lançamentos contábeis e conciliações bancárias, emitir notas fiscais, despesas realizadas e demais tributos, conferir e lançar boletos relativos a compras, cálculos e recebimentos de receitas, fechar o caixa diariamente, conferir e lançar cheques, recolher o valor diário armazenado no cofre e encaminhar para a empresa de segurança, efetuar conferência do movimento financeiro, acompanhar orçamentos e do fluxo de caixa, emissão de cheques, notas fiscais e outros documentos referentes ao setor de tesouraria, se responsabilizar pela contabilidade, pelas contas e cobranças a receber ou a pagar, controle dos orçamentos, o fluxo financeiro e pela organização da caixa da instituição e aplicação de recursos financeiros, planejar, organizar, dirigir e controlar os serviços da tesouraria, elaborar e analisar o planejamento do capital, viabilizando os melhores investimentos para adquirir valores de forma segura, fazer um estudo verificando qual investimento trará maior rentabilidade e saber qual é o limite de crédito mais viável para a instituição, verificar as necessidades e negociar uma linha de crédito com menos custos nos empréstimos e financiamentos, estudar as operações financeiras com intuito de eliminar ou reduzir variações indesejáveis.

Para que o profissional tenha um bom desempenho como **Tesoureiro** além da graduação é essencial que possua cursos de especialização e pós-graduação.

Com que áreas dentro de uma empresa, um Tesoureiro se relaciona?

O **Tesoureiro** por ser o profissional responsável por planejar, organizar, dirigir e controlar os serviços da tesouraria se relaciona com toda área financeira, contábil e administrativa.

Analisa e elabora fluxo de caixa diário e projetado e orçamento financeiro e consolida informações enviadas por áreas da empresa. Monitora o relatório de status de pagamento. Negocia junto aos bancos as taxas de captação e aplicação de recursos financeiros. Realiza cálculos financeiros, conciliação bancária e escrituração contábil dos pagamentos e recebimentos.

Formação Desejada de um Tesoureiro

1. - Graduação em Gestão Financeira.

2. - Administração de Empresas.

3. - Ciências Contábeis.

4. - Economia.

Média salarial de um Tesoureiro

Porte da Empresa

Nível Profissional

	Trainee	Júnior	Pleno	Sênior	Master
Pequena	R$ 1532.31	R$ 1762.16	R$ 2026.48	R$ 2330.45	R$ 2680.02
Média	R$ 1838.77	R$ 2114.59	R$ 2431.78	R$ 2796.55	R$ 3216.03
Grande	R$ 2206.53	R$ 2537.51	R$ 2918.14	R$ 3355.86	R$ 3859.24

29. Analista de Contas a Pagar

O **Analista de Contas a Pagar e Receber** é o profissional responsável por atuar na rotina de contas a pagar, fazendo os pagamentos e conferências de notas fiscais. Um **Analista de Contas a Pagar e Receber** efetua o lançamento de notas fiscais de entrada e saída em sistema informatizado.

Está sob as responsabilidades de um **Analista de Contas a Pagar e Receber** realizar todas as atividades pertinentes a contas a pagar e receber, realizar os controles, fluxo de caixa e operação do sistema interno, prestar suporte a área financeira e contábil, fluxo de caixa, controle de budget, dos adiantamentos, fundo fixo e despesas, manter o relacionamento com os clientes, efetuar os pagamentos e recebimentos, efetuar o lançamento de notas fiscais de entrada e saída em sistema informatizado, atuar com montagem de lotes de pagamentos, emitir e controlar os cheques para os pagamentos, atuar com a contabilização de pagamentos de clientes, transmissões bancárias, baixa de boletos, relacionamento com bancos, análise de contas de bancos e contas do balanço patrimonial (relacionados a contas a receber), analisar e executar as atividades relacionadas ao equacionamento do caixa, contas a pagar e a receber, controle dos adiantamentos, fundo fixo e despesas com viagem e conciliação bancária e contábil, fazer análise de crédito e cobrança, realizar conferência de notas fiscais, lançamento no sistema, lançamento em banco, conferência de pagamentos, atendimento aos clientes e fornecedores, recebimento de malote e arquivo. Para que o profissional tenha um bom desempenho como **Analista de Contas a Pagar e Receber** além da graduação é essencial que possua conhecimentos em conhecimento no sistema ERP, preferencialmente SAP e pacote Office.

Com que áreas dentro de uma empresa, um Analista de Contas a Pagar Receber se relaciona?

O **Analista de Contas a Pagar e Receber** por ser o profissional responsável por atuar na rotina de contas a pagar, fazendo os pagamentos e conferências de notas fiscais, se relaciona com a área contábil e financeira.

Formação Desejada de um Analista de Contas a Pagar e Receber

Geralmente, diploma nas áreas de Administração, Contábil, Finanças ou Economia. E, dependendo da empresa, alguns conhecimentos são considerados diferenciais:

– Proximidade do profissional com o mercado em que a empresa atua, possibilitando maior compreensão do cenário e das tomadas de decisão, como realizar algum investimento e até mesmo recuo para evitar grandes perdas. Além disso, por ser o responsável pelas contas, possui também um conhecimento sobre a área em que a empresa atua, o profissional tem a possibilidade de gerir melhor as finanças empresariais prevendo possíveis oscilações no mercado, sazonalidades e até mesmo identificar boas oportunidades de negócios.

– Conhecimento em internet e softwares de gestão empresarial que facilitem e modernizem a empresa, como o jFinanças, produto da Cenize, que oferece controle de receitas e despesas, preve o fluxo de caixa e permite a programação de contas a pagar e receber.

Embora muitas empresas ainda utilizem planilhas de **contas a pagar e receber**, a maioria já entende a importância de um sistema automatizado e que interligue todos os departamentos.

30. Analista de Custos

O **Analista de Custos** é o profissional responsável por realizar trabalhos de análise de custo. Atua com a análise de movimentação de estoque, crédito de imposto e processo de importação em indústria ou comércio.

Está sob as responsabilidades de um **Analista de Custos** realizar trabalhos de conciliação de estoque e contabilização da prestação de conta no processo de importação, analisar a variação do custo, apurar o resultado gerencial de todas as empresas do grupo, analisar as alterações de orçamentos, propor melhorias no processo com o objetivo de aprimorar o controle, conferir os lançamentos no sistema e os saldos de estoque e compras mensalmente, conferir o input de dados para garantir a integridade das informações, fazer o levantamento e valoração de inventário mensal, fazer a conciliação e calcular os custos reais de materiais, fazer orçamento de produtos ou acessórios de manufatura e revenda, comparando-os com pré-cálculos baseados nos planos de fabricação, realizar mão-de-obra, padrões e oscilações do mercado superior, para constatar as causas dos custos altos ou baixos, determinar, por estimativa, o preço da venda dos produtos, analisar a apropriação dos valores de receita e despesas por projeto, quanto a classificação de centro de custo, natureza origem e aplicação do gasto, adequar e informar visando atender a politica de custo gerencial, através do sistema e relatórios corporativos, ser responsável por compor a receita mensal, de acordo com legislação contábil e politica da gestão gerencial, além de fazer análise dos valores custeados, através do suporte evolução físico financeira por projeto, fazendo todo o registro de informações no sistema e na divulgação. Para que o profissional tenha um bom desempenho como **Analista de Custos** além da graduação é essencial ter conhecimentos em avaliação de demonstrativos e indicadores financeiros, conhecimentos em alocação e classificação de custos, ter análise e visão crítica, raciocínio lógico, tomada de decisão, foco em resultado e planejamento.

Com que áreas dentro de uma empresa, um Analista de Custos se relaciona?

O **Analista de Custos** por ser o profissional responsável por realizar trabalhos de análise de custo se relaciona com a área contábil e administrativa dentro de uma empresa.

A responsabilidade de otimizar os gastos da produção

Seja em grandes indústrias ou em um pequeno empreendimento que tenha linhas de produção, o Analista de Custo é o responsável dos recursos que uma empresa possui destinados a essa fabricação. É o profissional da análise de custos quem vai otimizar os recursos de uma empresa, melhorando o máximo possível a performance de produção e verificando, na linguagem da economia, as torneiras abertas que devem ser fechadas, os excessos que devem ser limados no setor de produção. O Analista de Custo trabalha com monitoramento e análises dos gastos ocorridos no setor produtivo. O profissional vai gerar resultados que possibilitem a redução desses gastos na área de produção, além de melhorar as operações e eficiência da empresa.

Graduação

A graduação específica para o Analista de Custo ainda não é oferecida no mercado. No entanto, é recomendável que o profissional tenha sua graduação em uma das áreas gerenciais como Contabilidade, Economia ou Administração. O Engenheiro de Produção que também tem acesso à teoria dos custos pode atuar como Analista de Custos. No caso do Contador, ele possui a disciplina de Contabilidade de Custos em sua grade curricular, que serve como uma habilitação técnica. Na disciplina Microeconomia, o economista estuda a Teoria da Produção que também capacita tecnicamente o economista para trabalhar nessa área. No curso de Administração, os estudantes são orientados na disciplina de Administração da Produção em que ele também se torna capacitado. Além da capacitação técnica do profissional que vai atuar como Analista de Custos, que é o alicerce do profissional já que ele terá condição de discutir o que ele acredita que pode ser viabilizado, propor mudança para a redução desses gastos, o profissional precisa ter conhecimento profundo na área de produção. Para isso, recomenda-se que o estudante aproveite as oportunidades e faça estágios e programas de *trainee* para colocar em prática o conhecimento técnico.

Legislação e regulamentação

Não existe a regulamentação exclusiva para o Analista de Custo. Ele deve estar regulamentado dentro das profissões que ele possui a graduaçao. No caso dos Contadores, Administradores ou Economistas os profissionais devem estar credenciados pelos respectivos conselhos estaduais e federais para atuar pela profissão e, consequentemente, se especializar.

Áreas de atuação e Especialização

Quando se refere ao Analista de Custo e produção, imediatamente se lembra de grandes indústrias. No entanto, quando se pensa no micro, é observado que a produção faz parte de todos os setores, pois os custos aparecem desde a contratação de pessoas, o formato que elas trabalham, a otimização de materiais para produção. Qualquer setor da economia que produza, que transforme, pode ter a atuação do analista de custo. Em restaurante, por exemplo, a cozinha é um processo de produção. Se a pessoa não padronizar o processo terá prejuízos. Se o cozinheiro gastar 5g de carne a mais em uma receita, seja ela qual for, devido ao volume de venda, pode causar um custo a mais de R$ 15 a R$ 20 mil ao ano. Os profissionais de Contabilidade, Administração, Economia ou Engenharia de Produção pode fazer cursos de especialização na área de custos e produção.

Formação Desejada de um Analista de Custos

1. - Graduação em Ciências Contábeis.

2. - Administração de Empresas.

31. Analista Fiscal

O **Analista Fiscal** é o profissional responsável por atuar com conciliação das contas de impostos ICMS, IPI, PIS, COFINS, ISS, ERPs. Também realiza a implantação de contabilidade em novos clientes.

Está sob as responsabilidades de um **Analista Fiscal** executar rotinas contábeis, como atividades de lançamentos, conciliação e demonstrativos, consolidar conversões, caderno anual juntamente ao analista sênior e gerente, analisar e elaborar relatórios com os resultados para gerência, dar apoio ao setor de controladoria, realizar a interação com, gerentes e sócios de contas, realizar fechamento e apuração de impostos diretos e indiretos, emitir os informativos acessórios (SINTEGRA / SPED / DCTF / DIRF etc.), realizar conciliação contábil, lançamentos contábeis, emitir guias de recolhimento e execução de trabalhos em órgãos públicos, fazer a emissão de nota fiscal eletrônica de venda, entrega futura, triangulação, importação, exportação, serviços, entre outros, atuar com substituição tributária e antecipação tributária, realizar a legislação tributária, SINTEGRA, SPED fiscal (EFD), lançamentos contábeis, elaboração e análise de balanço e DRE, efetuar a conciliação e fechamento de balancetes mensais, NFe, livros fiscais, apurações de impostos, declarações federais e estaduais, SPED fiscal e contribuições, verificar a contabilização de folha e encargos trabalhistas, analisar os processos de contabilização e registro de operações financeiras, orientar departamentos envolvidos nos processos de contabilização, análise de custos e serviços prestados.

Para que o profissional tenha um bom desempenho como **Analista Fiscal** além da graduação é desejável possuir o curso de IFRS e Excel em nível avançado, ter conhecimentos de legislação e habilidades em cálculos financeiros e interpretação de normas.

Com que áreas dentro de uma empresa, um Analista Fiscal se relaciona?

O **Analista Fiscal** por ser o profissional responsável por atuar com conciliação das contas de impostos ICMS, IPI, PIS, COFINS, ISS, ERPs, se relaciona com toda área fiscal.

Formação Desejada de um Analista Fiscal

1. - Graduação em Ciências Contábeis.

32. Analista de Crédito

O Analista de Crédito é alguém muito importante para a prosperidade financeira de uma empresa ou instituição, uma vez que o seu papel é auxiliar a sua entidade empregadora na aquisição e na diminuição dos prejuízos financeiros em operações de crédito.

Dentro de uma empresa o Analista de Crédito tem a função de proteger a empresa de possíveis prejuízos com relação aos pagamentos de clientes. É por isso que sua função é avaliar se a pessoa solicitante de um produto ou empréstimo tem renda suficiente para pagar as parcelas da dívida que pretende adquirir.

As suas principais funções são as seguintes:

• Atender os possíveis credores;

• Fazer o levantamento e o estudo de toda a informação pertinente sobre o possível cliente;

• Conceder ou reprovar créditos, dentro de determinados limites estipulados pelos superiores;

• Comunicar com o cliente de forma inteligente e amigável;

• Fazer e negociar propostas de crédito, sugerindo alterações quando viável.

Perfil Analista de Crédito

Um Analista de Crédito deve ter como competências profissionais:

• Focado;

• Atento;

• Perseverante;

• Sociável;

• Motivado;

• Interessado;

• Comunicativo;

• Flexível;

• Inovador.

Área de atuação de Analista de Crédito

O mercado de trabalho é amplo para um Analista de Crédito, ele poderá atuar em lojas de imóveis, calçados, grandes franquias, supermercados e muitos outros segmentos que tenham atendimento ao público.

O profissional capacitado tem a possibilidade de mandar currículo para várias empresas e fazer entrevistas em vários lugares, pois muitos deles exigem tal função.

Formação e especialização para Analista de Crédito

• Graduação em Administração de Empresas/ Economia/ Ciências Contábeis;

• Para que o Profissional tenha um bom desempenho como Analista de Crédito e Cobrança além da graduação é essencial que possua conhecimento em cobrança, cálculos de juros, possuir capacidade de organização e conhecimento avançados de pacote Office.

Vagas de Analista de Crédito

Vagas para Analista de Crédito e outras oportunidades profissionais na área de Financeiro/ Contabilidade/ Economia.

Cargos relacionados à Analista de Crédito

• Analista de Crédito

• Analista de Crédito/ Cobrança

• Analista Financeiro

• Analista de Cobrança

O **Analista de Crédito e Cobrança** é o profissional responsável por atuar com envio de segunda via de boletos bancários, envio de segunda via de notas fiscais, solicitação de baixa bancária, sustação de protesto, emissão de carta de anuência, envio de recibo de locação e nota fiscal de prestação de serviços.

Um **Analista de Crédito e Cobrança** executa procedimentos inerentes à rotina de contas a receber, analisando as fichas cadastrais e propostas de vendas e demais documentos de clientes.

Está sob as responsabilidades de um **Analista de Crédito e Cobrança** conferir títulos recebidos pelos bancos, certificando-se quanto à exatidão dos valores recebidos. Controlar e certifica-se quanto à exatidão das notas de crédito, abatimentos e liquidações, auxiliar nas demais atividades do setor, tais como digitação e conferência de documentos, analisar as fichas cadastrais e propostas de vendas e demais documentos de clientes, examinar extratos financeiros, contábeis e outros informes comerciais, garantir o cumprimento das políticas de crédito e cobrança nos prazos estabelecidos pela empresa, efetuar análise de cadastro, documentos comprobatórios e balanço patrimonial para atribuição de linha de crédito, bem como assegurar a confiabilidade desta concessão cumprindo toda a cadeia do processo como cobrança e conciliação dos pagamentos, realizar análise de crédito para pessoa física e jurídica, além de análise de documentos comprobatórios e balanço patrimonial, efetuar consultas ao Serasa e Acsp, realizar o envio de segunda via de boletos bancários, envio de segunda via de notas fiscais, solicitação de baixa bancária, sustação de protesto, emissão de carta de anuência, envio de recibo de locação e nota fiscal de prestação de serviços, dar suporte aos associados da tesouraria, controle e baixas de devoluções, controle de créditos pendentes não identificados, cancelamento de notas fiscais no contas a receber, verificar prorrogação de vencimento, cobrança aos clientes inadimplentes, submeter descontos concedidos para aprovação da diretoria comercial, alocar título em cartório de acordo com a definição do gestor, administrar as políticas da companhia visando reduzir DSO e Overdue, manter contato com os clientes corporativos na busca de recuperação de crédito. Para que o Profissional tenha um bom desempenho como **Analista de Crédito e Cobrança** além da graduação é essencial que possua conhecimento em cobrança, cálculos de juros, possuir capacidade de organização e conhecimento avançados de pacote Office.

Com que áreas dentro de uma empresa, um Analista de Crédito e Cobrança se relaciona?

O **Analista de Crédito e Cobrança** por ser o profissional responsável por atuar com envio de segunda via de boletos bancários, envio de segunda via de notas fiscais, solicitação de baixa bancária, sustação de protesto, emissão de carta de anuência, envio de recibo de locação e nota fiscal de prestação de serviços se relaciona com toda área da tesouraria, financeira e contábil dentro de uma empresa.

Formação Desejada de um Analista de Crédito e Cobrança

1. - Graduação em Administração de Empresas

2. - Economia

3. - Ciências Contábeis

33. Analista do Mercado de Capitais

A Comissão de Valores Mobiliários (CVM) foi criada em 1976 pela Lei 6.385/76, com o objetivo de **fiscalizar, normatizar, disciplinar e desenvolver o mercado de valores mobiliários no Brasil, também chamado de mercado de capitais.**

A CVM é uma entidade autárquica em regime especial, vinculada ao Ministério da Fazenda, com personalidade jurídica e patrimônio próprios, dotada de autoridade administrativa independente, ausência de subordinação hierárquica, mandato fixo e estabilidade de seus dirigentes, e autonomia financeira e orçamentária.

Na prática, isto significa que a CVM possui independência funcional, administrativa e financeira. Ou seja, seus dirigentes e servidores não precisam de autorização do Ministro da Fazenda, ou Presidente da República, para exercerem as atividade que lhes competem e cumprirem com o mandato legal da Autarquia.

A CVM forma, junto com o Banco Central (Bacen), SUSEP e PREVIC, os órgãos supervisores do Sistema Financeiro Nacional, como mostrado abaixo:

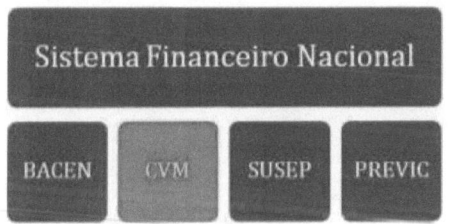

Enquanto o Bacen supervisiona os mercados de crédito, monetário e cambial, e a SUSEP e PREVIC cuidam dos mercados de seguros, resseguros, previdência complementar aberta e fechada, a CVM supervisiona o mercado de capitais. Neste mercado circulam por volta de R$ 5 trilhões anuais, um volume grande o bastante para existência de um órgão regulador específico para supervisioná-lo.

Bom, e qual é o mandato legal da CVM neste mercado? De forma resumida, compete à CVM realizar as seguintes atividades:

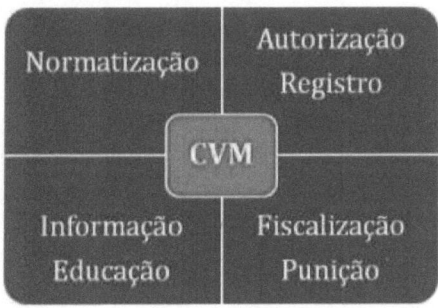

Normatizar significa elaborar as normas que dispõem as regras de funcionamento do mercado de capitais. Autorização e registro indica que compete à CVM o controle de acesso dos participantes do mercado, mediante autorização, e supervisão de suas atividades, mediante acompanhamento do registro que possuem junto à Autarquia. E, fiscalização e punição, indicam o "poder de policia" da CVM, podendo fiscalizar os participantes a aplicar sanções àqueles que não cumpre as regras dispostas. Lembrando que as penas são administrativas, incluindo multas, inabilitações etc.

E, não menos importante, também compete à CVM informar e educar a sociedade e participantes do mercado de capitais sobre temas correlatos a ele, incluindo educação financeira e o incentivo a hábitos de poupança. Você pode não saber, mas a CVM possui um departamento que possui o objetivo de estudar hábitos comportamentais que interferem no julgamento racional dos investidores em relação aos seus hábitos de consumo e investimento. Este departamento de finanças comportamentais possui parceria com centros de pesquisa nas principais universidades brasileiras, além de realizar eventos anuais para debater o assunto.

Continuando, segue abaixo o organograma da Autarquia com uma breve explicação sobre as áreas internas que mais demandam os analistas, inspetores e agentes executivos ingressantes:

ORGANOGRAMA

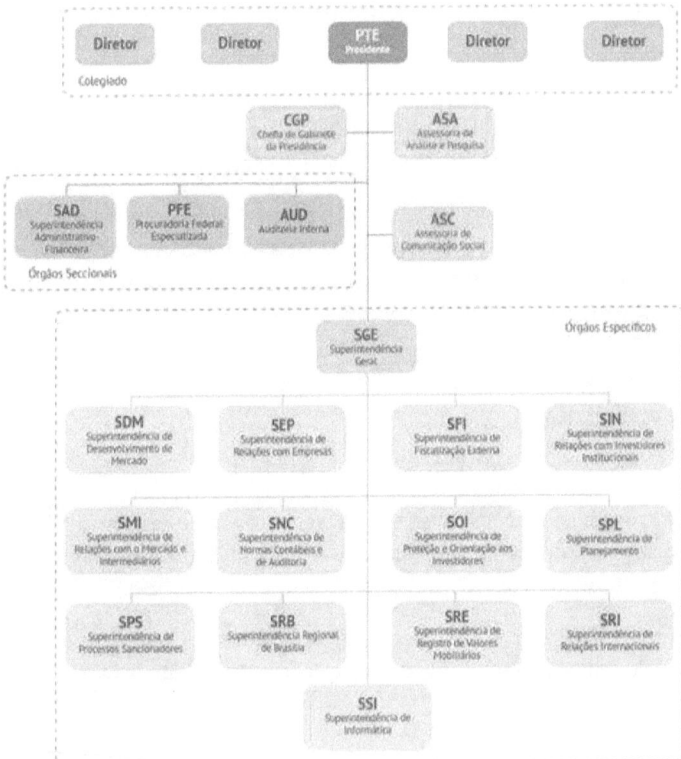

- **SAD**

  o supervisionar e orientar a execução de atividades referentes à administração de recursos humanos;

  o supervisionar e coordenar a execução da administração financeira e de bens e serviços gerais; e

  o fiscalizar o pagamento e a arrecadação da taxa de fiscalização, das multas provenientes de penalidades aplicadas em julgamentos e das multas cominatórias.

- **SDM**

  o elaborar estudos, projetos e normas, orientados para o desenvolvimento do mercado de valores mobiliários;

  o atuar, em conjunto com as outras áreas, na revisão e ajustes dos atos normativos da CVM, adequando-os às necessidades do mercado; e

- o propor ao Colegiado a eventual fixação de limites máximos de preço, comissões, emolumentos e outras vantagens cobradas pelas entidades que atuam no mercado de valores mobiliários.

- **SEP**

  - o coordenar, supervisionar e fiscalizar os registros de companhias abertas e de outros emissores, bem como sua atualização; e

  - o propor e fiscalizar a observância de normas sobre atividades relacionadas aos registros e a divulgação de informações pelas companhias abertas e outros emissores e sobre operações especiais.

- **SFI**

  - o fiscalizar, supervisionar e orientar diretamente os participantes do mercado de valores mobiliários.

- **SIN**

  - o coordenar, supervisionar e fiscalizar os registros para a constituição de fundos, sociedades de investimentos, carteiras de investidores estrangeiros e clubes de investimento;

  - o coordenar, supervisionar e fiscalizar os credenciamentos para o exercício de atividades de administrador de carteira, consultor e analista de valores mobiliários; e

  - o coordenar, supervisionar e fiscalizar o acompanhamento de atividades dos investidores institucionais nacionais e estrangeiros registrados na CVM, bem como propor e fiscalizar a observância de normas relacionadas aos registros e à divulgação de informações desses investidores institucionais.

- **SMI**

  - o coordenar, supervisionar e fiscalizar as entidades integrantes do sistema de distribuição de valores mobiliários, assegurando a observância de práticas comerciais equitativas e o funcionamento eficiente e regular dos mercados de bolsa, de balcão, de balcão organizado e de mercados derivativos;

  - o coordenar, supervisionar e fiscalizar os credenciamentos dos integrantes do sistema de distribuição de valores mobiliários e das entidades que atuam no mercado de valores mobiliários, bem como o dos prestadores de serviços, tais como, custódia e liquidação, escrituração e emissão de certificados de títulos e valores mobiliários;

- propor e fiscalizar a observância de normas relacionadas ao funcionamento do sistema de distribuição de valores mobiliários e ao funcionamento dos mercados derivativos; e

- fiscalizar os serviços e atividades das entidades que atuam no mercado de valores mobiliários e no mercado de derivativos, inclusive quanto à veiculação de informações.

- **SNC**

  - estabelecer normas e padrões de contabilidade a serem observados pelas companhias abertas, fundos e instrumentos de investimento coletivo e outros emissores;

  - credenciar e fiscalizar a atividade dos auditores independentes, pessoas físicas e jurídicas, e propor normas e procedimentos de auditoria a serem observados no âmbito do mercado de valores mobiliários; e

  - elaborar pareceres sobre assuntos contábeis e de auditoria, no âmbito do mercado de valores mobiliários.

- **SOI**

  - atuar em conjunto com outros setores da CVM, ou com outras entidades, na realização de projetos educacionais, no âmbito do mercado de valores mobiliários;

  - analisar reclamações formais apresentadas pelo público em geral sobre a atuação de participantes do mercado; e

  - administrar serviço de atendimento ao público para fornecimento de informações prestadas à CVM, por integrantes do mercado de valores mobiliários.

- **SRE**

  - coordenar, supervisionar e fiscalizar o registro de distribuição pública de valores mobiliários;

  - propor e fiscalizar a observância de normas sobre atividades relacionadas aos registros de distribuição de valores mobiliários; e

  - coordenar, supervisionar e fiscalizar os registros de emissores que não estejam sob a esfera de competência das demais Superintendências, bem como sua atualização, conforme dispuser o regimento interno.

- **SRI**

o administrar a execução dos convênios de cooperação técnica, de troca de informações de fiscalização conjunta entre a CVM e os organismos correspondentes de outros países; e

o representar a CVM junto às instituições internacionais relacionadas aos órgãos reguladores, ou outros organismos atuantes na área de valores mobiliários, coordenando a execução de trabalhos que se façam necessários.

Cargos e benefícios

Bom, vamos a uma parte que interessa a todos os interessados em trabalhar na CVM: os cargos e seus perfis, a remuneração e demais benefícios.

Bom, o último concurso ofereceu vagas de Inspetor, Analista CVM (de Mercado de Capitais, Arquivologia, Biblioteconomia, Recursos Humanos, Sistemas, TI, Normas Contábeis e Auditoria, Planejamento e Execução Financeira) e Agente Executivo, para o Rio de Janeiro e São Paulo.

Os cargos de Inspetor e Analista exigem Nível Superior (em qualquer área de formação para quase todos os cargos) e o cargo de Agente Executivo, Nível Médio.

Abaixo segue a tabela de remuneração até 2019:

CARGO	CLASSE	PADRÃO	EFEITOS FINANCEIROS A PARTIR DE				
			1º de janeiro de 2015	1º de agosto de 2016	1º de janeiro de 2017	1º de janeiro de 2018	1º de janeiro de 2019
Analista da CVM Inspetor da CVM	ESPECIAL	IV	21.391,10	22.567,61	24.142,66	25.745,61	27.369,67
		III	20.796,81	21.940,63	23.471,92	25.030,34	26.609,28
		II	20.429,09	21.552,69	23.056,90	24.587,76	26.138,79
		I	20.067,86	21.171,59	22.649,21	24.153,00	25.676,60
	C	III	19.296,02	20.357,30	21.778,09	23.224,04	24.689,04
		II	18.917,67	19.958,14	21.351,07	22.768,67	24.204,95
		I	18.546,73	19.566,80	20.932,41	22.322,22	23.730,33
	B	III	18.183,07	19.183,14	20.521,98	21.884,53	23.265,03
		II	17.483,72	18.445,32	19.732,67	21.042,82	22.370,22
		I	17.140,90	18.083,65	19.345,75	20.630,21	21.931,59
	A	III	16.804,81	17.729,07	18.966,43	20.225,70	21.501,56
		II	16.475,30	17.381,44	18.594,53	19.829,12	21.079,96
		I	15.003,70	15.828,90	16.933,64	18.057,95	19.197,06

CARGO	CLASSE	PADRÃO	EFEITOS FINANCEIROS A PARTIR DE		
			1º de janeiro de 2017	1º de janeiro de 2018	1º de janeiro de 2019
Cargos de Agente Executivo da CVM	ESPECIAL	IV	9.357,34	9.978,83	10.608,27
		III	9.128,05	9.734,35	10.348,49
		II	8.906,12	9.497,47	10.096,53
		I	8.687,49	9.264,09	9.848,30
	C	III	8.234,99	8.781,36	9.335,10
		II	8.033,26	8.566,56	9.107,11
		I	7.836,50	8.356,91	8.884,47
	B	III	7.428,84	7.921,81	8.421,71
		II	7.249,02	7.730,69	8.218,21
		I	7.072,86	7.542,42	8.017,73
	A	III	6.702,44	7.147,16	7.598,44
		II	6.519,79	6.953,17	7.392,00
		I	6.342,15	6.763,38	7.189,98

Atualmente, as promoções são anuais. Após completar 12 meses na classe e padrão, o servidor passa à seguinte automaticamente. E, cá entre nós, a remuneração é muito atrativa!

Adicionalmente ao salário, a Autarquia incentiva a continuidade da formação do servidor. Neste sentido, é possível, por exemplo, se licenciar durante um curso de especialização/mestrado/doutorado recebendo o salário integral. Cabe salientar que esta possibilidade é estendida a todos os servidores e possui um processo transparente de escolha, incluindo a análise do tramite por área especialmente constituída para isso.

Adicionalmente, há incentivos para a realização de (i) cursos de idiomas (CVM paga até 60% do curso), (ii) certificações no mercado financeiro (a mais comum é o CFA), (iii) cursos e seminários na área de trabalho do servidor, (iv) além da possibilidade de afastamento para cursos de especialização/mestrado/doutorado recebendo o salário integral .

Continuando, em linhas gerais, o Inspetor é o servidor responsável pela fiscalização externa dos regulados. Por exemplo, se em alguma análise interna não foi possível concluir sobre a questão por falta de informações, os Inspetores são deslocados para fiscalizar externamente, geralmente no local do regulado. Esta atividade se assemelha a uma auditoria e pode envolver depoimentos, análises de documentos, escutas telefônicas etc.

O Analista CVM é o responsável pelo trabalho interno, nas mais diversas áreas acima apresentadas. Vou citar meu exemplo para elucidar.

Trabalhar nas áreas-fins da CVM, em geral, envolve uma certa identificação com o mercado de capitais. O perfil dos ingressantes indica neste sentido. Isto não significa que apenas os formados em economia, administração e direito trabalham na CVM. Muito pelo contrário!

Tenho colegas engenheiros, dentistas (!), músicos (!) e formados em outras áreas do conhecimento.

O que há de comum entre eles? O interesse pelo mercado de capitais, pelas atividades da autarquia e pela excelência no trabalho.

A CVM é um órgão eminentemente técnico. Não há qualquer vinculação política dos servidores, nem influência de políticos. (CVM chamando a atenção do Governo Temer em relação à indicação do Presidente da Petrobrás). Adicionalmente, o ambiente de trabalho lembra muito a inciativa privada, pois o trabalho da Autarquia está muito ligado ao setor privado.

Mas, acumulamos alguns privilégios.

Em geral, a maioria trabalha 8h por dia. Ou seja, trabalhamos com assuntos similares aos tratados por bancos de investimentos, fundos de investimentos, corretoras e bolsa de valores, mas exercemos nossas atividades com mais tranquilidade e sem a pressão verificada no dia a dia destas entidades (aqueles que trabalham no sistema financeiro irão entender bem o que eu disse).

Alguns servidores lotados na área de atendimento aos investidores (SOI) trabalha 6h corridas por dia (em regime de 12 horas ininterruptas, sendo dois plantões de 6 horas ininterruptas cada, controladas por registro de frequência). Adicionalmente, é importante afirmar que o regime "home office" está em fase de regulamentação interna.

Mas, isso não significa que não trabalhamos. Muito pelo contrário. Conheço diversas áreas do serviço público e, posso afirmar com segurança, que algumas áreas da CVM estão entre as mais ativas e produtivas do serviço público federal. É por isso que estamos na principal carreira do executivo federal junto com o Banco Central, Ministério do Planejamento, entre outros.

Próximo Concurso e Vagas em Aberto

Bom, já deve estar claro que para ingressar na CVM é preciso ser aprovado em concurso público. A CVM já pediu a realização de um novo concurso em 2018 ao MPOG, solicitando 69 vagas de agente executivo, 6 para inspetor e 14 para analista. Em função da situação política e econômica brasileira em 2017, o pedido não foi analisado.

De toda forma, a Autarquia já demonstrou a necessidade de ingresso de novos servidores e pode, em breve, ter seus pedidos atendidos pelo MPOG.

A título de curiosidade, em 2010 o MPOG aprovou a realização do concurso pela CVM e na mesma semana o edital do concurso foi publicado.

E, qual a situação de vagas atualmente? Bom, as informações referentes à março de 2016 são as seguintes:

Quantitativo de Servidores por Localidade

Cargo	Vagas Ocupadas				Vagas Autorizadas	Vagas Livres
	RJ	SP	DF	Total		
Nível Superior - NS						
Analista	216	25	2	243	263	20
Inspetor	76	34	2	112	123	11
Procurador Federal	23	3	-	26	46	20
Total NS	315	62	4	381	432	51
Nível Intermediário - NI						
Agente Executivo	99	18	-	117	196	79
Aux. de Serv. Gerais	27	1	-	(*) 28	28	-
Total NI	126	19	-	145	224	79
DAS						
Sem Cargo Efetivo	26	2	2	30	30	-
Total Geral	467	83	6	556	686	130

(*) Conversão uma vaga como encedente

Fonte: SRH / SIAPE

Pedidos de Aposentadorias

Cargo	2016 (Até Mar)	Habilitados			Total
		2016	2017	2018	
Analista	1	12	5	0	18
Inspetor	1	5	2	1	9
Agente Executivo	1	6	3	2	12
Aux. de Serv. Gerais	0	13	3	2	18
Total	3	36	13	5	57

A tendência é que um próximo concurso atenda aos cargos em aberto e, eventualmente, a previsão de aposentadorias. Por exemplo, em relação ao cargo de Analista, ao menos 20 vagas devem ser oferecidas para provimento imediato em um próximo edital. Como ocorreu nos certames anteriores, todos os excedentes podem ser convocados.

E, como de costume, o próximo concurso irá incluir as matérias de Contabilidade Societária, Auditoria, Estrutura e Funcionamento do Mercado de Capitais (são 2 matérias diferentes!), Economia, Português, Inglês, Matemática Financeira, além da possibilidade de incluir matérias mais tradicionais em concursos, como Direito Constitucional e Administrativo.

Estudar para um concurso desse não é algo trivial, feito de um dia para o outro. Portanto, a sugestão sempre válida é iniciar os seus estudos com a maior antecedência possível. Em tempos de recessão econômica, vencimentos como das carreiras da CVM devem atrair uma imensidão de candidatos.

34. Consultor em Sistemas de Informações Gerenciais

A figura do **contador** vem se desenvolvendo e destacando cada vez mais junto às empresas, e uma das áreas de maior relevância é a **contabilidade gerencial**, que tem se apresentado como um **diferencial para que uma empresa ganhe mais espaço no mercado.**

O que é contabilidade gerencial

A contabilidade gerencial pode ser definida como **um conjunto de técnicas e procedimentos contábeis**, como a contabilidade financeira, a de custos e a análise das **demonstrações contábeis**, que, quando combinados, **fornecem informações valiosas para o processo de tomada de decisão nas empresas.**

Dentro do contexto empresarial, a contabilidade gerencial **volta-se para o usuário interno**, alimentando diferentes planilhas, relatórios e outras ferramentas que fornecem dados para comparações, elaboração de orçamento, delimitação do ponto de equilíbrio, mix de produtos, correta definição do preço dos produtos ou serviços e até mesmo na definição de metas e objetivos da empresa.

Com a utilização da contabilidade gerencial, é possível também comparar a sua empresa com concorrentes e utilizar dados do mercado para entender melhor o contexto em que você está trabalhando, **utilizando previsões e tendências para projetar o futuro de suas atividades e de seu negócio como um todo.**

A contabilidade gerencial também pode ser empregada para adequar as ferramentas de gestão ao momento em que a empresa se encontra, já que existem diferentes estratégias que podem ser usadas para o lançamento, expansão ou busca de novos consumidores ou mercados.

Contabilidade gerencial na gestão empresarial

Na **gestão de empresas**, a contabilidade gerencial desponta como uma forma de **driblar a crise**, pois apresenta as melhores alternativas em relação aos custos de sua produção, assim como outras possibilidades de **otimizar operações, atividades e até departamentos inteiros** — o que poderá ser decisivo para manter a competitividade.

Outra possibilidade da contabilidade gerencial é a utilização de ferramentas não financeiras, como é o caso do Valor Econômico Agregado (EVA), usado na avaliação de negócios, ou ainda o Valor Agregado de Mercado (MVA), frequentemente empregado na criação de valor para os acionistas ou sócios de uma determinada empresa. O profissional contábil poderá, até mesmo, auxiliar na implementação de ferramentas como o **Balanced Scorecard (BSC)**, que poderá fazer com que você entenda melhor sua empresa, seus pontos fortes e fracos e o ambiente em que ela está inserida.

O contador vai providenciar informações sobre todos os aspectos de geração de resultado, além de possíveis alternativas para aumentá-lo, ou, ainda, novas possibilidades para que a empresa permaneça em destaque no mercado.

O papel do contador na contabilidade gerencial

O contador, como já foi citado, vem se destacando como principal aliado na **gestão estratégica das empresas**, já que a contabilidade gerencial **tem origem nas demonstrações contábeis** que são elaboradas por esse profissional. É essencial que sejam conhecidos custos, receitas, ativos e passivos, e só o contador poderá detalhar como ocorre a movimentação do patrimônio e como essas variações poderão afetar o futuro do negócio como um todo.

Além disso, o profissional contábil pode sugerir estratégias de tributação, sejam elas voltadas para a empresa ou para diferentes produtos, já que o entendimento de **impostos** e regulamentos também poderá ser utilizado como um diferencial competitivo, uma vez que seu impacto é bastante alto nas empresas brasileiras.

Já que esse profissional conhece profundamente os números de sua empresa, ele também poderá **sugerir mudanças estruturais ou de processo**, que poderão impactar de forma positiva na **diminuição de custos ou no aumento de receita com vendas ou prestação de serviços**. Assim, gargalos produtivos, diferentes arranjos ou formas de contabilização dos custos poderão mudar totalmente a realidade de uma empresa.

Conhecimentos e habilidades necessários para se destacar

Para se **destacar na área gerencial**, além de profundos conhecimentos de **contabilidade financeira e de custos**, o contador deverá entender bastante da **área tributária** e de como diferentes arranjos poderão influenciar na tributação de uma empresa como um todo.

Também é preciso que esse profissional tenha conhecimento de outras áreas que são utilizadas para o embasamento do processo decisório como economia, inovação e até mesmo política, e o possível impacto que podem ter no negócio que está sendo analisado.

Já que o inglês é a linguagem universal dos negócios, é desejável também que o profissional domine esse idioma, o que poderá ser essencial até mesmo para **negociação com outras empresas** e desenvolvimento de networking empresarial.

A comunicação oral e escrita também deverá ser privilegiada, já que, em muitos casos, é preciso elaborar relatórios e fazer apresentações em grupo, demonstrando diferentes conceitos para diferentes profissionais.

Claro que o bom trabalho em grupo também precisa ser uma forte característica do contador, já que ele deverá trabalhar de forma integrada com outros profissionais, passando por aqueles que desempenham atividades junto à fábrica, com processos administrativos e financeiros, e até mesmo junto à **alta gestão** de uma empresa, que é onde as decisões são tomadas. Habilidades de **liderança** também deverão ser desenvolvidas, pois o contador poderá assumir papeis de **coordenação de diferentes departamentos e equipes de uma empresa.**

O conhecimento de sistemas de informação e das últimas novidades em tecnologia, assim como a busca constante pelas diferentes formas do saber, tornam-se imprescindíveis não só para que o profissional se desenvolva, mas também para que traga sempre as melhores soluções do mercado para a sua empresa.

Neste post você viu como a contabilidade gerencial tem se destacado no mundo dos negócios e, ao mesmo tempo, como a figura do contador tem se mostrado importante para o processo decisório. Assim, o profissional que antes só trabalhava na elaboração de dados contábeis e financeiros, hoje atua como junto à gestão ou até mesmo **como controller das empresas,** o que exige diferentes conhecimentos e habilidades que vão desde a contabilidade tributária, de custos, inglês e capacidade de comunicação e liderança.

Atualmente as empresas precisam estar centradas em suas informações, exigindo de seus gestores estratégias eficientes, que podem ser facilitadas utilizando-se de recursos inteligentes oferecidos pela tecnologia de informação e sistemas de informação gerencial. Para auxiliar o gestor existe o SIG. Oliveira (2008) define os sistemas de informações gerenciais como processos utilizados para transformar dados em informação.

SISTEMAS DE INFORMAÇÕES

A busca por solução dos problemas enfrentados atualmente pelo cenário de grande competitividade entre as empresas nos mais diversos segmentos conduz os gestores a unir as partes que compõem a organização para formar um sistema que dará condições para administrar o todo.

Os sistemas de informações têm por finalidade gerar informações para a tomada de decisões, os dados são coletados, processados e transformados em informação.

Sistemas de informações é uma série de elementos ou componentes inter-relacionados que coletam, manipulam e armazenam, disseminam os dados e informações e fornecem um mecanismo de feedback.

Em relação à necessidade de informações mais depuradas e que segundo Oliveira (2008, p. 73) "... a eficácia empresarial está sendo seriamente prejudicada por sistemas que, simplesmente, produzem enormes quantidades de dados e informações que não são trabalhados e utilizados". Tais ferramentas segundo Oliveira (2008) permitem aos gestores obter de forma dinâmica e prática as informações necessárias para embasar as decisões que norteiam as empresas, seja em questões administrativas internas, em estratégias de vendas ou outras áreas que necessitem de uma gestão mais apurada de indicadores. Os sistemas podem ser classificados de diversas formas, em geral classificam-se de duas maneiras principais: Sistemas Abertos e Sistemas Fechados.

35. Consultor em Avaliação de empresas

Embora o contador não seja o único responsável pela avaliação do valor da empresa, ele ocupa um papel de destaque. A avaliação de empresas é um tema extremamente relevante para o empreendedorismo, mas sem a contabilidade a avaliação de uma empresa não passa de advinhologia. Não à toa Lopes de Sá dizia: "A contabilidade é a Ciência da Riqueza".

Por alguma razão que a ciência deve explicar, algumas cenas ficam marcadas na nossa memória, mesmo que as tenhamos presenciado de forma circunstancial ainda criança. Lembro-me de, ainda garoto, ter presenciado a primeira negociação de compra e venda de uma empresa, ou a "escritura" de uma "firma", como à época meu pai e os outros senhores na sala falavam enquanto eu brincava na máquina de escrever. É curioso como aquela cena me marcou de uma forma tão viva.

Tratava-se da venda de uma Padaria, e lembro-me que alguém perguntou: "qual é a féria da casa?"; e depois da resposta perguntou ainda se o valor era com ou sem cigarros. Discutiram ainda sobre por quanto deveriam multiplicar esse valor, se deveria somar ou não o estoque, algo sobre o aluguel, prazos e certamente mais algumas coisas das quais não me lembro.

Encerrada a reunião fomos todos para uma churrascaria comemorar o negócio, como descobri mais tarde. Em algum momento do almoço-quase-jantar lembro de estar, de alguma forma, participando da conversa e ter provocado risadas por ter feito uma confusão entre "féria" e férias, mas logo me explicaram que féria era a venda da empresa. Lembro-me ainda de ter perguntando porque não contava com o cigarro, e a resposta sempre bateu na minha cabeça: "cigarro não dá lucro", perguntei então porque eles vendiam e o dono da Padaria respondeu que era porque "chamava gente" – lembro-me de ter construído na imaginação, em algum momento, um cigarro chamando pessoas para comprar pão... Algo próximo a um desenho animado, mas sigamos.

Não sei se foi ainda na churrascaria ou em outro momento, meu pai me explicou sobre aquela transação, explicou que o corretor avaliava a empresa multiplicando a féria por uma quantidade de meses à frente, em geral de 3 a 8 meses, e que em alguns casos somava o estoque no final. Também me explicou que havia o pagamento de uma parte do valor no início e que depois ele e o outro contador se reuniam para falar sobre os detalhes da empresa, e que só quando o outro contador desse o aval, o restante do valor era pago. Falou também alguma coisa sobre dólar, pois na época vivamos momentos de hiperinflação e a transação tinha que ser feita em dólar para que o vendedor não perdesse dinheiro.

Encerrado o momento nostalgia, o tempo passou e, já na faculdade, ouvi falar em "*valuation*", avaliação da empresa, o que avivou na minha memória a história acima. Percebi que aquele tal procedimento de Multiplicar a Féria (ou a Receita Bruta) por X, incluindo ou não cigarro, incluindo ou não o estoque, entre outros detalhes dos quais já não me lembro, era a técnica de *valuation* utilizada por aquele corretor e, à época, aceita pelos negociantes.

A gente pode enfeitar um pouco a definição, falar mais bonito e tudo mais, mas no final das contas, *valuation* é essencialmente definir um valor justo para a empresa, e para aqueles negociantes, apesar de nem termos importado o termo à época, o valor justo foi definido daquela forma.

Atualmente temos outras técnicas mais apuradas para encontrar esse valor, selecionamos três delas, das quais falamos brevemente a seguir:

Valor patrimonial contábil

Como o próprio nome adianta, trata-se de uma avaliação conforme o valor contábil da empresa, conforme o seu patrimônio. O valor é encontrado a partir da soma de todos os bens e direitos da empresa, diminuído de todas as suas obrigações vencidas e vincendas, ou seja, é a diferença entre o Ativo e o Passivo Exigível registrados no Balanço Patrimonial da Empresa. É muito semelhante a uma apuração de haveres e é utilizada, geralmente, quando da necessidade de transação entre os sócios e ou como ponto de partida para uma negociação mais profunda.

Entre algumas críticas a este modelo podemos citar que ele não leva em contra uma série de fatores que certamente irão impactar no valor da empresa, tais como eventuais contratos assinados, bens oferecidos em garantia, entre outros inúmeros casos que podem afetar o patrimônio das empresas, mas por não terem afetado ainda, não são classificados como fatos contábeis e, por isso, não são representados no Balanço Patrimonial.

Além disso, devemos lembrar que os registros contábeis são feitos, em regra, com base em valores históricos, o que pode defasar (e muito) os valores encontrados a partir desse método de avaliação. Apesar dos CPCs e NBCs estabelecerem técnicas para corrigir isso, o método não avalia a aplicação ou não destas técnicas, o que pode fazer com que a avaliação fique incorreta simplesmente porque os valores contábeis não refletem, com fidedignidade, o valor efetivo dos bens, direitos e obrigações.

Avaliação por Múltiplos Comparáveis

A Avaliação por Múltiplos Compráveis, ou Avaliação Relativa, ou ainda, simplesmente Avaliação por Múltiplos, consiste basicamente na comparação com outros negócios semelhantes existentes no mercado. Para tanto, deve-se buscar empresas que atuem no mesmo segmento do mercado, com portfólios semelhantes e atendam o mesmo público alvo, além de, claro, possuir informações fidedignas para serem comparadas.

Normalmente a comparação é feita a partir da razão do seu valor de mercado pelo seu Faturamento, Lucro Líquido ou EBITDA, encontrado então um índice (número múltiplo) adequado para aplicar sobre o EBITDA, Lucro Líquido ou Faturamento da empresa avaliada [Opa! As lições dos meus tempos de garoto não estavam tão erradas assim!]. A partir da análise de uma amostra podemos encontrar, inclusive, o múltiplo médio adequado para o setor como um todo.

A principal dificuldade deste método é encontrar empresas perfeitamente comparáveis com informação fidedigna para a sustentação matemática, além disso, claro, não leva em conta as particularidades de cada empresa.

Fluxo de Caixa Descontado

A metodologia mais aceita para avaliar pequenos e médios negócios, contudo, é o Fluxo de Caixa Descontado, pois considera os detalhes de cada empresa avaliada como nenhum outro método aqui citado o faz.

Por isso mesmo é um método mais elaborado, nele se avalia a capacidade da empresa gerar recursos para, no mínimo, os cinco anos futuros (fluxo de caixa projetado), descontado de uma taxa que reflita o risco inerente à atividade econômica.

O principal problema do método é que ele se alicerça em premissas, isto é, informações aceitas como verdadeiras, e todo o cálculo parte disso, embora não seja possível garantir com absoluta certeza a validade dessas premissas. Por isso, definir premissas confiáveis e razoáveis é de fundamental importância para o método, o que só é conseguido por meio da análise minuciosa das Demonstrações Contábeis, que por isso mesmo precisam ser muito bem elaboradas.

Determinadas as premissas, a avaliação precisa se concentrar no planejamento estratégico e nas projeções futuras da empresa, calculando seu fluxo de caixa atual e o projetando com um taxa de desconto razoável para os seus riscos inerentes, levando em conta o crescimento médio e esperado da empresa, as possibilidade de expansão ou retração do mercado, a concorrência, as possibilidade de regulamentação e outras interferências externas, etc.

À Guisa de Conclusão

Longe de esgotar o tema, espera-se que estas breves linhas sejam um bom ponto de partida para os estudos do empreendedor que deseja estimar o valor do seu negócio e para o contador que pretenda aprofundar seus conhecimentos na área.

Vale destacar ainda, e mais uma vez, e sempre, a importância da Contabilidade para o empreendedor e para o empreendedorismo, notem que todos os meios de avaliação, aqui e quaisquer outros, dependerão, fundamentalmente, da qualidade da informação contábil gerada. Sem ela, não há ciência, mas opinião, e nada será capaz de garantir a empreendedores e investidores qual o valor justo de um negócio. Não à toa, o saudoso professor Lopes de Sá dizia: "A Contabilidade é a Ciência da Riqueza".

36. Consultor em Planejamento Financeiro

O consultor financeiro é o principal responsável pelo planejamento das suas finanças, ele poderá realizar uma análise das suas fontes de renda, fluxo de despesas, montar e recomendar planos de ação para que você consiga reduzir as despesas e economizar no final do mês. Além disso, ele poderá te orientar e apoiar a fazer o seu dinheiro render.

Quais são os benefícios de contratar uma consultoria financeira?

Qualquer um pode cuidar das próprias finanças, desde que tenha tempo e dedicação para fazer e aprender com os erros. Ao contratar uma consultoria você reduz drasticamente o tempo para entender a dinâmica das suas despesas e começa a ter retorno com o seu dinheiro.

Todos precisam de consultoria financeira pessoal?

Todos precisam aprender a gerenciar as finanças, mas a forma como vão fazer isso vai depender para responder a esta pergunta. Se desejar ter as finanças mapeadas em um curto espaço de tempo, dicas profissionais, perfil dos seus gastos identificado, recomendações de aplicações financeiras e possíveis mudanças no mercado sugerimos que você contrate uma consultoria.

Agora se você quer aprender sobre o mercado financeiro, produtos bancários e a equilibrar todas as suas finanças você mesmo pode gerenciar as suas despesas. Mantendo a disciplina de organizar e lançar as suas movimentações bancárias no seu gerenciador financeiro aprenderá a como analisar e melhorar as finanças.

Como funciona uma consultoria financeira?

A consultoria financeira atua não só nas emergências, mas na educação do cliente para aprender a lidar com situações positivas também. O consultor será o responsável por aconselhar o cliente em assuntos, como investir e economizar, de acordo com o perfil e a situação de cada cliente.

Este profissional deverá realizar uma entrevista para entender em profundidade as suas finanças e mapear o fluxo das despesas, oportunidades para economizar, cortar despesas supérfluas e indicar soluções para os clientes começarem a aplicar os rendimentos na poupança, ações ou títulos, por exemplo.

Quanto custa uma consultoria financeira pessoal e o que pode impactar no preço dela?

O pagamento deste tipo de serviços pode ser realizado de 2 formas e cada uma irá impactar diretamente no valor final. Veja as especificidades de cada uma e opte por aquela que atender melhor as suas necessidades:

- **Honorários:** esta forma de pagamento baseia-se em um valor acordado pela quantidade de horas que o profissional demandará par analisar e planejar as suas finanças mais as horas de consultoria presencial, por e-mail ou telefone.

- **Valor fixo:** neste formato você e a sua consultoria estabelecem os serviços que serão necessários para atender a sua demanda e estipulam um valor único ou mensal.

No Brasil, não recebemos educação financeira nas escolas. Por isso, nos tornamos excelentes profissionais, nos especializamos em diversas áreas, mas não possuímos uma base de **educação financeira** para cuidar das nossas questões financeiras e patrimoniais.

É nesse momento que o **consultor financeiro pessoal** entra em ação. Ele atua em todas as áreas que tangem nossa vida financeira, visando adequar as finanças dos seus clientes, de acordo com seus objetivos e momento de vida de cada um.

Mas você sabe o que faz um consultor financeiro pessoal na prática? Para você entender, nós entrevistamos o mais novo CFP® da Par Mais, Márcio Wolter Filho.

Veja neste artigo quais são as principais responsabilidades desse profissional tão importante e como ele pode mudar a sua vida.

O que faz um consultor financeiro pessoal?

O **consultor financeiro pessoal** é um profissional com visão estratégica. Ele é responsável por avaliar e organizar a vida financeira dos seus clientes, sem conflitos de interesses, atuando com honestidade e respeito ao perfil de cada cliente.

O consultor pode trabalhar tanto como autônomo, em empresas do ramo financeiro ou seguradoras e por isso, muitas vezes está **isento de relações com instituições bancárias.** Além disso, ele não possui envolvimento emocional com o patrimônio do cliente e, dessa forma, consegue trabalhar com mais liberdade e visão ampla para direcionar o seu cliente pelo melhor caminho.

Também é responsabilidade do consultor financeiro pessoal dar subsídio e alertar o cliente, para protegê-lo de investimentos inadequados, que a todo momento são oferecidos. Quanto a segurança das informações, um bom planejador financeiro pessoal sempre preza pela ética e confidencialidade.

Mas, o que faz um consultor financeiro pessoal na prática? Seu trabalho consiste na análise e elaboração de estratégias para as 6 áreas que afetam a vida financeira das pessoas. As áreas abordadas por um consultor financeiro pessoal são:

1. Planejamento financeiro

Aqui, o principal é levantar minuciosamente a vida financeira do cliente. Com essas informações, é possível entender o fluxo de rendas e despesas, o comportamento do indivíduo ou da família e, assim, planejar as estratégias a serem adotadas para possíveis ajustes.

2. Gestão de ativos e investimentos

O consultor pessoal também é responsável por analisar, comparar e indicar quais as melhores estratégias de investimentos de acordo com os objetivos e momento de vida de cada cliente. A avaliação de imóveis e demais bens também são feitas, sempre respeitando o perfil de investidor do cliente.

3. Planejamento de aposentadoria – independência financeira

Outro papel do consultor financeiro é dimensionar o capital necessário para gerar renda no futuro, ou seja, na aposentadoria do cliente. Deve-se considerar um orçamento estimado, analisar o INSS, aposentadoria pública e a previdência privada, se for o caso, e definir um plano para que o cliente saiba exatamente o que fazer para que tenha o padrão de vida desejado quando decidir parar de trabalhar.

4. Gestão de riscos

Aqui, o profissional analisa os riscos aos quais o cliente está exposto, com o objetivo de indicar a solução mais adequada para que ele e sua família fiquem assistidos em qualquer eventualidade. Um exemplo comum: uma família em que apenas o marido ou esposa possuem renda, com filhos e pouco patrimônio acumulado. A família estaria totalmente desprotegida em sua falta, no caso de não possuir um seguro de vida.

5. Planejamento tributário

No planejamento tributário o intuito é compreender e avaliar o impacto dos impostos no seu trabalho e também na sua vida financeira. Através de estratégias amparadas pela lei, é possível ainda, diminuir o peso dos tributos sobre as receitas. A partir da análise da declaração de imposto de renda do cliente, verifica-se se há concordância nos dados ou se o cliente está exposto à riscos.

6. Planejamento sucessório

Nesta área, o consultor financeiro pessoal volta sua atenção para agilizar o processo de sucessão de bens do cliente, ou seja, com quem ficará a herança ou patrimônio que o cliente construiu. Que cuidados deve ter para a segurança financeira dos seus filhos e entes queridos. É necessário que o cliente saiba quais os impactos jurídicos das alternativas do planejamento sucessório. O consultor avalia e calcula o custo tributário, a disposição do patrimônio e os cenários previstos. Nesse processo, são também, desenvolvidas estratégias para agilizar e diminuir os custos com a transferência dos bens, muitas vezes em vida.

Mas, como acontece o planejamento financeiro pessoal?

Ele se dá em 6 passos:

1. Estabelecer o relacionamento com o cliente

É neste momento que avalia-se e a possibilidade do profissional atender suas necessidades. Em um primeiro momento, o processo é apresentado ao cliente e, no caso da contratação, define-se o objetivo do trabalho, que muitas vezes é focado em apenas algumas das áreas citadas acima.

2. Obter dados

Em seguida, identifica-se os objetivos pessoais e financeiros, assim como as necessidades e prioridades do cliente. Aqui são coletados dados tanto quantitativos quanto qualitativos, como dados pessoais, extratos bancários, levantamento do padrão de vida, produtos financeiros e bens no geral, sempre com a finalidade de ter subsídio suficiente para dar um diagnóstico exato de sua situação.

3. Análise de dados e objetivos

De posse das informações, o planejador financeiro pessoal faz a análise de todos esses dados, para avaliar se seus objetivos estão de acordo com sua estrutura atual ou se é preciso adequações. É aqui que o diagnóstico da vida financeira do cliente é feito. Dá pra comparar com uma consulta ao médico, porque o planejador financeiro pessoal faz um diagnóstico e "prescreve" algumas ações a serem feitas para dar um norte financeiro ao cliente. Ele identifica suas dores e necessidades financeiras para auxiliar a escolher o melhor caminho.

4. Identificar estratégias

Depois do terceiro passo, é hora de traçar as estratégias a serem executadas. São elas que vão servir de escada para alcançar os objetivos. Após desenvolver as recomendações as mesmas são apresentadas ao cliente.

5. Implementar

Depois de definidas as estratégias, apresentadas e alinhadas com os objetivos do cliente, é hora de colocá-las em prática. Nessa fase, o plano é executado. Aqui também o cliente decide se ele mesmo executa as recomendações ou se conta com o serviço deste profissional para a implantação.

6. Monitorar e reavaliar

Após serem implementadas, as estratégias precisam ser constantemente monitoradas e reavaliadas, pois é normal a mudança de cenários e objetivos. Eventualidades também podem acontecer, como o nascimento de mais um filho, a mudança de emprego, etc.

Benefícios de ter um consultor financeiro pessoal

Os benefícios de ter um consultor financeiro pessoal são diversos. O principal é a tranquilidade que ele traz ao cliente, pois o consultor define um **plano para a vida**, no qual o cliente possui todas as instruções para conquistar o que deseja para seu futuro financeiro.

Em consequência, a medida que o processo se desenvolve, naturalmente, o cliente vai entendendo os resultados das estratégias, e como o mercado financeiro funciona. Dessa forma, ele ganha subsídios importantes para agir com autonomia em momentos importantes, como por exemplo, a contratação de um investimento, e sua relação com o dinheiro muda, ou seja, o cliente se **empodera financeiramente**.

Além disso, muitas vezes é melhor "terceirizar as finanças". Quando sabemos que nossas finanças estão sob responsabilidade de alguém que tem o dever de zelar pelo melhor, conseguimos focar no que realmente somos bons, ou seja, na nossa profissão, e assim, as finanças tendem a prosperar.

37. Consultor de Investimentos

Toda informação contábil é de suma importância e existem vários usuários desta, e no mercado de capitais não seria diferente, essas informações hoje são apresentadas à: investidores, fornecedores e outros credores, clientes, financiadores, instituições governamentais de todos os níveis, associações e sindicatos, empregados, controladores, acionistas, administradores da própria entidade e outros públicos em geral. O contador e visualizado como peça chave em tomada de decisões, com isso levar a sociedade ao conhecimento e estratégias que se possa aplicar ao investimento realizado, investimentos esse que não são realizados de forma correta, justamente pela falta de informação. Sendo assim o contador vem como ferramenta chave para tomadas de decisão demonstrando pontos positivos e negativos, melhores formas de rentabilidade como também seus percentuais de impostos dentro do mercado de capitais, afim de trazer benefícios aos seus usuários que assim como em qualquer empresa visam buscar menos despesas e maior lucro.

Uma sociedade que se modificar e se aprimora no seu mercado de possibilidades, é de extrema importância que o contador também se atualize a conseguir atender as necessidades das amplas oportunidades que venha a aparecer.

Todas as informações contábeis é de total importância e existem vários usuários desta, e no mercado de capitais não seria diferente, essas informações hoje são apresentadas à investidores, fornecedores e outros credores, clientes, financiadores, instituições governamentais de todos os níveis, associações e sindicatos, empregados, controladores, acionistas, administradores da própria entidade e outros públicos em geral.

A falta de profissionais, a atualização constante de informações, e, o grande número de empresas que não possuem uma visão mais especifica de seus investimentos e ações, foi o enfoque decisivo a escolha do assunto.

O contador pode servir como peça chave em tomada de decisões, com isso levar a sociedade ao conhecimento e estratégias que se possa aplicar ao investimento realizado, investimentos esse que não são realizados de forma correta, justamente pela falta de informação.

Neste contexto o presente artigo tem como problema de pesquisa:

Qual o papel do contador como consultor financeiro no mercado de capitais?

Afim de demonstrar como o contador pode auxiliar através de analises os riscos financeiros que instituições correm ao fazer investimentos.

Como o bacharel em contábeis pode evidenciar a real situação das instituições em termos financeiros? Como as ferramentas contábeis podem auxiliar o contador no momento de aconselhar seus clientes, e em quais companhias investir?

O objetivo geral da pesquisa e averiguar como o contador e indispensável em qualquer área, principalmente como se destaca na área financeira utilizando do seus conhecimentos para interpretar as melhores formas de investimentos e seus riscos no mercado de capitais, a fim de proporcionar ao interessados o resultados esperados.

Para a realização desde trabalho foram utilizados metodologias bibliográficas, que proporcionaram maior familiaridade com os problemas levantados, com o objetivo de torná-los explícitos.

Lakatos e Marconi (2003, p.158), a pesquisa bibliográfica é um apanhado geral sobre os principais trabalhos já realizados, revestidos de importância, por serem capazes de fornecer dados atuais e relevantes relacionados com o tema. O estudo da literatura pertinente pode ajudar a planificação do trabalho, evitar publicações e certos erros, e representa uma fonte indispensável de informações, podendo até orientar as indagações.

2. REFERENCIAL TEÓRICO DA PESQUISA

2.1 Mercado financeiro

O mercado financeiro apresenta-se como um dos setores de maior regulação de suas atividades pelas autoridades públicas. Nessa orientação, destacam-se no mercado financeiro brasileiro as iniciativas de regulação, como a criação do Mercado Novo no âmbito da BM&FBovespa, as práticas de Governança Corpo- rativa adotadas com o intuito principal de proteger os acionistas minoritários, o código de Proteção ao para um melhor desempenho, o Mercado Financeiro está subdividido em quatro mercados, a saber: Mercado Monetário, Mercado de Crédito, Mercado de Câmbio e Mercado de Capitais. As principais característica e funções de cada mercado: Consumidor vigente na economia, a Lei de Falências, entre outras iniciativas importantes. (NETO 2014, P57).

- **Mercado monetário:** encontra-se estruturado visando ao controle da liquidez monetária da economia , e das taxas de juros fixadas pelas autoridades monetárias (NETO 2014, P63).

- **Mercado de crédito:** visa fundamentalmente suprir as necessidades de caixa de curto e médio prazo dos vários agentes econômicos, seja por meio da concessão de créditos as pessoas físicas, seja por empréstimos e financiamentos as empresas (NETO 2014, P72).

- **Mercado de câmbio**: o engloba a maioria das operações de compra e venda de divisas realiza- das pelas instituições bancarias autorizadas a operar em cambio (NETO 2014, P31).

- **Mercado de capitais**: Caracteriza-se, como o segmento do mercado financeiro onde são criadas as alternativas para que as empresas captem recursos diretamente dos investidores, através da emissão de instrumentos financeiros, com o objetivo principal de financiar suas atividades ou viabilizar projetos de investimentos (COMISSÃO DE VALORES MOBILIARIOS,2014 p36).

2.2 Mercado de capitais.

Como já abordado inicialmente, o mercado de capitais faz parte do mercado financeiro e, assume papel dos mais relevantes no processo de desenvolvimento econômico. É o grande municiador de recursos permanentes para a economia, em virtude da ligação que efetua entre os que têm capacidade de poupança, ou seja, os investi- dores, e aqueles carentes de recursos de longo prazo, ou seja, que apresentam déficit de investimento (NETO 2014, P82).

O mercado de capitais, conhecido também como mercado de ações, onde são realizadas compra e vendas de ações, valores mobiliários e títulos, se divide em dois segmentos: o mercado primário e o mercado secundário, ocupando assim uma função fundamental no desenvolvimento econômico do país, atuando como peça chave em investimentos de organizações.

A operação de mercado primário se da o lançamento de novas ações. Quem vende as ações é a companhia, captado recursos para se financiar. Ocorre a canalização direta dos recursos monetários superavitários, disponíveis aos poupadores, para o financiamento das empresas, por meio da colocação (venda) inicial dos títulos emitidos. No mercado primário as empresas buscam mais efetivamente, os recursos necessários para a consecução de seu crescimento, promovendo, a partir do lançamento de ações, a implementação de projetos de investimentos e o consequente incremento da riqueza nacional (RASSIER e HILGERT, 2012 p.38 e 39). Em palavras de Pinheiro (2009, p.175) "o mercado primário de ações é onde se negocia a subscrição (venda) de novas ações ao público, ou seja, no qual a empresa obtém recursos para seus empreendimentos.".

Já no mercado secundário, são estabelecidas também denominado merca renegociações entre os agentes econômicos dos títulos adquiridos no mercado primário. Os recursos provenientes das negociações realizadas nesse mercado não são transferidos para o financiamento das empresas, sendo identificados como simples transferência entre os investidores. A função essencial do mercado secundário é dar liquidez ao mercado primário, viabilizando o lançamento de ativos financeiros (RASSIER e HILGERT, 2012 p. 39).

2.3 A importância do contador como consultor financeiro no mercado de capitais.

Em tempos passados a figura do contador era vista apenas atrás de uma mesa, dentro de uma contabilidade apenas para informar situações empresarias, assinar balanços, atualizar informações fiscais, e fazer lançamentos diários de débito e crédito. Com o passar dos anos foi visto que o contador pode exercer atividades dentro e fora da contabilidade, uma delas é passar a ser, e ser visto pelos seus clientes a figura de um consultor.

O Contador é um profissional habilitado a trabalhar com a área econômica, financeira, e patrimonial de uma ou várias empresas. É dever desse profissional se adequar as leis que estão relacionadas ao patrimônio das pessoas jurídicas, como também aos prazos dos impostos que as entidades devem seguir para que não haja pendências com o fisco , além de interpretar de forma correta, as informações coletadas para, que assim, venha a ter noção das atitudes a serem tomadas para o crescimento da empresa (ou das empresas).

Toda empresa precisa possuir alguém responsável pela área contábil, o que na pratica muitas empresas possuem esses profissionais de modo terceirizado, pois a maioria das empresas acreditam que esses profissionais servem apenas para cálculos e recolhimentos de impostos e gerar informações básicas.

O mercado de capitais está em constante evolução, o que soa positivamente para o profissional contábil que busca se a perfeiçoar na área. O mercado de capitas contem informações que dão ao contador um destaque maior perante demais profissões, desde a analise de informações contábeis de cada empresa, a questões tributarias que também são exigidas no mercado financeiro como em todos os aspectos empresarias de demais áreas.

Graças a diversidades de conhecimentos adquiridos o contador pode trabalhar em diversas áreas, como por exemplo: Auditoria (independente, interno externo) assessoria (prestação de serviços), professor, escrituração contábil (fiscal ou pessoal), analista no setor contábil, perito contábil, sócio ou proprietário de escritório contábil, dentre outros.

Quando se fala no profissional contábil facilmente se encontra uma colocação no mercado de trabalho, pois toda pessoa jurídica necessita de suas informações conhecimentos e ferramentas. O que poucos conhecem que além de informações voltadas a escrituração contábil ou voltada ao setor fiscal, o contador também é um profissional capacitado a prestar serviços na acessória financeira voltada a investimentos.

Para desempenhar suas funções no mercado de capitais o contador necessita de conhecimentos específicos, para que se traga confiança e veracidade nas informações apresentadas aos clientes na tomada de decisão.

2.4 Conhecimentos necessários ao consultor financeiro.

Consultoria é um processo interativo de um agente de mudanças externo à empresa, o qual assume a responsabilidade de auxiliar os executivos e profissionais da referida empresa nas tomadas de decisões, não tendo, entretanto, o controle direto da situação (OLIVEIRA, 2015 p.4). A consultoria realizada dentro dos padrões pode proporcionar soluções e métodos que a organização adotará, e usará no seu dia a dia.

Para ser um consultor financeiro é necessário que a principio se encontre o objetivo que seu cliente deseja chegar, sendo assim reunindo dados a serem analisados dentre outras atividades, afim de colocar a entidade dentro de um padrão financeiro desejado. O contador por possuir tais conhecimentos, precisa apenas aprimora-los e seguir um proposito fundamental que já e da contabilidade em geral, que é transmitir informações seguras aos seus usuários, para auxiliar nas tomadas de decisão

E perceptível como o profissional contábil está apto a trabalhar no mercado financeiro, a contabilidade é uma ferramenta de fundamental importância para a gestão de um empreendimento. Por meio dela é possível se extrair uma série de informações importantes para a tomada de decisão, controlar e acompanhar as operações, além de facilitar o planejamento como um todo (URANO 2011).

Cabe ao contador também averiguar de forma concreta as informações tributárias, pois em questões de investimentos se tem o IR, ou imposto de renda, e o IOF, ou Imposto sobre Operações Financeiras, onde quando se trata de mercado financeiro suas formas de cobrança, para o IR e voltado a aplicações e outros tipos de investimento, já no IOF é cobrado em operações de crédito, câmbio e seguro ou relativas a títulos ou valores mobiliários.

Além disso ele deve usar seus conhecimentos técnicos e práticos para avaliar os objetivos, expectativas e necessidades de cada cliente visando desenvolver e apresentar estratégias de investimento adequadas ao perfil de cada um (ÁVILA, CFP, MAIOR, 2015).

Conhecimentos que estão sempre ligados a informações financeiras e consequentemente contábeis, tais como:

1. **Diagnostico inicial**: Que é a avalição dos recursos financeiros da empresa, como também a avaliação do perfil da empresa para com o investimento.

2. **Analisando a carteira de investimentos**: Levando o cliente a um investimento seguro, rentável e com um custo baixo.

3. **Acompanhamento periódico**: Atualização constante das informações contábeis financeiras a respeito de determinado investimento.

O contador ao atuar como consultor financeiro, se caracteriza como intermediador financeiro. O intervencionista financeiro atua buscando exercer funções para se atingir metas de crescimento do sistema econômico. Os intervencionistas atuam em diversas áreas a fim de ampliar as oportunidades de forma a gerar crescimento econômico ou evitar perdas no momento de suas necessidades. Além disso intermediador financeiro tem o papel de fornecer informações para maximizar os resultados, sendo assim evitando um possível alocação de recursos ineficiente e desnecessário.

2.4.1 Tipos de investimentos.

Segundo o portal do investidor as formas de investimentos se enquadram em valores mobiliários são:

- Ações,

- Debêntures,

- Fundos de investimentos e clubes de investimento.

- Poupança CDB's e RDB's e títulos públicos.

As ações constituem a menor parcela (fração) do capital social de uma sociedade anônima. São valores caracteristicamente negociáveis e distribuídos aos subscritores (acionistas) de acordo com a participação monetária efetivada (NETO 2014, P83).

Debêntures são títulos de dívida de longo prazo emitidos por sociedades por ações e destinados, geralmente, ao financiamento de projetos de investi- mentos (fixo e giro) ou para alongamento do perfil de endividamento das empresas. Constitui-se, em essência, num instrumento no qual o tomador de recursos (emitente do título) promete pagar ao aplicador(debenturista) o capital investido, acrescido de juros, em determinada data previamente acertada (NETO 2014, P86).

As debêntures asseguram aos seus titulares um direito de crédito contra a companhia nas condições constantes da escritura de emissões e do certificado, havendo preferência quanto ao recebimento do capital aplicado. Prestam-se ao carregamento de recursos para o financiamento de capital fixo e de giro das empresas. As debêntures podem ser emitidas por sociedades por ações (sociedades anônimas ou em comandita por ações), de capital aberto ou fechado (PINHEIRO 2009, p. 213).

Os Fundos de Investimento representam grupos de investidores (condomínios) e oferecem a comodidade de administrar seus recursos monetários de maneira profissional, sem necessidade de os participantes dominarem técnicas de analise mais sofisticadas e manter grande fluxo de informações relativas ao mercado de capitais. Ao operarem com alto volume de recursos provenientes de diversos investidores, os Fundos podem ainda obter, em conjunto, condições mais favoráveis de negociação do que se cada cotista fosse atuar isoladamente no mercado (NETO 2014, P347).

O Clube de Investimento é formado por investido- res (pessoas físicas) que têm por objetivo constituir uma carteira diversificada de títulos e valores mobiliários, mediante a aplicação de recursos financeiros próprios. A constituição do clube é processada me- diante aprovação e assinatura, por seus membros, do estatuto social, o qual regulará sua conduta e procedimentos de atuação (NETO 2014, P53).

A Caderneta de Poupança é considerada a modali- dade de investimento mais tradicional do Brasil, clas- sificada como conservadora por oferecer baixo risco e, também, menor retorno, principalmente se compa- rado com outros tipos de aplicações financeiras. Costuma atrair investidores de menor renda(NETO 2014, P90).

O certificado de depósito bancário (CDB) é uma obrigação de pagamento futura de um capital apli- cado em depósito a prazo fixo em instituições financeiras (bancos comerciais ou múltiplos e bancos de investimento e desenvolvimento). Esses recursos destinam-se, basicamente, ao financiamento de capital de giro das empresas. As emissões desses títulos são feitas em função do volume de crédito demandado pelas empresas (NETO 2014, P90).

Os Títulos Públicos constituem-se em alternativa de investimento para o mercado e são registrados como divida mobiliaria. Os títulos estaduais e municipais apresentam baixa liquidez no merca- do, tendo uma circulação mais restrita. Os títulos públicos federais, ao contrário, têm maior aceitação e liquidez (NETO 2014, P66).

2.4.2 Riscos de Investimentos.

Contador consegue orientar a respeito do que cada tipo de risco pode trazer, demostrando o melhor caminho que cada determinada empresa pode buscar, como de uma forma simples apresentar a rentabilidade de cada investimento a fim de demonstrar as empresas qual o melhor caminho se investir e informar o que toda empresa espera de seus investimentos que são seus índices de liquidez.

Entende-se como risco a probabilidade da ocorrência de prejuízos financeiros advindos de determinado investimento ou a variabilidade dos retornos esperados de um dado ativo (SOUZA,2003,p157). Em outras palavras, o risco é a chance de futuramente arrecadar lucros de um investimento realizado hoje. Classifica- se os riscos em:

* **Risco de mercado** está relacionado com o preço que o mercado estipula para ativos e passivos negoaciados pelos intermediários financeiros, ou seja, com o comportamento verificado 'no preço de um bem no dia a dia. Este risco exprime quanto pode ser ganho ou perdido quando da aplicação em contratos e outros ativos diante de mudanças em seus preços de negociação (NETO 2014, P154).

* **Risco de liquidez** está relacionado com a disponibilidade imediata de caixa diante de demandas por parte dos depositantes e tomadores (titulares de passivos) de uma instituição financeira (NETO 2014, P155).

* **Risco operacional** a gestão de risco pode ser entendida como um processo de medição e controle dos riscos presentes nas atividades normais de uma organização. O gerenciamento envolve pessoas, sistemas e padrões de controle (NETO 2014, P155).

* **Risco de crédito** é a possibilidade de uma instituição financeira não receber os valores (principal e rendimentos e juros) prometidos pelos títulos que mantém em sua carteira de ativos recebíveis. Como exemplos desses ativos apontam-se

principalmente os créditos concedidos pelos bancos e os títulos de renda fixa emitidos pelos devedores (NETO, 2014 P153).

- **Risco de Câmbio** surge quando uma instituição que tenha aplicado no exterior, por exemplo, verifica a tendência de a moeda desse país se desvalorizar em relação à moeda de sua economia, determinando um retorno menor na operação. Este risco pode também ser chamado de risco de variação cambial (NETO,2014 P156).

CONCLUSÃO.

Com a elaboração deste trabalho foi perceptível que o mercado de capitais cresceu consideravelmente, e com isso a necessidade de melhores informações para que se tome decisões coerentes para que se possa fazer investimentos seguros e rentáveis.

Outro item importante, foi verificado a necessidade de inclusão desses profissionais no rol de atividades de investimentos oferecidas ao empresário pelo profissional contábil, que conhece de dados financeiros e consegue interpretar com mais facilidade e clareza relatórios, e com informações orientar as melhores aplicações e investimentos dos recursos da empresa.

Como fora observado, o conhecimento nas informações contábeis para uma analise concreta dos investimentos leva a concluir que o contador não só auxilia nas informações para tomada de decisão como também se classifica como peça chave nesse novo mercado de oportunidades agindo de certa forma como um "conselheiro" a respeito dos investimentos num mundo tão extenso e tão pouco conhecido, que é o mercado de capitais.

O contador possui conhecimento em dados que possibilitam ao investidor entender toda a atmosfera em que a empresa está inserida, onde se consegue também transformar todas as informações em um bom e rentável investimento. Com isso, percebe-se que o curso de ciências contábeis permite ao bacharel um vasto conhecimento e faz com que este profissional se torne cada vez mais importante nas tomadas de decisões.

38. Perito Judicial

Uma função que necessita constante aprimoramento, a perícia contábil vem atraindo cada vez mais a atenção dos profissionais de contabilidade.

O perito contábil, contratado pelas partes ou indicado pelo juiz para fazer laudos sobre um determinado caso, é essencial para a solução de litígios na Justiça.

Pela definição da Norma Brasileira de Contabilidade, a perícia contábil é "o conjunto de procedimentos técnico-científicos destinados a levar à instância decisória elementos de prova necessários a subsidiar a justa solução do litígio ou constatação de fato, mediante laudo pericial contábil e/ou parecer técnico-contábil, em conformidade com as normas jurídicas e profissionais e com a legislação específica no que for pertinente."

A perícia contábil é de competência exclusiva de contador em situação regular perante o Conselho Regional de Contabilidade de sua jurisdição.

O perito é a pessoa nomeada pelo juiz ou pelas partes (em caso de perícia extrajudicial).

NO JUDICIÁRIO

A Justiça recorre ao perito contábil quando o juiz necessita de um laudo profissional especializado ou para atender ao pedido de uma das partes envolvidas no processo.

Muitas perícias na área da contabilidade são hoje requeridas principalmente na parte de revisão de encargos financeiros contra bancos, também referentes ao Sistema Financeiro Habitacional, e demais questões como leasing, condomínios, entre outros.

A perícia é um meio de prova previsto no Direito, assim como a documental, a testemunhal e a do depoimento pessoal.

O perito contábil, além da condição legal, da capacidade técnica e da idoneidade moral, tem uma responsabilidade enorme, já que suas afirmações envolvem interesses e valores consideráveis.

No caso de perícia judicial, o prazo estabelecido para a conclusão dos trabalhos, fixado pelo juiz, deve ser cumprido pelo perito como forma de não obstar a celeridade processual. O perito-assistente deve cumprir o prazo fixado em lei, para suas manifestações sobre o laudo pericial, de forma a não prejudicar a parte que o indicou.

PERÍCIA X AUDITORIA

A principal diferença entre auditoria e perícia é que a auditoria opera através de um processo de amostragem, e a perícia sobre um determinado ato, ligado ao patrimônio das entidades físicas ou jurídicas, buscando a apresentação de uma opinião através do laudo pericial.

O perito contador atua sobre um caso litigioso, envolvendo duas partes, enquanto que o auditor desenvolve seu trabalho para uma entidade privada ou pública que o contrata para apreciar e emitir parecer sobre controles internos ou demonstrações financeiras.

COMPETÊNCIA E CAMPO PROFISSIONAL

A perícia contábil é de competência exclusiva de contador em situação regular perante o Conselho Regional de Contabilidade de sua jurisdição.

Competência profissional pressupõe ao perito demonstrar capacidade para pesquisar, examinar, analisar, sintetizar e fundamentar a prova no laudo pericial e no parecer pericial contábil.

O contador, na função de perito, deve manter adequado nível de competência profissional, atualizado sobre as Normas Brasileiras de Contabilidade (NBC), além das técnicas contábeis, especialmente as aplicáveis à perícia.

A perícia judicial é exercida sob a tutela do Poder Judiciário. A perícia extrajudicial é exercida no âmbito arbitral, estatal ou voluntária. A perícia arbitral é exercida sob o controle da lei de arbitragem.

Perícias oficial e estatal são executadas sob o controle de órgãos de Estado. Perícia voluntária é contratada, espontaneamente, pelo interessado ou de comum acordo entre as partes.

Os procedimentos de perícia contábil visam fundamentar as conclusões que serão levadas ao laudo pericial contábil ou parecer contábil, e abrangem, total ou parcialmente, segundo a natureza e a complexidade da matéria, exame, vistoria, indagação, investigação, arbitramento, avaliação e certificação.

A perícia desenvolve-se como um campo de atuação bastante importante para os contadores, na medida em que há uma grande responsabilidade no trabalho, pois suas conclusões podem levar ao deslinde da questão, constituindo-se prova no processo judicial.

Durante o processo da perícia, três profissionais podem atuar concomitantemente, pois o autor e o réu podem indicar assistentes técnicos para acompanharem o perito indicado pelo juiz. O perito do juiz faz o laudo e submete aos assistentes. Caso um deles discorde, faz um laudo em separado.

COMPROVAÇÃO DE HABILITAÇÃO

O perito-contador e o perito-contador assistente devem comprovar sua habilitação profissional mediante apresentação de certidão específica, emitida por Conselho Regional de Contabilidade, na forma a ser regulamentada pelo Conselho Federal de Contabilidade.

RESPONSABILIDADE DE PAGAMENTO DOS HONORÁRIOS

As despesas de perícia fazem parte dos custos processuais, cabendo às partes prover tais despesas, antecipando-lhe o valor, que ficará consignado em juízo.

EXAMES

O perito contábil utilizará, em seus exames, dos registros e demonstrações contábeis (livros diário e razão), podendo, também, servir-se de outros elementos para produção de provas.

RESPONSABILIDADE E ZELO

O perito-contador e o perito-contador assistente devem conhecer as responsabilidades sociais, éticas, profissionais e legais, às quais estão sujeitos no momento em que aceitam o encargo para a execução de perícias contábeis judiciais, extrajudiciais e arbitrais.

CONTRATAÇÃO DE ESPECIALISTAS

O perito-contador e o perito-contador assistente, são responsáveis também pelos trabalhos realizados por especialista contratado para a realização de parte da perícia que exija conhecimento específico em outras áreas do conhecimento humano. Tal obrigação assumida pelo perito perante o julgador ou contratante não exime o especialista contratado da responsabilidade pelo trabalho executado.

A utilização de serviços de especialistas de outras áreas, quando parte do objeto da perícia assim o requerer, não implica presunção de incapacidade do perito-contador e do perito-contador assistente, devendo tal fato ser, formalmente, relatado no Laudo Pericial Contábil ou no Parecer Pericial Contábil para conhecimento do julgador, das partes ou dos contratantes.

São exemplos de trabalho de especialista: programador de computador para desenvolvimento de programas para perícias, inclusive para liquidação de sentenças em ações trabalhistas, apuração de haveres, aferição de diferenças do Sistema Financeiro de Habitação; atuários; especialista contábil em partes específicas da perícia, entre outros.

NORMAS

As normas da profissão e da atividade do perito contábil são disciplinadas pelas seguintes NBC`s:

NBC TP 01 – Normas de Perícia Contábil

NBC PP 01 – Normas Profissionais de Perito Contábil

Como posso me tornar um Perito Judicial?

A resposta poderia ser simplória: basta conhecer um juiz, se o Contador deseja ingressar como perito ou um advogado militante, se o Contador deseja atuar como Assistente Técnico da parte.

A resposta, porém não estaria completa, porque se é fato que somente o juiz nomeia o Perito, e o advogado indica o Assistente Técnico, também é fato que a sua escolha advém de várias fontes de informações que influenciam o juiz e o advogado responsáveis pela escolha e, portanto, são importantes de serem considerados e analisados. Na perícia contábil, no núcleo do poder encontra-se o juiz responsável pela nomeação do perito.

Em torno do juiz encontram-se servidores públicos do cartório que exercem profissionalmente uma influência sobre o juiz, apresentando informações sobre os peritos relativos ao relacionamento com o cartório, qualidade do conteúdo do laudo, pontualidade no cumprimento dos prazos processuais e estética dos laudos. As críticas ou elogios dos servidores do cartório balizam para o juiz o desempenho do perito. Os servidores também sugerem ao juiz, principalmente se for juiz substituto, nomes de peritos para nomeação, abrindo oportunidade para novos contadores.

Assim, conhecer funcionários de cartório, principalmente escrivão e diretores de cartório são importantes, para quem deseja ingressar na área pericial. Na terceira faixa do poder estão os parentes do juiz, que por laços de sangue gozam da confiança do juiz e, portanto, podem sugerir ou apresentar nomes para nomeações. Na quarta faixa estão os amigos do juiz, os amigos são de variais origens desde os de infância que cresceram até os adquiridos através do convívio social seja no clube, na instituição religiosa até os da prática de esportes.

Assim, está atento e selecionar locais freqüentados pelo juiz é uma boa estratégia para quem deseja ingressar na área pericial. Além do aspecto de conhecer pessoas e lugares que exercem influência sobre a escolha do juiz, o marketing pessoal também é muito importante.

O pretendente precisa manter de posse cartões de visita sempre atualizados com os dados fundamentais para nomeação do perito: nome completo, formação técnica, número da inscrição no conselho de classe, endereço completo e telefones residencial, comercial e celular. É importante que o pretendente saiba que na hora da nomeação o juiz aproveitará o reduzido tempo para nomear aqueles que dispuserem dos dados mais completos.

Cuidado com a identidade visual, cartões de boa imagem, preferencialmente com logomarca, personalizados causam boa impressão ao juiz. O currículo do perito também ajuda na hora da opção por este ou aquele perito, prevalecendo o mais bem qualificado. As normas brasileiras de contabilidade fazem referência à educação continuada como obrigação para os peritos, mas ainda não houve a regulamentação e implantação dos cursos.

No Rio de Janeiro, a justiça criou cadastros para controlar as atividades dos peritos. Na justiça do trabalho, existe um cadastro de peritos, cuja indicação deve ser obrigatoriamente feita pelo juiz de primeiro grau e uma vez integrante, vale para todo o território nacional. Da mesma forma, o cadastro da justiça federal abrange todo o território nacional e também necessita da indicação do juiz singular.

Finalmente, do cadastro da justiça estadual, os pretendentes pode se qualificar mediante participação em curso de formação da justiça, como condição básica para ingresso no cadastro de peritos. Na justiça estadual o cadastro só é válido dentro do âmbito estadual não se estendendo sobre os demais estados da federação. Nela, o cadastro é específico para ter acesso à perícia onde ocorreu pedido de gratuidade de justiça.

A justiça estadual possui uma ajuda de custo de R$350,00, cuja devolução pode ou não ser devolvida deforma simples ou em dobro, de acordo com o ajuste final dos honorários ao término do processo judicial. O ingresso na área através do cadastro da justiça estadual constitui sem dúvidas a forma mais simples e direta, propiciando o contato direto com o juiz.

Outra forma também direta do pretendente a perito mostrar seu trabalho e sua capacidade é através da assistência técnica, de acordo com o artigo 435 do CPC, nos pedidos de esclarecimentos, a parte requererá ao juiz a intimação do perito e do assistente técnico a comparecer á audiência par prestar as informações desejadas, neste caso, o assistente técnico fica em contato direto com o juiz, podendo ao término da seção oferecer seu currículo e cartão de visita e se disponibilizar para nomeações.

Como podemos verificar, as oportunidades existem, exigindo do pretendente a iniciativa para provocá-la.

39. Assistente de Perícia

Deve o perito judicial ter a necessária visão sistêmica das diferentes disciplinas envolvidas nas demandas judiciais, além do Direito, para que bem possa desempenhar o munus. Ele não é parte, não é advogado, não é juiz, dele se espera que, além de ter conhecimento técnico suficiente para o desempenho da função, tenha também facilidade de expressar-se clara e concisamente, habilidade no trato de conflitos, conhecimentos jurídicos e experiência em produção de prova pericial. Pode parecer paradoxal o fato de que um perito sempre começa sua carreira com a primeira perícia, mas atenção especial deve ser dada à nomeação de peritos inexperientes e despreparados, que via de regra, conduzem a provas que não esclarecem adequadamente a matéria fática para o Juízo.

2. O perito do juízo e o perito assistente

A participação do perito judicial como auxiliar da justiça (art. 139 do CPC – Código de Processo Civil) é de grande importância na prestação jurisdicional quando a prova do fato depender de conhecimento técnico ou científico (art. 145 do CPC). Da mesma importância do *mister* atribuído ao perito nomeado pelo juízo, reveste-se a função do perito assistente, o qual possibilita que se instaure o contraditório na matéria técnica, para que não reine absoluto o entendimento do perito nomeado pelo Juízo, que deve ter a mesma postura de imparcialidade do Juiz que o nomeou.O perito judicial é ser humano, sujeito a falhas por diferentes motivos, como se pode ver em outro artigo de nossa autoria dedicado exclusivamente aos peritos do juízo. A indicação de perito assistente é de fundamental importância para dar segurança e eficiência à produção da prova pericial, cabendo-lhe fazer a interface de comunicação com o perito do juízo, já que, como é sabido, tem em princípio resistência em manter contato diretamente com as partes ou seus procuradores, os quais são parciais em relação às suas pretensões.

Em alteração ocorrida no CPC 1973 retirou-se do texto a possibilidade de se questionar a suspeição do perito assistente técnico. Nada mais correto, pois se ele é indicado pela parte, é óbvio que tem interesse que a parte que o contratou tenha sucesso. Diga-se bem claro, o perito assistente deve defender o interesse da parte que o contratou para o deslinde do processo da forma mais favorável possível, dentro dos limites da legalidade e da razoabilidade. A sua função é acompanhar o desenrolar da prova pericial, apresentar sugestões, criticar o laudo do perito nomeado e apresentar as hipóteses possíveis, desde que técnica e juridicamente sustentáveis. Havendo quesitos fora da área de especialização, o perito assistente deve esquivar-se de dar parecer técnico, emitindo apenas, caso se considere conhecedor do assunto, parecer de cunho pessoal, deixando claro que a questão deverá ser definitivamente avaliada e decidida pelo juiz da causa.

Algumas vezes argumenta-se que o assistente técnico tem dez dias após o protocolo do laudo para apresentar seu parecer, quando então faria uma análise aprofundada do trabalho pericial, tornando-se desnecessário o acompanhamento da produção da prova. O que se olvida é que quando o processo é devolvido à secretaria do juízo fica sujeito aos trâmites como conclusão, prazo para emissão de alvará de levantamento de honorários, vistas sucessivas para as partes ou outros procedimentos que impossibilitam o acesso do assistente técnico ao inteiro teor do laudo e seus anexos, assim como ao processo como um todo, única forma de desempenhar a contento a sua tarefa.

Uma forma de contornar esta possível dificuldade é ter consigo uma cópia completa do processo, dispensando o exame dos autos originais até a carga pelo Perito. É importante salientar também que o prazo para a apresentação de quesitos suplementares preclui com o protocolo do laudo, portanto se o perito do juízo entrega o laudo sem dar acesso ao perito assistente pelo menos por 48 horas (ou mais, dependendo da complexidade da prova), impede a parte de exercer o seu direito a quesitos suplementares decorrentes do texto do laudo.

O CPC continha previsão de que o perito teria que conferenciar com os assistentes técnicos antes de entregar o laudo, previsão esta que foi retirada do Código. Uma modificação do CPC, entretanto, pela Lei nº 10.358, de 27 de dezembro de 2001, introduziu o art. 431-A que prevê que "As partes terão ciência da data e local designados pelo juiz ou indicados pelo perito para ter início a produção da prova". Entendemos, diante deste novo artigo, que o perito do juízo é quem deve entrar em contato com os assistentes técnicos para que tenham a oportunidade de participar ativamente da produção da prova, o que não elimina a necessidade de comportamento pro-ativo do perito assistente, como veremos mais adiante.

O parecer técnico

O principal trabalho do perito assistente não é, como acham muitos, apenas elaborar um laudo independente, um laudo divergente ou uma crítica ao laudo pericial, mas sim diligenciar durante a realização da perícia no sentido de evidenciar junto ao perito do juízo os aspectos de interesse ao esclarecimento da matéria fática sob uma ótica geral e mais especificamente sob a ótica da parte que o contratou. Somente após esgotadas todas as possibilidades junto ao perito do juízo é que caberá ao perito assistente elaborar o seu parecer técnico.

Uma questão que tem sido levantada por alguns juízes é de que o perito assistente tem a função de elaborar laudo completo apartado, caso não se contente com o trabalho elaborado pelo perito do juízo. Não entendemos desta forma, s.m.j., pois o parágrafo único do artigo 477 do CPC 2015 faculta aos peritos assistentes oferecer seu parecer no prazo de dez dias da intimação das partes sobre a juntada do laudo. Entendemos por "parecer" uma peça que tanto critique o laudo oficial, quanto apresente outras informações e alternativas de respostas aos quesitos, não necessariamente elaborando outro laudo completo. Não cabe, pois, que o juiz da causa manifeste censura à critica proferida pelo assistente técnico, como já vimos acontecer, pois o seu papel é exatamente de criticar o trabalho do perito nomeado, e não a pessoa do perito, através de parecer técnico e não exatamente de elaborar um laudo completo.

Qualquer argumentação no sentido de inquinar de vício o trabalho do assistente técnico cai por terra, pois assim como a parte que o contratou exerceu o direito de estabelecer o contraditório técnico, também a parte contrária pode exercer este direito, cabendo, a final, ao juízo, analisando o laudo do perito por ele nomeado e os pareceres dos assistentes técnicos das partes, formar seu entendimento sobre a matéria de fato. Ressalte-se que o Juízo tem ampla liberdade de formar seu convencimento, não se vinculando nem mesmo à prova pericial produzida pelo Perito Oficial (Art. 479 do CPC 2015).

Há circunstâncias, entretanto, em que o perito assistente técnico antecipa o seu trabalho e faz o protocolo de seu parecer antes do laudo do perito nomeado pelo juiz ou então antes do prazo de 15 dias após intimadas as partes da apresentação do laudo, conforme previsto no parágrafo primeiro do art. 477 do CPC 2015. O procedimento é, no mínimo, anti-ético, vai na contra-mão do procedimento usual dos peritos do juízo não darem acesso à minuta do laudo pelos assistentes técnicos. Não é correta tal antecipação, s.m.j., a despeito de não gerar qualquer consequência processual. Entendemos que o perito assistente que adota este procedimento prejudica seu cliente, pois o seu parecer que deveria ser um parecer crítico ao trabalho do perito do juízo, perde força por se antecipar, por subverter a ordem processual e o bom senso. O perito assistente que assim procede perde a oportunidade de exercitar o contraditório técnico, de dialogar com o perito do juízo buscando melhor esclarecer a matéria de fato sob o ponto de vista da parte que o contratou. Não há que se argumentar que se procedeu assim por se tratar de matéria objetiva ou singela, pois é fato que os mínimos detalhes muitas vezes são objeto de longas discussões no campo jurídico.

Ao elaborar seu parecer técnico ao laudo, deve o assistente técnico abster-se de fazer referências adjetivas ao procedimento do perito do juízo, visto que lhe compete fazer críticas ao laudo resultante da prova pericial e não à pessoa do perito nomeado. Ao procurador da parte é que caberá, se for o caso, tecer considerações sobre a conduta técnica e ética do expert do juízo, restringindo-se o perito assistente à crítica técnica do documento gerado ao final da perícia. Exceção se faz à hipótese de o expert nomeado não permitir o acesso do perito assistente às diligências, aos documentos ou à minuta do laudo ou se não lhe conceder prazo suficiente para fazê-lo. É muito comum que o expert do juízo, após trabalhar longamente na preparação do laudo oficial, tenha uma certa pressa em entregar o laudo, dificultando, às vezes, o necessário acesso do assistente técnico. Neste caso cabe a este último relatar os fatos na introdução ao seu parecer, para que o juiz tome conhecimento de que a parte não teve o acesso necessário para o estabelecimento do contraditório técnico, prejudicando a ampla defesa da parte.

O papel do perito assistente

Ao perito assistente cabe diligenciar criteriosamente no sentido de verificar as diferentes hipóteses de abordagem da matéria técnica objeto da prova pericial, tentando fazer com que o perito nomeado pelo juízo perceba as diferentes interpretações da matéria fática sob estudo, para que não seja o seu cliente prejudicado com visões unilaterais, distorcidas da realidade ou que não sejam suficientemente abrangentes para dar ao juiz da causa subsídios amplos para o esclarecimento da matéria fática sob exame. Não há que se falar em imparcialidade absoluta do perito assistente, diferentemente do perito nomeado pelo juízo, pois a sua contratação pela parte objetiva precipuamente que acompanhe o trabalho técnico a ser desenvolvido pelo perito com os olhos voltados para as alternativas que melhor esclareçam a matéria de fato sob o ponto de vista da parte que o contratou, dando assim ao Juízo condições de tranquilamente decidir a questão *sub judice*.Para que o assistente técnico possa desempenhar com perfeição o seu *mister* é importante que procure acompanhar todas as diligências realizadas pelo perito do juízo, ou na pior das hipóteses, antes que o laudo seja finalizado, pedir o prazo necessário ao perito para examinar as peças do processo e ter claras em mente as teses jurídicas da parte que o contratou e da parte contrária, para que possa melhor assessorar a parte, através de seu procurador, na condução da prova técnica. Fato inconteste é que após apresentado o laudo com imperfeições, torna-se mais difícil a sua retificação.

Antes mesmo do início dos trabalhos e também durante a produção da prova pericial, deve o perito assistente técnico avaliar cuidadosamente a eventual necessidade de apresentação de quesitos suplementares para melhor esclarecer a matéria, os quais somente poderão ser apresentados antes de protocolado o laudo em juízo. Após a entrega do laudo somente cabem esclarecimentos, nos termos do art. 477 parágrafo 2º do CPC 2015. Como o perito nomeado pelo juiz deve ater-se aos quesitos formulados e não emitir juízo de valor sobre a questão examinada, cabe ao perito assistente técnico sugerir eventuais quesitos suplementares durante a perícia e em seu parecer aprofundar o estudo técnico da prova, extraindo conclusões sobre a prova produzida de modo a municiar o procurador da parte de elementos para o pedido de esclarecimentos.

Na formulação de quesitos é fundamental a participação do assistente técnico, profissional que deve ter o preparo necessário para assessorar o advogado de forma que os quesitos sejam formulados objetivamente, focados na matéria técnica e com a delimitação clara dos parâmetros a serem seguidos na perícia. É público e notório que os advogados não dominam a área técnica fora de sua área de formação, carecendo, portanto, de assessoria do perito assistente na formulação dos quesitos, evitando-se a formulação de quesitos incorretos, desnecessários, prejudiciais, impertinentes ou de mérito. Ninguém melhor que o assistente técnico, com formação específica na área técnica e com bons conhecimentos de Direito, para saber quais os elementos de prova serão necessários para o esclarecimento do juízo. A partir dos quesitos elaborados pelo assistente técnico, terá o procurador da parte a oportunidade de adequá-los ao contorno jurídico apropriado à instrução do processo.

No caso de perícias que envolvem cálculos de liquidação, por exemplo, há que se cuidar para que o termo inicial e final para a aplicação de correção monetária e juros sejam consentâneos com a decisão exequenda, assim como as verbas deferidas com suas particularidades determinadas pelas decisões judiciais. Numa perícia desta espécie é fundamental, também, que os cálculos sejam atualizados até a mesma data dos cálculos apresentados com a inicial da execução, para que o juiz da causa possa bem avaliar se houve ou não excesso de execução. É muito comum que as decisões não sejam suficientemente claras e permitam mais de uma interpretação na liquidação. Nestes casos, cabe tanto ao perito do juízo quanto ao assistente técnico, apresentar as hipóteses de interpretação das decisões exequendas, abrindo o leque de possibilidades e submetendo-o ao crivo do juiz da causa, a quem cabe a análise de Direito. Muitas vezes o perito sente-se na posição de julgar o que é legal ou correto, deixando até mesmo de responder os quesitos conforme formulados, usurpando a função do juiz.

Ao perito assistente cabe apresentar ao perito do juízo, caso este não tenha considerado em seu trabalho, estas diferentes hipóteses de interpretação, além de questionar todos os valores a fundo, a partir da origem do débito, conferindo todos os índices utilizados e sua pertinência, os termos iniciais e os cálculos efetuados, eventuais suprimentos de lacunas, passo a passo e de forma aprofundada. Caso o perito não faça esta análise abrangente da liquidação, deve o perito assistente ressaltar este fato em seu parecer, desenvolvendo os cálculos nas diferentes alternativas e submetendo à apreciação do juízo e, eventualmente, sugerir ao advogado que requeira seja determinado ao perito que desenvolva tais cálculos através dos esclarecimentos.

Conclusão

Do exposto conclui-se que a atuação do perito assistente técnico se reveste de importância muito maior que se presume e que as possibilidades de sua intervenção nos processos, sejam judiciais ou extrajudiciais, se ampliam num grande leque muitas vezes não percebido pelos operadores de Direito. A observância dos vários aspectos citados abre várias possibilidades para uma prestação jurisdicional mais justa e efetiva.

O Autor é parecerista jurídico-econômico-financeiro, especialista em liquidação de sentença e cálculos judiciais, extrajudiciais e de precatórios, propositor da tabela uniforme de fatores de atualização monetária para a Justiça Estadual aprovada no 11º ENCOGE, engenheiro, advogado e pós-graduado em contabilidade, com site em www.gilbertomelo.com.br.

40. Auditor Interno

A carreira contábil é uma das mais versáteis do mercado já que permite a atuação em campos bastante distintos. Uma das áreas que mais se destaca neste contexto é a auditoria, que vem ganhando destaque em terras brasileiras e internacionais.

Neste post você vai compreender o que é a auditoria, para que ela serve, como é o trabalho em uma auditoria contábil e todas as **possibilidades que ela oferece para sua carreira**.

Como surgiu a auditoria?

A auditoria surgiu e se desenvolveu juntamente com a própria evolução do capitalismo e a transformação de empresas familiares em grandes corporações. A partir do crescimento destas organizações, a busca pela competitividade também foi crescendo e a **necessidade de controles, redução de custos e novas formas de financiamento**, principalmente por meio de mercado de ações, fomentou o uso da auditoria e de suas ferramentas.

Um dos marcos históricos da auditoria ocorreu no ano de 1934 nos Estados Unidos, no período **pós-quebra da bolsa de valores**. Neste ano a profissão assume grande importância. Isto porque as empresas que negociavam na bolsa foram obrigadas a passar por auditoria. O objetivo era garantir a veracidade das informações contábeis e criar uma nova onda de confiança nos mercados.

Como funciona a auditoria no Brasil?

Em terras nacionais a auditoria teve como um dos seus primeiros marcos a Lei 4.728 de 1965 relacionada ao mercado de capitais. Ela também tratou, de forma pioneira, da exigência da auditoria. Já no ano de 1972 foram criadas e promulgadas pelo Banco Central do Brasil (BCB) normas de auditoria. No ano de 1976 foi criada a Comissão de Valores Mobiliários (CVM) com o objetivo de fiscalizar, normatizar e controlar o mercado de valores imobiliários no Brasil.

Além disso, fatores como a vinda de filiais e subsidiárias de grandes corporações, financiamento de empresas brasileiras por entidades internacionais, crescimento, diversificação e descentralização das organizações nacionais, evolução do mercado de capitais, entre outros, também impulsionaram a auditoria no Brasil.

Entretanto, deve-se ressaltar que, de forma específica, a auditoria brasileira ainda não atingiu o mesmo nível de desenvolvimento que possui em outros países. Isto acontece devido à legislação no Brasil ter um aspecto bastante fiscal e voltado, essencialmente, à apuração e recolhimento de impostos. O resultado disso é o atraso do desenvolvimento de outros aspectos da contabilidade.

Porém, além da instalação de muitas multinacionais no país, as empresas brasileiras seguem buscando mercados estrangeiros, abertura de capitais e, cada vez mais, possuem a necessidade de se adaptar às regras e normas de contabilidade. O resultado é um campo vasto e bastante fértil, com **remuneração atraente e crescimento profissional** para aqueles que querem trabalhar na área.

O que é auditoria contábil?

A auditoria é uma técnica contábil que permite, por meio da análise e conferência dos registros de uma empresa, **atestar a fidedignidade das mutações no patrimônio das organizações.** Permite avaliar se os registros representam a realidade da empresa. Além disso, possibilita conhecer eventuais falhas ou até mesmo identificar erros que possam estar contidos nas demonstrações auditadas.

A auditoria também é uma valiosa fonte de informações para aqueles que querem investir em empresas. Isso porque permite o **aumento da transparência** em relação aos dados que são divulgados por estas. Outra possibilidade de utilização da auditoria é no correto reconhecimento e avaliação dos componentes patrimoniais. Este é um processo que pode ser utilizado no caso de aquisições, incorporações ou dissoluções de sociedades.

A auditoria, apesar de **obrigatória para empresas de capital aberto** e em algumas situações específicas, pode ser feita por uma organização de forma voluntária. Permite a melhoria de sua imagem junto ao mercado e também que seus próprios sócios conheçam e entendam, de forma detalhada, a adequação dos registros e das demonstrações contábeis, bem como a exatidão e aplicações dos controles internos na organização.

Assim, a procura por auditores, seja para fins legais ou para a busca da transparência tem sido cada vez maior no mercado de trabalho. Os profissionais preocupados com a aplicação de regras e normas contábeis e que buscam pela atualização constante, tão necessária e exigida nesta carreira, são cada vez mais valorizados.

Auditoria interna e externa

A auditoria pode ser dividida em duas frentes de atuação. São elas: interna e externa ou independente. A auditoria interna é aquela realizada por um funcionário da empresa e busca, principalmente, **atender aos objetivos da administração** desta. Já no caso da auditoria externa, o trabalho é realizado por uma firma de auditoria ou auditor independente.

A auditoria externa tem como principal objetivo **atender a necessidade de pessoas interessadas na situação da empresa** e que necessitam do máximo de transparência e fidedignidade das demonstrações contábeis, geralmente para investir seu capital nestas organizações.

Na auditoria interna a revisão das operações é feita buscando o aperfeiçoamento de controles internos e o cumprimento de políticas e normas que devem obrigatoriamente ser observadas pela empresa e por ela também desenvolvidas.

No caso da auditoria externa, a revisão das operações é feita para a determinação da fidedignidade das operações e se estas refletem, de forma correta e de acordo as normas vigentes, as mutações no patrimônio das entidades.

A divisão do trabalho também é diferente no que diz respeito à auditoria interna e externa. Na primeira, o trabalho pode ser dividido por áreas operacionais ou de acordo com as necessidades da administração. Já na auditoria externa esta divisão é feita em relação às contas, determinadas demonstrações ou ao conjunto das demonstrações obrigatórias.

Atuando como auditor interno o profissional deve se preocupar com a detecção de erros e fraudes e deve propor formas de evitá-los. Na auditoria externa esta preocupação não faz parte diretamente dos objetivos, mas deve ser relatada caso existam possibilidades destes eventos afetarem as demonstrações contábeis.

Como a auditoria é realizada?

Na primeira etapa é feito o reconhecimento de área, ou seja, o entendimento do ambiente da empresa e de suas operações. Na sequência, é feito o planejamento de auditoria, etapa em que serão escolhidas **estratégias para obter evidências e aplicar testes nos controles contábeis.**

Nesta etapa também serão verificados os controles internos e, com base nestes, serão detectados os pontos fracos e riscos que o sistema pode ter. Dois tipos de testes serão aplicados: o de controle, para verificação do cumprimento de normas aplicáveis à empresa e o substantivo, que procura assegurar a exatidão dos valores e informações contidos em demonstrações contábeis.

Por fim, depois do serviço de auditoria propriamente dito, com a utilização de documentação e papéis de trabalho, será apresentado o relatório de auditoria, que é o produto final da verificação. Este mostrará se as demonstrações atendem a todas as exigências, se existem observações em relação a alguns aspectos ou a todas as demonstrações. Também poderá ocorrer a abstenção de opinião que é quando o auditor não possui matéria suficiente para o julgamento da fidedignidade das demonstrações apresentadas.

O auditor deve ter registro profissional?

Para atuar como auditor externo o profissional deverá ter graduação em Ciências Contábeis e estar inscrito e com registro ativo no Conselho Regional de Contabilidade (CRC). Aliás, estes são os únicos profissionais, de acordo com a legislação, que podem atuar como tal.

Adicionalmente, o profissional deverá ter exercido atividades de auditoria em território nacional por período maior que cinco anos, sejam eles consecutivos ou não, a partir do momento em que este foi registrado como contador no CRC.

Outra obrigação é estar aprovado no Exame de Qualificação Técnica, que é regulamentado pela Norma Brasileira de Contabilidade NBC PA 13 (R2), destinada aos contadores que querem atuar como auditores independentes em empresas que são regulamentadas pela CVM, BCB e pela Superintendência de Seguros Privados (Susep).

Também é exigido que o profissional esteja exercendo a atividade de auditoria independente, possua conhecimentos na área e outros requerimentos que podem mudar em função da atuação como pessoa física ou jurídica.

Após a formação, a profissão ainda exige conduta ética exemplar e constante atualização, de acordo com o Programa de Educação Profissional Continuada (PEPC) regulamentado pela NBC PG 12 de 2014. Aos profissionais que estão inscritos no Cadastro Nacional de Auditores Independentes (CNAI) é requerida a constante reciclagem profissional.

Quais são as possibilidades de atuação?

As possibilidades de atuação do auditor são muitas, sendo as principais relacionadas às **empresas que negociam em bolsa ou aquelas que querem negociar** e precisam passar por procedimentos prévios de auditoria. Também poderão atuar na auditoria de **instituições financeiras, planos de saúde e sociedades sem fins lucrativos**.

A atuação do auditor também poderá ocorrer dentro de uma firma de auditoria, começando como estagiário ou *trainee*. Nestas firmas, de acordo com a experiência, evolução no plano de carreira e número de auditorias realizadas, o profissional poderá chegar a ser sócio e assim se tornar responsável por parte das operações da empresa. É possível, também, a atuação como **profissional independente**, ou seja, de forma autônoma.

Muitos auditores, após o período de trabalho em firmas de auditoria e respeitados os prazos mínimos previstos em lei, podem atuar como consultores e de forma independente nas empresas em que auditaram, por já possuírem notório conhecimento técnico e prático em relação ao ambiente e à empresa auditada.

41. Auditor Externo Autônomo

Para se tornar um **Auditor Contábil Independente**, o principal requisito é a **aprovação em um Exame de Qualificação Técnica**, promovido pelo Conselho Federal de Contabilidade (CFC), que acontece uma vez por ano e permite ingressar no Cadastro Nacional de Auditores Independentes (CNAI). Por ocasião dessa habilitação, devem ser feitas opções quanto ao mercado em que se pretende atuar, tais como as empresas do Mercado de Capitais, reguladas pela Comissão de Valores Mobiliários (CVM), as Instituições Financeiras reguladas pelo Banco Central do Brasil (BCB) e as entidades sob a supervisão da Superintendência de Seguros Privados (SUSEP).

O CNAI tem por fim cadastrar todos os profissionais que atuam no mercado de auditoria independente, permitindo, assim, ao Sistema CFC/CRCs conhecer a distribuição geográfica desses profissionais, como atuam no mercado e o nível de responsabilidade de cada um, disponibilizando essas informações aos Conselhos Regionais para que possam fiscalizar o exercício profissional com mais eficácia.

O Exame de Qualificação Técnica foi criado pelo Conselho Federal de Contabilidade e o IBRACON, para avaliar o conhecimento e a competência técnico-profissional dos contadores que pretendem obter o registro no Cadastro Nacional de Auditores Independentes com vistas a atuarem na área de Auditoria Independente.

O trabalho do auditor contábil

Como você já pode perceber, o trabalho de auditor contábil está bastante ligado com a normatização.

Pode-se dizer que a auditoria é um processo de **análise da situação financeira** de uma empresa, com a finalidade de atestar a veracidade dos lançamentos contábeis, ou seja, se eles são fidedignos e refletem a realidade.

Dentro do trabalho do auditor, uma das consequências é a identificação e a diferenciação de erros e fraudes. Esse trabalho é feito pelo exame de auditoria, a análise dos papéis de trabalho e outros procedimentos utilizados na rotina do profissional da área.

As empresas de capital aberto e de regulamentação específica são auditadas por força de lei, mas outras podem ser auditadas por diferentes motivos. Nesse contexto, podem ser verificadas demonstrações como o **Balanço Patrimonial**, **Demonstração do Resultado do Exercício**, ou apenas alguns grupos de contas.

No final do trabalho do auditor, é emitido o **relatório de auditoria**, que contém o seu parecer. Após avaliar a empresa, sua conformidade com as normas e os controles internos e fazer os testes, o profissional vai atestar se elas apresentam ou não adequação, demonstrando a sua opinião.

Agora, vale ressaltar que o **auditor externo** ou **independente** se diferencia do **auditor interno**. O primeiro não tem vínculo empregatício com a empresa que audita, tendo um grau maior de independência e executando uma auditoria específica.

Já o segundo (auditor interno), normalmente é funcionário da organização, tem menor grau de independência e executa diferentes tipos de auditoria dentro da empresa em que trabalha, com foco em controles internos sob o comando da alta administração.

Requisitos para ser auditor contábil

Uma das formas mais comuns para iniciar a carreira de auditor é participar dos processos seletivos de grandes empresas da área. Normalmente, os profissionais começam atuando enquanto ainda estão na faculdade e vão desenvolvendo suas habilidades e competências com o tempo.

Dentro dessas firmas de auditoria, como também são conhecidas, o profissional evolui na carreira trabalhando em equipes depois de formado, assinando relatórios de auditoria de empresas menores e podendo chegar até a sócio da empresa, depois de anos desempenhando a função.

Outra possibilidade de atuação é como profissional autônomo (auditor independente pessoa física) ou como dono de seu próprio escritório de Auditoria Independente. Em ambos os casos, é preciso ter exercido a atividade como auditor contábil por período superior a cinco anos, além de ter habilidades técnicas e as competências que requer a área.

Capacitação profissional e educação continuada

Um requisito essencial dentro da carreira de auditor contábil é a capacitação profissional. As normas contábeis estão em constante mudança, por isso, o profissional precisa buscar formas de atualização para compreendê-las. Como a rotina desses profissionais é bastante dinâmica, é necessário encontrar opções que sejam flexíveis, e que se adaptem à realidade do auditor contábil. Nesse sentido, a **educação a distância** se destaca como uma boa opção.

Além disso, o auditor contábil precisa cumprir anualmente uma série de pontos para garantir a manutenção do seu registro, como estipula a norma NBC PG 12. Logo, sua educação tem de ser constante, o que pode ser feito por meio de cursos de extensão e atualização sobre assuntos relacionados com a área. E ainda há as **normas éticas**, também essenciais para quem quer atuar como auditor contábil, tanto para o desenvolvimento dos trabalhos quanto para a atuação dos profissionais. Por tudo isso, diversificar a educação e procurar alternativas que ofereçam essas oportunidades faz toda a diferença.

Você viu que a profissão do auditor contábil é complexa, trabalhando com a verificação da fidedignidade das demonstrações contábeis. Para aqueles que querem investir nela, é preciso ter formação na área de Ciências Contábeis. Então, é possível atuar em grandes firmas ou, posteriormente, ter a sua própria empresa de auditoria. Adicionalmente, é preciso aprovação e registro no CRC e, dependendo da área de atuação, um registro junto à CVM e no CNAI, o que demonstra que a profissão tem forte regulamentação e necessidade de desenvolvimento profissional.

Por fim, para ser um auditor contábil é preciso, acima de tudo, focar na capacitação profissional e educação continuada, que é obrigatória para todos os profissionais.

42. Auditor Externo (funcionário de empresas de auditoria)

Para atender a necessidade da administração das empresas seria necessário um auditor mais permanente, que pudesse executar sua atividade com maior grau de profundidade, conhecendo melhor as diversas atividades da empresa que estão relacionadas com a contabilidade (controles internos, administração de estoques, administração de pessoal e administração dos processos, entre outros).

Attie (2006, p. 52) explica que: A importância que a auditoria interna tem em suas atividades de trabalho serve para a administração como meio de identificação de que todos os procedimentos internos e políticas definidas pela companhia, os sistemas contábeis e de controles internos estão sendo efetivamente seguidos, e todas as transações realizadas estão refletidas contabilmente em concordância com os critérios previamente definidos.

Nesse sentido, surgiu a auditoria interna, como uma ramificação da auditoria externa ou independente. O auditor interno é um funcionário da empresa, e dentro da organização ele não deve estar subordinado àqueles cujo trabalho examina. O auditor interno também não deve desenvolver atividades que possa vir um dia a examinar, para que não interfira em sua independência.

A Auditoria Interna, colocada dessa forma, em nível recomendável para efeito do bom controle Interno, ficaria situada da seguinte forma em uma estrutura organizacional:

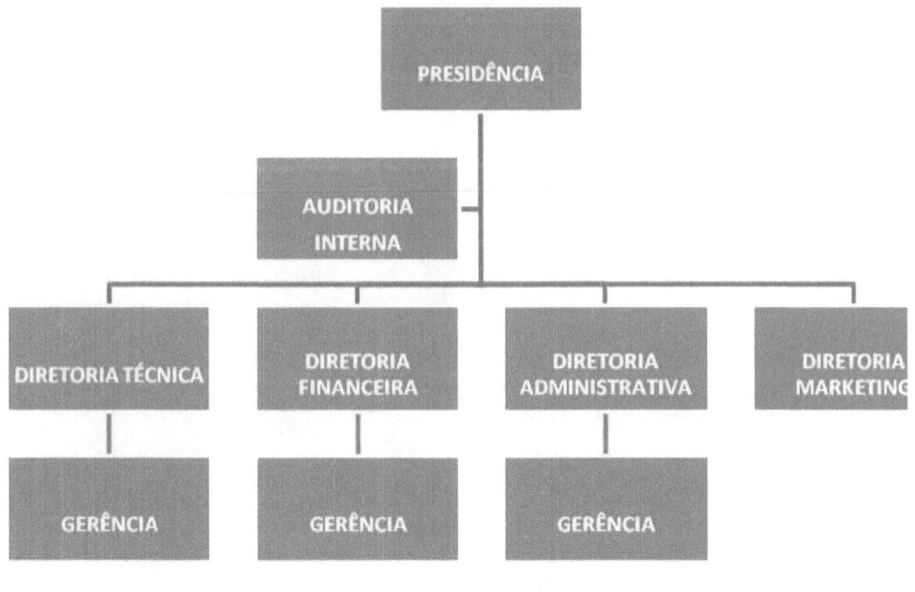

O organograma apresentado não é a única forma em que um departamento de auditoria interna pode se apresentar na estrutura. Poderia ainda haver uma ramificação do departamento de auditoria interna em cada diretoria, em função do tamanho e da dimensão de cada departamento. Também devemos considerar empresas e sociedades que formam uma *holding*. Nesse caso, apenas a administração da empresa investidora ou controladora possui departamento de auditoria interna nas sociedades controladas e coligadas.

Tanto a auditoria externa quanto a interna utilizam os mesmos procedimentos de auditoria, quando cabíveis, baseados no ponto de controle interno identificado e de acordo com o grau de extensão das atividades aplicadas. A auditoria externa muitas vezes utiliza os trabalhos da auditoria interna para emitir sua conclusão sobre a opinião, de acordo com os trabalhos desenvolvidos.Resumidamente, veja as principais diferenças entre auditoria externa e interna no quadro a seguir:

| Elementos | Principais diferenças | |
	Auditoria Externa/ Independente	Auditoria Interna
Profissional	Profissional independente	Funcionário da empresa
Ação e objetivo	Exame das demonstrações contábeis e trabalhos especiais	Exame dos controles internos e operacionais
Finalidade	Opinar sobre as demonstrações contábeis	Promover melhorias nos controles internos e operacionais
Produto final	Parecer	Recomendações de controle intern(e eficiência administrativa
Grau de independência	Mais amplo	Menos amplo
Interesse no trabalho	A empresa, público em geral, clientes e fornecedores, governo	A empresa
Responsabilidade	Profissional, civil e criminal	Trabalhista
Número de áreas cobertas pelo exame durante um período	Maior	Menor
Intensidade dos trabalhos em cada área	Menor	Maior
Continuidade do trabalho	Periódico	Contínuo

Apesar da auditoria externa e auditoria interna aplicarem procedimentos semelhantes em suas atividades, elas são diferentes e se identificam de acordo com a extensão de seus trabalhos e pela independência da auditoria quando externa para formar opinião sem interferência da empresa.

Um gestor deve apreciar a auditoria, e trabalhar juntamente para que tudo seja devidamente mencionado, atuando de forma transparente e honesta. Isso dirá muito sobre a empresa, e com certeza será apreciado pelos acionistas.

É uma tendência quase natural que as auditorias estejam cada vez mais presentes dentro das empresas. Seja para garantir os cuidados contra fraudes, ou para provar a sua idoneidade, as grandes empresas estão apostando cada vez mais nos serviços de auditorias, inclusive quando não há a obrigatoriedade.

Auditoria e gestão empresarial estão interligadas quando o assunto é manter a empresa em segurança e acima de tudo é uma estratégia que ajuda a desenvolver um controle interno fundamental para o crescimento saudável da empresa.

43. Professor de Graduação

O professor, para ser um profissional da educação deve ser dotado de competência técnica, científica, política e pedagógica.

Na área contábil, a maioria dos docentes apresentam um sofrível desempenho na execução de suas funções acadêmicas. São minoria os professores com titulação de Mestrado e Doutorado (apenas 19%). Procurou-se por meio de pesquisa empírica identificar as principais razões e as sugestões de melhoria para essa situação.

Dentre as causas principais, tem-se: expansão extraordinária do número de cursos; círculo vicioso existente no ensino; falta de investimentos por parte das instituições; maior atratividade no mercado profissional; reduzido número de cursos de Mestrado e Doutorado, etc. Como propostas de melhoria são apontadas: cursos de aperfeiçoamento de pequena duração para os professores; troca de experiências entre docentes; integração entre o Departamento de Contabilidade e de Educação; criação de aulas-atividade; introdução do Exame de Suficiência Profissional; tempo integral para os cursos de Ciências Contábeis, dentre outros.

No ensino da Contabilidade, geralmente grande parte dos professores é recrutada entre profissionais de sucesso (!) em seu ramo de atuação que, em sua maioria, estão despreparados para o magistério, não tendo noção do que é exigido para formação de alunos.

O professor não deve estar preocupado apenas em *passar para o aluno* os conhecimentos que sabe, mas fazer o aluno *aprender a aprender* e para isso é preciso estar preparado.

A FORMAÇÃO DO PROFESSOR DE CONTABILIDADE DOS CURSOS DE CIÊNCIAS CONTÁBEIS

A escola de comércio foi o marco inicial do ensino da Contabilidade no Brasil. Teixeira (1969, p. 43) argumenta que a escola de comércio brasileira foi criada por simples tratado, ao contrário da criação da escola de comércio de Harvard, que primeiro elaborou um estudo completo de todos os relatórios de empresas administrativas e industriais americanas em cerca de oitenta anos de vida. Baseou-se nas decisões dessas empresas a elaboração do material que compôs o acervo da biblioteca. A partir daí, esse material passou a ser estudado e investigado e a Escola de Comércio transformou-se em Universidade. Detalhe: no Brasil fizeram-se escolas até sem biblioteca!

Nota-se um grande crescimento quantitativo dos cursos de Ciências Contábeis no Brasil, principalmente na última década, período em que praticamente duplicou o número de cursos. Só para ter uma idéia, em 1973 existiam 131 cursos superiores de Contabilidade; em 1976, eram 166; em 1986 esse número já alcançava 384 cursos.

A proliferação de instituições de ensino de Contabilidade, principalmente particulares, é apontada por Iudícibus e Marion (1986, p. 53) como uma das causas da má qualidade do ensino de Ciências Contábeis. Aumentou-se o número de instituições, porém, sem nenhuma preocupação com os aspectos qualitativos dos cursos. Ex-alunos e profissionais liberais com pouco ou nenhum conhecimento pedagógico passaram a fazer parte do corpo docente dessas escolas. A maioria desses professores não possuem outros cursos além da graduação em Ciências Contábeis. Em alguns casos, chega-se ao extremo do docente só ter curso de graduação em área não contábil.

Para Favero (1987, p. 399), a contratação de docentes sem qualquer experiência em magistério e sem cursos de metodologia de ensino superior causa impactos negativos na qualidade do ensino e no futuro profissional da área contábil.

Muitos são os trabalhos que abordam a situação do ensino superior de Contabilidade no Brasil. A maioria das pesquisas menciona que o aluno que conclui o curso de Ciências Contábeis não está preparado para o mercado de trabalho. Uma das causas apontadas pelos autores é a inadequada e desatualizada formação dos professores.

Mereceu destaque o trabalho do Conselho Federal de Contabilidade (CFC) elaborado por um Grupo de Estudos em 1985, visando 'a implantação do currículo mínimo no curso de Ciências Contábeis. No estudo, uma das falhas mais evidenciadas refere-se ao despreparo dos professores. Essas falhas segundo o Grupo de Estudos, só serão resolvidas mediante a reciclagem do corpo docente, com a criação de novos cursos de especialização, mestrado e doutorado (CFC, 1985).

Favero (1987, p. 373) ao analisar os resultados da avaliação feita pelos professores dos cursos de Ciências Contábeis no estado do Paraná, percebeu que a maior incidência de problemas está ligada: *ao despreparo do corpo docente*; à deficiência curricular, *à falta de integração entre professores*; e à falta de infra-estrutura adequada. Na opinião dos alunos entrevistados (23,8%), uma das razões que dificultam a realização do curso é o desestímulo dos professores.

Ao observar a falta de interesse de alguns anos por determinadas disciplinas, Schwes (1985, p. 33) examinou o problema e constatou que esse fato, muitas vezes, tem relação com a organização seqüencial do conteúdo ou com a maneira como este é abordado. Verificou também pouca preocupação com a integração entre as disciplinas do currículo dos cursos. "Há professores que desconhecem os programas das disciplinas que vêm após a sua, ou das que precedem". Nota-se, neste caso, a falta de conhecimento mais profundo das disciplinas e a desintegração entre os docentes.

A falta de treinamento para os docentes dos cursos de Ciências Contábeis também é constatada pela Organização das Nações Unidas - ONU como uma das maiores deficiências na educação contábil no Brasil, de acordo com a pesquisa realizada em 1994 (apud Schmidt, 1996, p. 336). Ainda sobre a influência na má qualidade do ensino no Brasil, Franco (1993, p. 810-811) destaca como principais problemas que envolvem os professores os seguintes:

• Carência de corpo docente qualificado, na maioria das escolas, em virtude de baixa remuneração, de falta de estímulo ao mestre e de absoluta ausência de planejamento para sua formação pedagógica e aperfeiçoamento cultural;

• Insuficiência de programas de mestrado e de treinamento pedagógico de professores em todos os níveis;

• Falta de programas de educação continuada, para atualização técnica e cultural de professores, à semelhança do que se propõe instituir para profissionais militantes;

• Falta de vivência profissional de inúmeros docentes de disciplinas técnico-profissionais, o que os impede de serem objetivos em suas aulas, mesmo as teorias, por desconhecerem a aplicação prática;

• Inexistência de critérios, na maioria das escolas, para avaliação de produtividade intelectual e pedagógica de professores, medida que se faz necessária, periodicamente, para manter o corpo docente estimulado e atualizado.

• Inexistência, na maioria das escolas, de teste de capacitação técnico-profissional e de prova de nível cultural (exame de suficiência), para ingresso do professor na carreira, o que deveria ser exigido, nos moldes do que se pretende instituir, para a habilitação legal do contador.

No ingresso de professores no ensino superior, não é levada em conta, por parte da maioria das faculdades, a capacitação técnico-profissional e pedagógica, fundamental para a formação de um corpo docente qualificado. Há instituições que até exigem avaliações da capacitação dos docentes, porém as realizam com o necessário cuidado e eficiência. Em muitos casos é mera formalidade. Por outro lado, os docentes, porém não as realizam com o necessário de cuidado e eficiência. Em muitos casos é mera formalidade. Por outro lado, os docentes não possuem recursos para acompanhar programas permanentes de atualização ou participar de congresso, convenções e outros eventos culturais que lhes permitam o aperfeiçoamento constante dos conhecimentos. Uma das maneiras de resgatar a imagem do docente, tão deteriorada atualmente, é "remunerá-lo condignamente e conceder-lhe condições necessárias para desempenhar seus deveres, dele exigindo, em contrapartida, prova de capacitação para o exercício deste importante mister. Crises econômicas, políticas e sociais decorrem, geralmente, de crise cultural (educação deficiente) podendo-se interpretar o professor como estreio e propulsor do desenvolvimento"(Franco, 1997, p. 7).

Para o professor sem criatividade, que segue um ritmo tradicional há décadas, o conteúdo ministrado perde-se e a exploração prospectiva não tem espaço. Muitos cursos foram abertos nos últimos anos e não há docentes suficientemente preparados para atender a todas as escolas.

A área contábil ainda encontra um outro agravante que é o setor empresarial oferecendo melhores condições de trabalho aos profissionais mais qualificados, e retirando do ensino aqueles que poderiam dar maior impulso ao seu desenvolvimento. A substituição por outro professor de mesmo nível normalmente fica prejudicada. Como há necessidade de nova contratação, acabam por assumira a vaga profissionais sem qualquer experiência no magistério e, em muitos casos, sem comprometimento com o ensino, já que possuem outras atividades profissionais fora da escola (Favero, 1992, p. 43-46)

Mas, afinal, como deve ser a atuação do professor de Contabilidade em sala de aula?

Pessoas são influenciadas por pessoas. No processo de ensino, esse processo não é diferente. O corpo docente de uma instituição tem grande influência na formação acadêmica de seus alunos. No processo ensino-aprendizagem o professor é o agente ativo e deve ter como papel o elemento facilitador desse processo. Por isso é fundamental a sua formação docente e profissional. Algumas características podem gerar influência sobre os alunos de forma positiva ou negativa, como por exemplo: ética profissional, comportamento, metodologia utilizada, conteúdo ministrado, personalidade, qualificação, experiência, dedicação, etc. Neste sentido, o docente deve ser honesto, demonstrar cultura e competência, servindo até de exemplos para seus alunos.

Muitas das dificuldades de aprendizagem encontradas pelos alunos da área contábil podem estar no processo de comunicação e no processo motivacional. "O professor tem de ter a capacidade e o dom de provocar atitudes sobre os conteúdos de ensino e sobre o próprio aprendizado, por meio de uma comunicação motivadora. Deve dar condições ao aluno para que este, ao sair da influência exercida, tenha atitudes tão favoráveis quanto possíveis, baseando-se num comportamento visível e positivo"(Schwez, 1997, p. 33).

No processo de comunicação, o professor deve ser verdadeiro e inspirar confiança. Um dos problemas básicos que há comunicação é que aquilo que o receptor capta pode não ser exatamente o que o emissor de fato quis transmitir. Esse caso pode ocorrer principalmente quando o professor da área contábil está voltado totalmente ao ensino tecnicista, esquecendo o lado humanista (Schwez, 1997, p. 34).

O processo motivacional compreendido pelo professor deve permitir aos alunos a aquisição de comportamentos que assegurem um eficiente ajustamento pessoal e sócio-cultural. Schwez (1997, p. 36-37) apresenta em seu artigo vários estímulos para a motivação. Destacam-se aqui apenas os relacionados ao papel do professor na área contábil:

√apresentar de tal maneira sua disciplina que, ao aprende-la, o aluno esteja, ao mesmo tempo, aprimorando seus instrumentos de trabalho mental (didática, planejamento, metodologia);

√aceitar críticas e criticar-se a si mesmo; aceitar diversos pontos de vista estruturados, lógicos, sólidos; reavaliar-se e atualizar-se;

√aprender a ensinar a sua disciplina;

√conhecer os conteúdos das disciplinas anterior e posterior à sua;

√aceitar que os alunos são indivíduos, e não números, e de diferentes características, e saber agir para cada caso com bom-senso e coerência;

√prover *feedback* imediato e específico às respostas do aluno;

√dar ao aluno oportunidades de selecionar e seqüencializar assuntos a serem estudados, de maneira que ele sinta o mais envolvido possível na atividade educativa;

√usar comunicação dinâmica, correta, facilitadora de compreensão e motivadora;

√usar somente aqueles itens de testes que sejam relevantes para os objetivos, coerentes e claros;

√expressar genuína satisfação em ver o aluno;

√reconhecer que as respostas dos alunos, sejam corretas ou incorretas, são tentativas de aprender, e acompanhá-las de comentários positivos;

√propiciar ao aluno formas de autocontrolar a extensão da instrução recebida;

√permitir que o aluno movimente-se tão à vontade quanto suas características de idade, desde que não atrapalhe suas aulas;

√saber aprender com os alunos;

√desenvolver suas aulas demonstrando confiança, satisfação e segurança;

√ter boa apresentação pessoal.

44. Professor de Pós-graduação

CURSOS DE PÓS-GRADUAÇÃO EM CONTABILIDADE NO BRASIL

Até meados da década de 60, os cursos de pós-graduação eram ministrados nas Universidades de maneira livre, sem legislação própria. A primeira regulamentação ocorreu por meio do Parecer no. 977/65, do extinto Conselho Federal da Educação (Cunha, L.A., 1974, p. 67)> No entanto, suas principais características foram evidenciadas por intermédio da Lei de Diretrizes e Bases no, 5.540, de 28 de novembro de 1968.

Em 1965, haviam 23 cursos de Mestrados e 10 de Doutorado em todas as áreas de conhecimento. Em 1977, eram 609 e 213, respectivamente. Atualmente, são 1.275 em nível de mestrado e 677 em nível de Doutorado, sendo que a maioria desses cursos estão concentrados na Região Sudeste.

O ensino de pós-graduação tem por objetivo a formação do pessoal qualificado para o exercício do magistério superior e para as atividades de pesquisa.

Quanto a pós-graduação em Contabilidade no Brasil a situação não é muito tranquilizadora. Em nível *stricto* sensu, são poucos os cursos existentes. Em nível *lato sensu*, embora sejam muitos os cursos em praticamente todo o Brasil, nem sempre são de qualidade adequada para a formação do professor.

As condições de implantação de cursos de pós-graduação stricto sensu, no entanto, muitas vezes são complexas, pois como observam Iudícibus e Marion (1993, p.2), "a falta de professores em número suficiente em tempo integral, se na graduação é prejudicial, na pósgraduação, pode ser fatal por causa de problemas de orientação de teses de mestrado e doutorado".

No brasil, atualmente, são três os Cursos de mestrado e Doutorado que estão plenamente reconhecidos e aprovados pela Fundação Coordenação de Aperfeiçoamento de Pessoal de Nível Superior - CAPES, todos localizados na Região Sudeste. Vale ressaltar que outros cursos estão em fase inicial de implantação. A seguir serão descritos os programas existentes.

PROGRAMA DE PÓS-GRADUAÇÃO EM CONTROLADORIA E CONTABILIDADE DA FEA/USP

A Faculdade de Economia, Administração e Contabilidade da Universidade de São Paulo - FEA/USP - foi criada em 1946, para suprir o ensino superior de Contabilidade e Atuária, Administração e Economia e formar profissionais altamente qualificados.

Desde 1970, o Departamento de Contabilidade e Atuária da FEA/USP passou a oferecer o programa de Pós-graduação stricto sensu em Controladoria e Contabilidade em nível de mestrado e a partir de 1978, em nível de Doutorado.

O programa é oferecido aos alunos graduados em nível superior (no caso de Mestrado) e aos mestres (no caso de Doutorado) para a formação de pesquisadores e de docentes.

No programa de Mestrado foram defendidas até 1997 e no Doutorado 53 teses. A média anual de defesas nos últimos cinco anos foi de 11 dissertações e 5 teses. Dos 53 alunos que receberam também a titulação de Mestre nesse mesmo programa.

PROGRAMA DE PÓS-GRADUAÇÃO EM CIÊNCIAS FINANCEIRAS E CONTÁBEIS DA PU/SP

A PUS/SP - Pontifícia Universidade Católica de São Paulo - implantou o programa de Pós-graduação em Ciências Financeiras e Contábeis, em nível de Mestrado, no ano de 1978 e foi apoiado por professores da Universidade de São Paulo. A finalidade do programa era promover a capacitação de pessoal para atuar em docência do ensino superior e em pesquisa na área contábil.

Inicialmente, tinha como público alvo os próprios professores da PUC/SP, mas acabou por atrair também executivos de empresas privadas e públicas que buscavam um melhor preparo profissional. Isto fortaleceu a formação técnica em detrimento da produção acadêmica. A pequena quantidade de trabalhos defendidos levou o programa, em 1991, a rever seus objetivos, iniciandose, então, um plano estratégico que visava a sua integração à excelência acadêmica da Universidade.

Até 1997 foram defendidas nesse programa de mestrado 41dissertações, sendo 11 destas no último ano.

PROGRAMA DE PÓS-GRADUAÇÃO EM CIÊNCIAS CONTÁBEIS DA FAF/UERJ

O curso de Mestrado em Ciências Contábeis foi criado em 1970 na Fundação Getúlio Vargas na cidade do Rio de Janeiro (FGV - RJ). Em 1991, foi reestruturado e transferido para a FAF/UERJ - Faculdade de Administração e Finanças da Universidade Estadual do Rio de Janeiro.

No período de 1970 a 1990, quando o curso funcionava na FGV-RJ, foram defendidas 27 dissertações. Enquanto que na UERJ, de 1991 a 1997, houve 45 trabalhos defendidos, sendo 14 destas no último ano.

Os três programas juntos (FEA/USP, PUC-SP e FAF/UERJ) titularam até 1997 o total de 226 mestres e 53 doutores em Contabilidade. Verifica-se que esse número de profissionais titulados é muito pequeno para suprir a demanda de professores nos cursos de graduação e pósgraduação em Ciências Contábeis.

Conforme informações disponibilizadas pela CAPES, existiam em maio de 1998, em tramitação nesse órgão, nove processos requerendo aprovação de programas de Pós-Graduação em Contabilidade, em nível de Mestrado.

Os cursos de pós-graduação *lato sensu* ou cursos de especialização em Contabilidade estão presentes em praticamente quase todos os estados brasileiros. Muitos deles, inclusive, voltados especificamente para a formação de professores do magistério superior, com carga horária mínima de 360 horas, de acordo com a Resolução no. 12/83 do Conselho Federal de Educação, que exige pelo menos 60 horas de Metodologia de Ensino Superior. A maioria desses cursos, no entanto, seguem uma tendência legalista que, segundo Maseto (1988, p.227), são ministrados unicamente para se cumprir um dispositivo legal, tendo em vista a obtenção de um certificado.

Iudícibus e Marion (1993, p.3) ressaltam que esses cursos "não são tidos de boa qualidade, principalmente pelas precariedades de recursos e escassez de professores titulados".

TITULAÇÃO DE PROFESSORES DE CONTABILIDADE

São vários os trabalhos que apresentam dados referentes à titulação dos professores de Contabilidade. Alguns estudos foram realizados em nível nacional, outros regionais e outros ainda referente à disciplina. Dentre esses, podemos destacar os de Costa[4] (1988), Favero[5] (1987), Pacheco Filho[6] (1988), Coelho et alii[7] (1998) e Theóphilo et alii[8] (1998).

Observa-se através dessas pesquisas que, nos cursos de Ciências Contábeis são minoria os professores com cursos de Mestrado e Doutorado. Há grande concentração de professores com cursos de graduação e/ou especialização.

Após a tabulação dos dados coletados nos catálogos da Instituições de Ensino Superior verificou-se que continua existindo uma grande aglomeração de professores dos cursos de Ciências Contábeis que possuem apenas cursos de graduação e/ou especialização.

A Região Sudeste responde por aproximadamente 50% das instituições que possuem cursos de Ciências Contábeis e consequentemente, por 50% dos professores de Contabilidade. Encontra-se nesta região também o maior percentual de professores com títulos de Mestrado e Doutorado. Isto, talvez, possa ser justificado pelo fato de ser o local onde se encontram os cursos de Contabilidade em nível de pós-graduação *stricto sensu*. Isso não acontece em todas as regiões. A Região Norte, por exemplo, não apresenta docentes com o título de Doutor.

Das instituições pesquisadas no Brasil, somente 19% dos professores cursaram pós-graduação *stricto sensu*. Os demais (81%) possuem apenas cursos de especialização (59%) ou graduação (22%), conforme se apresenta no gráfico a seguir.

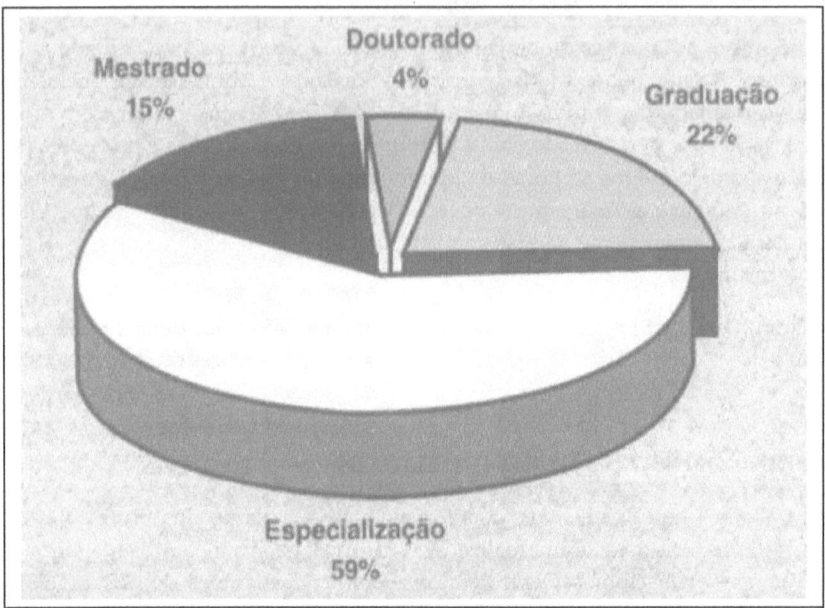

Verifica-se que a titulação dos professores de Contabilidade está bem abaixo da média geral de todos os cursos superiores do País. Enquanto que o total de cursos possui 41% dos docentes com o título de Mestrado ou Doutorado, o de Ciências Contábeis tem apenas 19%.

Vale ressaltar que de acordo com a nova Lei de Diretrizes e Bases da Educação as Universidades devem ter no mínimo um terço de professores com cursos de Mestrado ou Doutorado.

REGIME DE TRABALHO DOS PROFESSORES DE CONTABILIDADE

Um outro fator que tem fortes repercussões no ensino é o regime de trabalho dos professores. É pequeno o número de instituições que mantém docentes em regime de tempo integral. Sem essa dedicação, raramente o professor consegue atualizar-se e desenvolver um bom trabalho. Iudícibus e Marion (1986, p. 52) argumentam que "são raras as instituições que investem no aperfeiçoamento do seu corpo docente em cursos de pós-graduação, estímulo à pesquisa, cursos de áreas interdisciplinares, participação em congressos..."

A atividade de ensino exige tempo do profissional e o ensino de Contabilidade não foge à regra. Martins, N.S. (1993, p. 19) argumenta que para muitos profissionais da área contábil, a atividade docente é considerada apenas como complemento de renda. O professor sente-se desestimulado de ter essa função como principal fonte de recursos. Muitos necessitam ter um emprego-base fora da Universidade, o que acaba prejudicando a preparação de aulas, realização de pesquisas, atualização de conhecimentos, etc.

Vê-se em várias pesquisas[2], que há uma predominância de professores em regime de trabalho horista e em tempo parcial. Percebe-se também, uma das características dos cursos de Ciências Contábeis, que permite a seus professores trabalharem em tempo parcial, é que a maioria funcionam em períodos noturnos: o professor trabalha durante o dia em outras atividades e à noite ministra aulas. Segundo Serra Negra (1997, p. 130) 81% dos cursos de Ciências Contábeis são ministrados exclusivamente à noite, 4% são diurnos e 15% funcionam de dia e à noite.

De acordo com os dados coletados nos catálogos das Instituições de Ensino Superior, constata-se que mais da metade dos professores (84%) trabalham em regime horista ou em tempo parcial, ou seja, até 39 horas semanais. Na Região sudeste, onde estão concentradas mais da metade das instituições pesquisadas, apenas 9% dos docentes estão em regime de tempo integral (40 ou mais horas semanais).

Observa-se que há uma distância entre a situação atual e o que está sendo exigido pela nova Lei de Diretrizes e Bases da Educação de que pelo menos um terço dos professores trabalhem em tempo integral.

Há concordância entre os entrevistados de que o fato da maioria dos professores de Contabilidade estar em regime horista ou parcial acaba prejudicando o nível de ensino, porque esses docentes geralmente possuem outras atividades fora da Universidade e se dedicam prioritariamente a elas. Em muitos casos, a sala de aula torna-se um apêndice da atividade principal que é exatamente prática e o professor acaba apenas informando o aluno. Ensina o como fazer e não o porquê fazer.

É fundamental ter professores com dedicação exclusiva na escola, para o desenvolvimento de pesquisas científicas ou mesmo conhecendo a produção científica gerada por outros pesquisadores, bem como lendo livros novos, etc. Por outro lado, nos cursos de Ciências Contábeis torna-se necessário também que haja professores ligados ao mercado de trabalho fora da Universidade, uma vez que este profissional pode trazer muitas situações reais a serem discutidas em sala de aula. Neste caso, o ideal seria ter, concomitantemente, o docente de tempo integral e o de tempo parcial. Este último, inclusive, seria ainda mais útil quando permanecesse algum tempo na escola além do horário de suas aulas.

ALGUMAS CAUSAS DO DESPREPARO DO CORPO DOCENTE DOS CURSOS DE CONTABILIDADE

A maioria dos docentes dos cursos de Ciências Contábeis tem apresentado um "sofrível" desempenho na área acadêmica, conforme discutido ao longo deste artigo. Diante desse fato, procurou-se investigar as causas desse despreparo do corpo docente.[10]

Após a organização dos dados coletados nas entrevistas, constatou-se que as causas abordadas tiveram diferentes enfoques, conforme se verifica a seguir:

√ Expansão Extraordinária dos Cursos

Com a expansão das escolas e dos cursos, não foram encontrados recursos humanos suficientemente preparados para suprir a oferta de vagas, principalmente preparados nas instituições particulares. Valeram-se dos profissionais da comunidade, que transformaram-se em professores, do dia para a noite, sem o devido preparo necessário. Nessa situação, muitos desses docentes passam a não fazer uma reflexão do conteúdo que estão levando para a sala de aula. Só para se uma se ter uma idéia, o curso de Ciências Contábeis duplicou no período de 1986 a 1996, passando de 194 para 384 cursos.

√ Círculo Vicioso Existente no Ensino e o Descaso com a Educação

Ao longo do tempo, foi sendo criado um círculo vicioso em torno do ensino, em função da falta de exigência e avaliações. As escolas não cobram dos professores, os professores não cobram dos alunos, os alunos por sua vez não cobram dos professores e das escolas.

√ Falta de investimentos por Parte das Instituições

O fato da maioria das instituições superiores particulares estar interessada tão-somente na lucratividade é apontada como outra razão. A maior parte dessas escolas não investem além do mínimo necessário, uma vez que para atingir seus objetivos o que existe já e suficiente.

√ Maior Atração por parte do Mercado Profissional e Falta de Incentivo à Carreira Acadêmica

A falta de atratividade por parte das escolas, principalmente quanto à remuneração e falta de incentivos para seguir a carreira acadêmica, acaba levando para o mercado de trabalho pessoas que poderiam estar na docência ou mesmo reduzindo a dedicação daqueles que exercem a função do magistério.

√ Má Contratação de Professores pelas Instituições

A falta de exigências na contratação dos docentes, por parte da maioria das instituições, que os colocam em sala de aula sem dar condições para que tenham uma capacitação adequada, também é expressada como uma das causas.

√ Reduzido Número de Cursos de Mestrado e Doutorado, Falta de Pesquisa e Pouco Conhecimento em Cultura Geral

O pequeno número de cursos stricto sensu em Contabilidade, a falta de cultura geral e humanística e a falta de tempo para a pesquisa leva a maioria dos professores a aceitar coisas como verdades absolutas, sem discuti-las. Isto também prejudica o desempenho do professor.

PROPOSTAS DE MELHORIA DA FORMAÇÃO DO CORPO DOCENTE

Após a identificação e discussão de algumas causas que contribuem para o despreparo do Professor de Contabilidade, faz-se necessário buscar alternativas para melhorar ou até reverter a situação atual.

Muitos entrevistados entendem que tênues mudanças para a melhoria do ensino já estão acontecendo, principalmente, após a edição da nova Lei de Diretrizes e Bases da Educação. São necessárias, no entanto, serem implementadas outras medidas para que se tenha no futuro um ensino de melhor qualidade. As principais propostas apresentadas são:

> √ Cursos de Aperfeiçoamento de Pequena Duração e de Cultura Geral

No curto prazo, os Departamentos de Contabilidade devem promover cursos, de pequena duração, nas áreas específicas de atuação do professor, bem como nos aspectos pedagógicos envolvidos. Devem também incentivar os docentes a fazerem cursos de Português, LínguasEstrangeiras, História Econômica, etc., bem como disciplinas de Lógica, Ética, Metodologia de Pesquisa e de Ensino, etc., que certamente ajudam no desenvolvimento do nível de cultura geral e no relacionamento com o aluno.

> √ Troca de experiências entre Docentes

Deve ser implantado, no Departamento de Contabilidade, um espaço para que todos os docentes possam se encontrar, principalmente em tempo integral e os de tempo parcial. Isso permitiria discussões e troca de experiências acadêmicas e de Prática do mercado.

> √ Integração entre o Departamento de Contabilidade e de Educação

A integração entre os professores do Departamento de Contabilidade e de Educação deve ser instituída para que haja pessoas da área educacional reciclando e discutindo de forma permanente as questões do ensino com os professores da área contábil.

> √Criação de aulas-atividade

Há a necessidade de que o docente, principalmente o que está em regime de trabalho horista, permaneça na escola além do horário de suas aulas, corrigir trabalhos, fazer pesquisas bibliográficas, atender alunos, etc. Para isso é preciso que os responsáveis pelas instituições tomem consciência desse fato e criem as chamadas *aulas-atividades*, devidamente remuneradas, para que o professor possa desempenhar essas tarefas.

> √ Continuidade de Exigências do MEC

O Ministério da Educação e do Desporto deve continuar com as exigências, proporcionadas no que tange à qualidade do ensino, inclusive punindo aquelas instituições que não deflagrarem um processo de compromisso com a educação. O Exame Nacional de Cursos ('Provão') na área de Contabilidade também provocará uma reflexão daqueles cursos que tiverem um resultado da avaliação desfavorável.

> √ Exame de Suficiência Profissional

Para desencadear um processo de maior cobrança entre professores, alunos e escolas e elevar o nível de qualidade do ensino deve ser introduzido o Exame de Suficiência Profissional, em que a certificação do curso superior (diploma) não seria mais considerado suficiente para o exercício da profissão. Isso faria com que saísse de uma situação de pura acomodação existente para uma situação de maior compromisso com o ensino-aprendizagem.

√ Parcerias de
Universidades com Órgãos
Contábil

É apontada como proposta, também, a viabilização de parcerias entre as Universidades, que proporcionariam suporte acadêmico, e os Conselhos Regionais e Federal de Contabilidade, que contribuiriam com a criação de estruturas físicas em algumas regiões, inclusive bibliotecas, sistemas de videoconferência, etc., uma vez que estes possuem unidades instaladas em todos os estados do Brasil. Isto permitiria o encurtamento virtual de distâncias, possibilitando uma expansão dos cursos de Mestrado, bem como cursos de curta e média duração.

√ Apoio Financeiro
Proporcionados pelos
Órgãos da Classe Contábil

O apoio financeiro concedido pelo Conselho Federal e Regional de Contabilidade para professores e/ou profissionais da área contábil que pretendem cursar pós-graduação (inclusive mestrado) é colocada como sugestão para melhorar o desempenho docente. Essa medida é necessária, uma vez que os recursos para bolsas de estudos provenientes dos órgãos financiadores como CAPES, CNPQ, etc., são cada vez menores.

√ Tempo integral para o
Curso de Ciências
Contábeis

A transferência do curso de Ciências Contábeis do período noturno para tempo integral também traria mudanças na postura da maioria dos professores. Essa proposta se torna extremamente necessária no médio e longo prazo, pois só assim docentes e alunos estariam realmente presentes no ensino e na pesquisa e a partir daí melhor contribuíram com o desenvolvimento da Contabilidade.

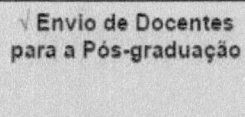

As Instituições de Ensino Superior devem ter sempre o compromisso de enviar docentes e pesquisadores para os cursos de Mestrado e Doutorado, principalmente fora do Brasil, como nos Estados Unidos da América e na Europa. O confronto de idéias provenientes de outros países é "frutífero" à produção científica e evita, inclusive, a endogenia de conhecimentos.

CONCLUSÕES

A expansão do ensino superior no Brasil foi grande desde a década de 60. Nos cursos de Ciências Contábeis a situação não foi diferente. Aumentaram o número de instituições, de prédios, de salas, etc. sem a preocupação maior com um ensino de boa qualidade. Para suprir todo o crescimento quantitativo, em muitos casos, foi necessário contratar profissionais do mercado com pouca ou nenhuma experiência na área acadêmica, para suprir a oferta de vagas na atividade docente. Essas e outras causas fizeram com que a maioria dos professores de Contabilidade apresentasse deficiências no processo de ensino-aprendizagem.

As escolas de ensino superior devem realmente assumir o seu papel e dar aos seus docentes oportunidades e condições para capacitação e atualização. É imprescindível a disponibilização de recursos financeiros e o estímulo aos docentes para cursarem pós-graduação, tanto no Brasil como no exterior. Quanto aos professores, é indispensável a conscientização da necessidade de buscar novos conhecimentos, novas técnicas de ensino, enfim, de se comprometerem com a educação.

Espera-se que os responsáveis pelos Departamentos de Contabilidade das Instituições de Ensino Superior, o Ministério da Educação e do Desporto, os representantes da classe contábil, os coordenadores de cursos de pós-graduação stricto e lato sensu, os professores, os alunos, etc. discutiram, reflitam e implementem as sugestões apresentadas nesta pesquisa.

45. Pesquisador

Com a expansão das Ciências Contábeis, torna-se fundamental a inserção da pesquisa científica nas atividades de ensino como meio de construção de conhecimentos e formação do senso crítico.

Existe diferença entre um pesquisador e um cientista?

Durante a pós-graduação poucos alunos encontram oportunidade para refletir sobre as diferenças entre ser um pesquisador e ser um cientista. Aliás, poucos são os que entendem que existe uma grande diferença entre as duas profissões.

E os programas de pós-graduação, que deveriam promover essa conscientização nas disciplinas e orientações de seus cursos, infelizmente têm formado mais pesquisadores do que cientistas, o que no fundo é uma pena, visto que existem profissionais com grande potencial para se tornarem cientistas de sucesso, mas que na verdade estão trabalhando apenas como pesquisadores.

A grande diferença

Basicamente, pesquisador é aquele profissional que faz pesquisa. O pesquisador quer saber a resposta de uma pergunta, faz uma pesquisa e elabora uma resposta. Não precisa ser cientista para fazer isso. Já o cientista, faz uma pesquisa e do resultado, das conclusões obtidas, discute dentro de um corpo teórico maior, procurando avançar em um determinado campo do conhecimento.

O pesquisador executa, cuida do método, cumpre o planejado, tem um bom cronograma, busca os objetivos, é organizado e comedido e com um esforço apenas razoável constrói um perfil de competente. Em compensação torna-se mais burocrático, menos criativo. Mas é o que constrói os resultados.

O cientista difere do pesquisador pela aptidão de ver os problemas relevantes e fazer boas perguntas. Além da intuição aguçada e sensibilidade refinada, o cientista naturalmente é cético e crítico. Requer-se um esforço sobrecomum e uma mente sempre aberta para novas abordagens e experiências.

O professor György Böhm, em um de seus textos, utilizou uma orquestra como exemplo das diferenças entre pesquisadores e cientistas: os músicos são responsáveis pelos sons e o regente pelo efeito harmônico do conjunto. Mas nem todos os músicos ou todos os regentes são capazes de compor e criar ideias musicais de qualidade. São os compositores que fazem isso.

As boas perguntas

Os cientistas veem problemas de outra forma e, com uma sensibilidade diferente, acentuam o cerne do problema com facilidade aplicando-lhe as perguntas básicas: O quê? Por quê? Quem? Como? Onde? Quais as implicações disso?

Aliás, as boas perguntas fazem toda a diferença. Nas revistas de ciência podemos observar uma grande quantidade de trabalhos em que os autores não produzem boas perguntas ou boas ideias. Muitos trabalhos são repetitivos não pela necessidade de comprovação, mas pela falta de novas ideias e abordagens, cumprindo assim apenas o mínimo de publicações anuais.

Profissão pesquisador

Já que andamos falando sobre pesquisa, achei oportuno publicar um texto excelente da "neurocientista de plantão, Suzana Herculano-Houzel. Este texto não tem a intenção de desencorajar quem pensa em se tornar pesquisador, mas sim esclarecer vários pontos que parecemos nunca conseguir tratar com a pontualidade aqui observada:

Escrevi anteriormente aqui sobre o problema da "carreira" de cientista no Brasil, quase inexistente porque postos de "pesquisador" são raros (aliás, pequena curiosidade: tentem preencher um formulário online com a profissão "cientista". Em geral ela não existe!). O resumo da situação, em minha opinião, é que o trabalho de um pesquisador não é considerado trabalho enquanto ele não for contratado como... professor universitário, em geral, o que dificilmente acontece antes de uns 10 anos de formado.

Pensei um bocado sobre o assunto, e eis aqui minha proposta para uma reforma prática, imediatamente implementável se o governo assim quiser - e, mais importante, SEM tocar na estrutura dos empregos públicos já existentes (fazer isso seria pisar em calos demais, o que poderia inviabilizar a implementação da nova estrutura, e de qualquer forma não é essa minha bandeira aqui).

A constatação de origem é a seguinte: é o trabalho de estagiários de iniciação científica, mestrandos, doutorandos e pós-docs que de fato move a ciência. Quem acha que não é, por favor dê uma olhada no currículo de nossos cientistas mais produtivos em termos de publicações - Wanderley de Souza e Iván Izquierdo, por exemplo, só para citar os dois que primeiro me vêm à cabeça -, e veja quantos de seus artigos recentes (sem ser artigos de revisão da literatura) são publicados apenas por eles, sem vários "bolsistas" como primeiros autores ou co-autores. Pois é. Na prática, no Brasil e no mundo, quem faz a ciência, quem está na bancada gerando dados, é o "bolsista" que está supostamente "estudando", e não trabalhando.

Mas trabalho é o que isso é, e minha bandeira é que ele deve ser reconhecido como tal. O empecilho para isso é que as instituições públicas, onde se faz a melhor ciência no Brasil, só contratam por concursos, e com aquela faca de dois gumes que é o emprego garantido (mais sobre isso adiante). Fundações, contudo, têm autonomia para contratar e demitir; podem receber fundos tanto públicos quanto privados para pagar seus funcionários; e estão livres da necessidade de lucro que atrapalha a pesquisa básica.

Eis a primeira parte da minha proposta, então: que as instituições públicas onde se faz ciência criem Fundações, com gestão LOCAL, ágil, para contratar seus pesquisadores - e que esses pesquisadores, contratados e assim reconhecidos como trabalhadores que de fato são, sejam os hoje "bolsistas" de iniciação científica, mestrado, doutorado e pós-doutorado. Assim o cargo de "cientista" passa a existir de fato, em seus vários níveis de progressão na carreira, reconhecendo e recompensando o mérito e a produtividade de cada um: estagiário (atual bolsista de iniciação científica), assistente de pesquisa (atual recém-formado), pesquisador assistente, pesquisador júnior, pesquisador associado, pesquisador pleno, pesquisador sênior, diretor de pesquisa (chefe de laboratório).

De onde viria o dinheiro? De onde já vem: MCT, CNPq, FAPs estaduais - e, agora que são instituições "privadas", quem sabe até de fontes privadas, como em tantos outros países. Para deixar bem claro: proponho ACABAR COM TODAS AS BOLSAS NO PAÍS, e usar esses fundos para contratar os jovens como trabalhadores que são, com todos seus direitos e deveres trabalhistas. Quantos pesquisadores cada laboratório poderia contratar dependeria de produtividade e captação de recursos para seus projetos, com possibilidade de avaliação e reavaliação constante.

Contratados como trabalhadores, valeria assim a meritocracia e a agilidade que são a norma em qualquer empresa: quem faz um bom trabalho permanece; quem não está de fato produzindo corre o risco de ser demitido. Claro, com comissões de avaliação para garantir que ninguém seja demitido por mera picuinha ou por não fazer parte das panelas da vez. Proponho ainda que os cargos dos pesquisadores sênior e diretores de pesquisa, responsáveis pela continuidade dos projetos em andamento, tenham duração assegurada de cinco anos, renováveis indefinidamente, durante os quais o pesquisador, como o professor universitário, não precisará se preocupar com seu emprego.

O que fazer com a pós-graduação? Proponho que ela seja valorizada como algo realmente reservado àqueles jovens pesquisadores que demonstrarem capacidade de inovação e liderança, ao invés de ser usada como a boia de salvação atualmente necessária para quem quer seguir carreira na ciência, na falta de empregos de verdade como pesquisador. Cursos de atualização e formação continuada seriam oferecidos continuamente para pesquisadores contratados de TODOS os níveis, sem custo (mas também sem "bolsa" adicional), pois são fundamentais para todos (e não, na minha opinião, um "investimento opcional"). Mas, no esquema de cargos proposto acima, o pesquisador que demonstrar essas capacidades de pensamento original e independente ganharia acesso ao doutorado (chega de mestrado!), como qualificação adicional para um dia vir a ser líder de seu próprio grupo, no cargo de diretor de pesquisa (chefe de laboratório, na prática). Sendo um processo rigoroso de qualificação (também sem "bolsa" adicional!), onde originalidade e relevância são exigidos de fato, o doutorado prepararia o pesquisador para passar ao cargo de pesquisador pleno, sênior, e eventualmente diretor de pesquisa.

Como implantar esse esquema na estrutura atual de professores universitários? Proponho que seja oferecida a alternativa de acúmulo de cargo de professor universitário (sem dedicação exclusiva, claro) e diretor de pesquisa (para que já é chefe de laboratório) ou pesquisador pleno ou sênior (para quem já é professor com doutorado) para quem já é concursado (e deixo claro desde já que eu abraçaria a opção), mas claro que quem já é funcionário público não seria jamais obrigado a deixar seu cargo. O importante aqui é criar a possibilidade de contratação com perspectiva de carreira, e mudar como a ciência é feita daqui para a frente.

Notem que uma das consequências dessa proposta é que ser professor universitário pode passar a ser reservado a quem realmente SABE e QUER ensinar, ao invés de ser o "preço" a pagar para poder fazer pesquisa por aqueles que não curtem ensinar. Não é vergonha alguma não querer dar aula, assim como não é vergonha não querer fazer pesquisa; portanto, nada melhor do que as duas atividades serem dissociáveis.

A outra consequência desta proposta é a MOBILIDADE e AGILIDADE para contratação por Fundações locais associadas às Universidades (ou, melhor ainda, aos Institutos). Precisamos disso para atrair cientistas de outras cidades, estados, e países. Precisamos disso para ajudar a escolher outro caminho (eufemismo para "demitir", isso mesmo) aqueles que não se encontram na carreira de cientista ou professor, mas continuam nas universidades porque são, bem, funcionários públicos indemissíveis.

46. Investigador de Fraudes

O crescente índice de fraudes dentro das empresas e as conseqüências penais e sociais decorrentes obrigam os Contadores a assumir a vanguarda desta discussão. Caso não o façam, estarão correndo o risco, como categoria profissional, a uma função reduzida na busca do objetivo proposto: garantir a legalidade nas transações entre as empresas e a sociedade. O debate sobre o papel do contador e suas responsabilidades avança para a sua formação e aprimoramento profissional.

O atual contexto determina que este profissional agregue conhecimentos à sua formação com o objetivo de pensar em novos rumos para prevenção de fraudes contra as empresas. Isto irá exigir conhecimento das Leis e Códigos Processuais, de Criminologia, de Sociologia, de Psicologia e, principalmente, do constante aprendizado das ferramentas de Auditoria e Perícia Contábil.

Conhecer as Leis e Códigos é também subsidiar aqueles que buscam a verdade no sucesso de suas decisões. O Contador deve caminhar lado a lado com Juízes, Promotores e Advogados para encontrar os meios necessários de identificar a ação de criminosos. A continuidade na legalidade delas levará à melhora da saúde para a sociedade.

Os estudos de Criminologia, da Sociologia e da Psicologia irão auxiliar o Contador na sua capacidade de identificar padrões de conduta alterada e indícios de distúrbios comuns aos fraudadores. Isso servirá de elemento para que as áreas de Recursos Humanos preparem-se melhor para gerenciar colaboradores e para gerar informações aos bancos de dados de inteligência da empresa.

Conhecer e aprimorar cada vez mais as ferramentas de auditoria e perícia é uma necessidade que gerará uma contingência para os Contadores.

Quanto mais souberem sobre fraude e como detectá-la, menos justificativas terão para dizer que foram enganados pelos criminosos. Além disso, é necessário determinar como melhor documentar e localizar recursos que teriam sido apropriados indebitamente. Todo esse conhecimento dará ao Contador Investigador de Fraudes condições de propor alternativas, penalidades para se prevenir à ação de fraudadores.

O sistema contábil que conhecemos hoje está preocupado com ativos tangíveis e resultados da variação patrimonial destes após algumas transações econômicas financeiras. O valor da informação e a exposição da imagem da empresa estão distantes das demonstrações contábeis, assim como uma série de evidências que circulam ao largo da empresa.

As instituições deveriam constituir centrais de inteligência capazes de capturar e analisar essas informações, trabalhando, de um lado, na formação de dados estratégicos para o desenvolvimento dos seus negócios e, de outro, prevenindo-se da ação criminosa de seus colaboradores ou de terceiros.

O Contador Investigador de Fraudes será um profissional requisitado e procurado por todo o tipo de entidade, seja ela privada ou pública. Por isso, advogo o início do relacionamento da Ciência Contábil com o Direito, a Psicologia, a Sociologia, a Economia e com a Administração, na busca de alternativas de combate e prevenção à fraude.

47. Escritor

O profissional de Ciências Contábeis está capacitado atuar em diversas áreas do setor público e privado. Para ser um escritor não basta apenas saber escrever sobre um determinado assunto, é necessário observar uma série de passos para que seja possível conseguir dar destaque para os seus textos e, consequentemente, obter rendimentos financeiros para o seu trabalho.

Com a internet se criou um espaço novo para pessoas quem deseja ser escritor, existindo diversas propostas de trabalho, principalmente de forma amadora, ótimas para quem deseja iniciar no ramo, aprender e ainda ganhar dinheiro. Após aperfeiçoar-se, pode-se cobrar mais e procurar propostas mais atrativas.

Sem dúvidas, a profissão de escritor é uma das mais antigas do mundo, sendo considerada uma prática milenar. Desde a Antiguidade já existiam pessoas que se preocupavam em fazer os registros em pergaminho sobre a vida cotidiana ou de determinadas situações.

O Egito é uma das primeiras regiões a registrar indícios de escritores, onde inicialmente a escrita era feita de um modo muito dificultoso, pois as palavras eram esculpidas em plataformas de pedras.

Ao longo dos séculos os escritores foram evoluindo juntamente com a escrita, tendo um grande avança com a invenção dos tipos de escrita a prensa, que permitiu escrever com maior praticidade. Na Idade Moderna, a história dos escritores foi revolucionada pela invenção da máquina de escrever e posteriormente do computador, que agregou muito mais praticidade para escrever sobre diferentes temas de forma prática e ágil, diminuindo o tempo para a finalização de obras literárias.

Quando se fala na profissão de escritor muita gente logo pensa nos grandes nomes da literatura como, por exemplo, Machado de Assim ou Guimarães Rosa, porém, não são apenas os grandes romancistas que são considerados escritores, visto que é possível escrever sobre os mais diversos assuntos, basta ter imaginação ou conhecimentos como crônicas, economia, política, direito, entre outras possibilidades.

Existem diversas Editoras Para Publicar Livros, contudo, o grande problema é que a maioria efetua o pagamento de um percentual de 10% a 20% do apurado pelas vendas, ou seja, sobra pouquíssimo para os escritores, pelo menos os que não são de renome.

Vantagens e Desvantagens de Trabalhar Como Escritor

Assim como qualquer outra profissão a de escritor também se caracteriza por ter as suas vantagens e desvantagens. Atualmente há diversos motivos que incentivam a entrada de novas pessoas no mercado para trabalhar como escritor.

Este profissional tem à sua disposição diversas tecnologias que o ajudam a escrever com mais facilidade, sendo o computador e a internet as principais, visto que o escritor tem todo o espaço cibernético para pesquisar, além de poder começar escrevendo em plataformas virtuais como sites e blogs, que hoje em dia tem se tornado um ambiente que revela muitos escritores populares.

Com relação às desvantagens, é importante ressaltar que mesmo com o número maior de editoras alternativas no Brasil, ainda há uma grande dificuldade para os escritores publicarem os seus livros, sendo necessário passar por vários processos até conseguir concretizar e divulgar a obra. Por outro lado, os escritores podem disponibilizar as suas obras em e-books, um dos métodos mais modernos e funcionais.

O problema de se tornar um escritor e conseguir atingir o sucesso é justamente o fato da divulgação. Cada vez mais surgem novos escritores e o que distingue um dos outros não é apenas o fato de escrever um bom livro ou não, mas sim fazer com que as pessoas descubram a existência daquele livro.

Como Ser Um Escritor

Saber escrever é uma habilidade essencial para escrever, mas para ser um escritor é necessário seguir vários passos, sabendo desde como elaborar uma obra literária até como publicá-la. Por isso acompanhe abaixo nossas dicas de como ser um escritor:

1- Formação Acadêmica Para Ser Escritor

Em teoria para ser um escritor não é exigido ter uma formação no ensino superior, no entanto, é recomendado buscar uma graduação para desenvolver a habilidade de escrita, sendo que as duas mais comuns são Letras e Jornalismo, cursos com duração de quatro anos, os quais permitem que o aluno tenha um contato profundo com a arte da escrita, aprendendo todos os estilos de textos, desde redação, crônicas até artigos.

Além da formação acadêmica, dependendo da área em que você pretende ser escritor é indicado fazer cursos de especialização capazes de aprimorar os seus conhecimentos para que eles possam ser aplicados com mais precisão. Por exemplo, pode-se fazer cursos de literatura, poemas, desenvolvimento de crônicas, política, economia, entre outras opções.

Obter auxílios e fazer parcerias com editoras e divulgadores são pontos chaves para conseguir atingir o sucesso. Normalmente, escritores que conseguem fazer sucesso, apenas o atingem em razão de conseguir uma boa editora que divulgue o seu trabalho.

O interessante da editora é que muitos usuários acessam os sites oficiais das empresas e, com isso, caso seu livro seja uma das "revelações", o cliente acaba por ter contato, muitas vezes adquirindo simplesmente porque estava na página inicial da editora.

2- Como Desenvolver a Habilidade de Escrita

Sim, algumas pessoas já possuem um dom natural para escrever, estando sempre com uma boa ideia na cabeça para transformar em texto. Porém, para ser um bom escritor não basta apenas ter talento, pois também é preciso investir na prática. Em primeiro lugar é recomendado ler muito, principalmente livros que tenham o tipo de conteúdo que você pretende escrever, esta atitude é fundamental para adquirir repertório e vocabulário, do contrário a sua escrita será precária.

A segunda forma de melhorar a sua escrita é praticando-a, e muito. Sendo assim, sempre que possível procure escrever sobre os assuntos que mais lhe interessam. Reescreva os textos até sentir que eles estão ficando melhores. Dê os seus textos para outras pessoas lerem e peça a opinião delas, um segundo ponto de vista é sempre bom para enxergar as coisas de uma forma mais ampla.

Tome cuidado para quem você irá pedir uma segunda opinião, pois muitas pessoas irão lhe dizer que está bom/ótimo quando, na verdade, o seu texto não está. Procurar por pessoas que irão realmente lhe dar uma opinião sincera é de suma importância. Aceite as críticas abertamente e sem qualquer tipo de insatisfação! Lembre-se também de pedir para alguém que tenha costume de ler livros e textos, esta pessoa tem uma maior capacidade de percepção e avaliação de qualidade.

A impressão do livro costuma ser realizada em gráficas e o preço é relativamente acessível. Você pode ainda se interessar em montar uma gráfica.

3- Use a Tecnologia Para Ser Escritor

Por mais nostálgico que você seja é recomendado usar a tecnologia para ser escritor. Hoje em dia, praticamente todas as pessoas podem escrever, basta querer. Portanto, se você acha que ainda não tem qualidade para escrever um livro, então, que tal fazer posts diários na internet? É perfeitamente possível criar blogs ou sites para publicar os conteúdos produzidos por você.

A vantagem de usar a internet é o fato de ela te aproximar do público, sendo possível ter um feedback do seu estilo de escrita e maneira de tratar o assunto, uma vez que as pessoas podem comentar os seus textos. Há vários escritores famosos que começaram na internet como, por exemplo, a Bruna Vieira, autora da obra "Depois dos Quinze", que escreve para o público adolescente.

4- Apresente a Obra Para Editoras Para Ser Escritor

Você passou meses se dedicando em frente ao computador e finalmente conseguiu escrever um livro? Se você deseja publicar a obra é necessário começar o processo de apresentação às editoras, em que se pode mandar por e-mail ou ir diretamente até os estabelecimentos.

Para uma editora querer publicar um livro é necessário que ela veja potencial no conteúdo e no público para o qual ele está direcionado. Por exemplo, na atualidade as obras de cunho religioso estão em alta, existindo vários autores religiosos famosos no mercado.

5- Publique o Seu Livro Online Para Ser Escritor

A grande vantagem da internet para os escritores é que eles não são mais reféns das editoras, pois é possível publicar o livro online. Neste caso, o conteúdo pode ser compactado em formato de e-book e ser vendido online, fazendo com que as pessoas paguem e posteriormente baixem o arquivo. Além de ser um método mais barato para publicar, também é ecologicamente correto, pois não usa papel.

Também, cabe chamar a atenção para a comodidade de proporcionar a venda do livro pela internet. Quando um consumidor se interessa, ele pode, rapidamente, efetuar a compra, baixando o livro e começando a ler imediatamente.

Quando você fornece o livro apenas e forma presencial e através de editoras, devido a demora entre comprar e receber o livro, pode o cliente perder a vontade e acabar por deixar de comprar o conteúdo.

48. Executivo de Bancos

O **executivo** é o profissional responsável por funções gerenciais importantes em uma empresa e possui conhecimentos profundos da área em que atua. Ele pode exercer suas atividades nos mais diversos setores, mercados e departamentos: multinacionais, mercado de artes, comunicação, administração, recursos humanos, contabilidade, etc.

É uma carreira que não exige formação específica, mas requer experiência profissional e uma série de **talentos**: liderança, capacidade de negociação, visão estratégica, habilidades em gestão e muita responsabilidade.

Muitos executivos de Bancos têm formação específica no mercado de capitais.

O executivo é, antes de tudo, **um profundo conhecedor do negócio** da empresa. Ele domina os pormenores do ramo em que atua, enxerga longe, conhece os procedimentos mais comuns da área, sabe lidar com pessoas, negociar e identificar oportunidades.

Não é, portanto, uma atividade que se aprende apenas em sala de aula, em cursos de graduação ou especialização. **Universidades** não formam executivos, mas **dão a base necessária** para o exercício da profissão. O resto vem com a vivência e as experiências positivas e negativas. Uma boa uma dose de talento ajuda também.

O executivo pode ser um profissional que veio de uma área técnica (médicos, publicitários, profissionais do marketing ou de TI, por exemplo) ou da área de gestão (recursos humanos, negócios, finanças, etc.).

Mas afinal, o que faz um executivo? Sumariamente, este profissional é responsável por cinco grandes **atividades estratégicas** de uma empresa:

- Análise (cenários econômicos, concorrência, etc.)

- Planejamento (metas, custos, objetivos)

- Organização (salários, planos de ação)

- Liderança (coordenação de equipes, negociação)

- Controle (acompanhamento de planos de metas, recursos)

Dentre os cargos mais comuns ocupados pelos executivos, destacam-se:

- **Executivo de Vendas**: responsável por identificar clientes em potencial e gerar novos negócios para a empresa. Tem ampla visão na área comercial, conhece os mercados e os concorrentes. Enxerga oportunidades de negócio e sabe aproveitá-las.

- **Executivo de Contas:** gerencia e faz o relacionamento com os clientes de uma empresa, busca novos negócios e antecipa tendências de mercado para sua área de atuação.

- **Executivo de Mídia:** responsável por garantir receitas comerciais através de vendas externas, manutenção e captação de clientes para veiculação de mídias em diversos meios (TV, rádio, internet, outdoors, jornais, revistas, etc.).

- **Executivo de Novos Negócios:** atua na busca por novos negócios, faz análises estratégicas, visita potenciais clientes ou parceiros e define estratégias de abordagem.

Repare que em todos os cargos, independentemente da área, existe uma atividade em comum: a **busca por novas oportunidades**.

Como se tornar um executivo

O melhor caminho para se tornar um executivo é conhecendo tudo a respeito do setor, mercado ou área em que você atua: histórico, casos de sucesso, legislação, tecnologias, concorrência, negociações, parceiros, etc. É preciso também estar atento ao que acontece no Brasil e no mundo e ter bons contatos que possam abrir portas ou fornecer informações estratégicas.

Um curso superior e uma pós-graduação podem ajudar bastante a abrir o caminho, mas, como dito anteriormente, não existe uma formação de onde o aluno saia automaticamente como executivo. Trata-se de um cargo que se consegue pelo conhecimento, experiência e habilidade em entender o mercado de atuação.

Podemos dizer, no entanto, que a área que melhor permeia as atividades desse profissional é, no geral, a **Administração de Empresas e formações similares como Ciências Contábeis ou Economia.**

Na prática, o executivo pode ter qualquer formação acadêmica, tanto em grau tecnológico como em bacharelado. Os diferenciais são mesmo a visão de negócios, o pensamento estratégico e a habilidade em lidar com clientes consolidados e potenciais.

Para quem tem interesse em seguir nesta carreira, aqui vão algumas dicas de cursos que podem ajudá-lo a alcançar este cargo:

- Administração de Empresas

- Ciências Contábeis

- Engenharia da Produção

- Marketing

- Ciências Econômicas

- Gestão Comercial

- Gestão Pública

- Gestão de Recursos Humanos

- Processos Gerenciais

- Gestão Financeira

Por se tratar de um cargo muitíssimo concorrido, é importante saber que um bom executivo deve investir continuamente em pós-graduações (especializações e MBA) e cursos nas áreas de negócios e inovação.

E o primeiro passo, obviamente, é fazer uma graduação de qualidade reconhecida, em uma faculdade credenciada e bem avaliada pelo Ministério da Educação (MEC), com boa reputação no mercado.

49. Executivo Financeiro das empresas: Gerente, Diretor, Vice-Presidente e Presidente de Empresas

O Exercutivo Financeiro de empresas é o responsável pela elaboração de planos e projetos e desempenho operacional e financeiro. Profissional essencial e estratégico para as operações de qualquer empresa, esse gestor tem um leque de responsabilidades. É ele que cuida do planejamento das finanças da companhia, gestão da equipe e dos recursos da área financeira.

O Executivo financeiro também tem atuação decisiva na prestação de contas para a diretoria e presta um valioso auxílio na tomada de decisões.

Com ele a empresa controla seus gastos, planeja suas despesas e tem uma vida financeira mais saudável e estável.

Confira tudo o que faz um Executivo financeiro:

Resumo das funções

O Executivo financeiro atua diretamente no planejamento das finanças da empresa. É o responsável por organizar, captar e aplicar os recursos da sua companhia. É um gestor financeiro que tem como responsabilidade analisar demonstrativos contábeis e créditos, além de fazer uma avaliação da manutenção de estoques e acompanhar fluxos de caixa e faturamentos.

Principais objetivos

O Executivo financeiro tem como principais objetivos aumentar o valor do patrimônio líquido de uma companhia ao gerar lucro líquido por meio das atividades operacionais da organização. Para isso, o profissional conta com um sistema de informações gerenciais que possibilita que ela conheça e analise a situação financeira da companhia e possa tomar as decisões gerenciais mais adequadas para maximizar os resultados financeiros.

Análise de mercado

O profissional que atua como Executivo financeiro faz uma análise do mercado e propõe alterações que influenciem no desempenho econômico da empresa. Pode ocupar os cargos de Gerente, Diretor de departamentos, Vice-Presidente e Presidente. Seu campo de atuação é vasto: de departamentos financeiros de companhias até corretoras de valores e instituições financeiras. Muitos optam ainda por atuar como autônomos, trabalhando como consultores.

Responsabilidade sob transações

O Executivo financeiro cuida das atividades corriqueiras dentro da área de finanças, como contas a pagar, a receber, toda a sorte de rotinas fiscais, contabilização de documentos e geração de notas e relatórios fiscais.

Como gestor financeiro, o profissional é responsável pelas atividades de controle, que têm como objetivo se certificar que os objetivos e a missão da companhia estão sendo alcançados com um grau aceitável de risco. Relatórios de performance, normas, procedimentos, orçamento e auditoria interna estão entre as atividades de controle exercidas pelo gestor financeiro, que tem como meta minimizar riscos para as finanças e para a organização com um todo.

Tomada de decisões

A atuação do profissional é responsável pela melhoria do processo decisório dos gestores, criando valor para os acionistas e para o próprio processo. Esse Executivo deve ter uma abordagem racional, não se esquecendo de humanizar os dados financeiros levando em consideração que uma organização é feita por pessoas.

Com o aumento da importância estratégica da área financeira, o Executivo financeiro não atua apenas neste setor, mas pode desempenhar as funções decisórias como Diretor, Vice-Presidente e Presidente na tomada de decisões no negócio como um todo.

50. Membro de Conselhos Fiscais das Sociedades conforme normas Legais

Os membros do Conselho Fiscal devem ser brasileiros natos ou naturalizados, maiores de idade e sem impedimentos legais. Um certo conhecimento ou disposição para conhecer princípios contábeis é fundamental. Mas o mais importante é acompanhar o processo. A escolha do contador, o método, a forma de escrituração, a separação entre deliberação/registro/auditoria, etc.

Os conselheiros fiscais fiscalizam a gestão, e não podem deliberar sobre as decisões que fiscaliza. Por isso, não podem compor a administração.

O que faz

Os membros do Conselho Fiscal emitem uma opinião conjunta, o Relatório ou Parecer do Conselho, a respeito das contas anuais (aprovação do balanço, que deve ser feita anualmente, até o fim do mês de março) e assinam em conjunto esse documento, declarando que as contas estão corretamente lançadas de acordo com os princípios contábeis e normas legais e fiscais vigentes. Eles não elaboram os demonstrativos (Balanço, DRE, DMPL, DOAR, Diário, Balancetes, Declaração de IRPF, etc.), mas os aprovam.

O Conselho é responsável pelo que diz em seu parecer, e não necessariamente pelo que está no demonstrativo. Uma transação financeira qualquer é feita por decisão da administração, e é executada por seu tesoureiro. Eles são os responsáveis pela transação (devem explicações sobre as transações feitas). O contador é responsável pelo correto lançamento desta transação e deve explicar os lançamentos feitos. O Conselho Fiscal é responsável pela emissão de um parecer sobre os demonstrativos, e portanto, deve explicações sobre seu parecer sobre os lançamentos feitos pelo contador relacionados à transação feita pelo tesoureiro por decisão da administração.

É importante que fique clara essa diferença entre as responsabilidades de cada um. Não é necessário que o Conselho aprove previamente cada movimentação na conta. Esse não é seu papel. Mas ele pode (e deve) opinar, sempre que achar necessário, sobre qualquer decisão a que tenha sido informado e que tenha influência no patrimônio. A administração pode acatar ou ignorar a opinião do Conselho, mas é lógico que ela se responsabiliza pelas decisões que toma, independentemente da opinião do Conselho. Mesmo que o

Conselho apóie uma decisão da administração, quem responderá pela decisão será sempre a Diretoria.

Número

Sugestão: O número mínimo para compor o Conselho Fiscal em uma OSCIP é de dois membros, mas podem ser escolhidos suplentes, a critério da associação, de acordo com o definido em seu Estatuto. Membros que demorem a participar das decisões do Conselho (elaboração do parecer anual, por exemplo), podem vir a ser substituídos pelo seu suplente. Por outro lado, com poucos membros, a exigência de muitos suplentes pode impedir a formação de um Conselho. Essa alteração de números é uma modificação do Estatuto, e teria que ser aprovada pela Assembleia Geral (pela maioria simples dos associados ou por outra proporção, a ser definida no Estatuto). A recomendação jurídica é de, no mínimo, dois titulares e um suplente, como definido em nosso Estatuto.

Presidente

Sugestão: Os membros eleitos do Conselho Fiscal podem escolher um presidente do Conselho Fiscal, a quem caberia acompanhar as datas importantes e reunir os demais membros. Podemos exigir que o presidente do Conselho tenha acesso (sem poder de voto e nem de sanção ou veto) a todas as decisões da diretoria. Ele teria "poder de voz" nas discussões deliberativas. Assim ele definiria quais são as decisões que tenham impacto patrimonial e chamaria o Conselho Fiscal a emitir opinião sobre elas, quando achar necessário.

Isso evitará que uma informação com impacto patrimonial não seja comunicada ao Conselho porque a administração não achou necessário ou não sabia que sua decisão teria tal impacto, por exemplo, e o Conselho não tenha tido oportunidade de opinar, por não ter tido acesso à discussão.

Só reforçando: o presidente não opina sozinho, caso ache necessário que haja uma opinião do Conselho, ele deverá discutir com os demais membros antes. Seu papel é de porta-voz. Nem o presidente e nem o Conselho podem proibir ou evitar as decisões administrativas e nem precisam autorizá-las, pois nenhum conselheiro fiscal pode ter poder de voto, veto ou sanção na administração.

Na prática, como em nosso caso isso ocorreria à distância, o presidente do Conselho Fiscal deve ser incluído (com cópia) em todas as mensagens trocadas entre os administradores que envolvam suas decisões. Se o presidente e o secretário discutem como deve ser feito um pagamento de um banner ou a confecção de uma camiseta, por exemplo, devem trocar as suas mensagens sempre com cópia para o presidente do Conselho Fiscal, mesmo que ele não participe da decisão.

51. Conclusão: o perfil do Contador do século 21

O principal objetivo desse livro é sem dúvida mostrar que a presença do contador é cada vez mais necessária para a sociedade e para as empresas. Daí a evidente importância do conhecimento, da evolução da profissão contábil no século XXI, pois indagações sobre nossa profissão surgem a todo o momento: qual o perfil do contador no século XXI? Qual a sua verdadeira função dentro de uma empresa? Durante as pesquisas para formar esta obra, tais indagações, foram abordadas em linguagem simples e acessível, apresentamos nosso trabalho dentro de uma seqüência lógica e racional, procurando explicar e justificar o porquê da evolução da profissão contábil.

Procuramos detalhar o Perfil do Contador no Século XXI, um profissional flexível, estudioso e preparado para enfrentar um mercado de trabalho cuja competição e exigências crescem a cada dia, colaborando, assim, para o crescimento profissional e acima de tudo, para o desenvolvimento cada vez maior da profissão.

Preocupamo-nos também em mostrar em qual área o profissional da contabilidade pode atuar sendo o mercado de trabalho para contadores o que mais proporciona oportunidades. Diante dessa necessidade que o mercado de trabalho vem exigindo do contador é que surgiu o desejo de descobrir o verdadeiro papel da contabilidade e o novo perfil do contador.

2. PERFIL DO CONTADOR

O titulo o Perfil do Contador não é recente e ultimamente, tornou-se muito discutida a sua importância na busca do desenvolvimento da profissão. É de grande relevância o seu estudo, pois estamos na época do conhecimento, do capital intelectual, das grandes decisões e que a função do contador na sociedade é fundamental, e a cada dia que passa é mais importante.

O contador deve estar no centro e na liderança deste processo, pois, do contrario, seu lugar vai ser ocupado por outro profissional. O contador deve saber comunicar-se com as outras áreas da empresa para tanto, não pode ficar com os conhecimentos restritos aos temas contábeis e fiscais. O contador deve ter formação cultural acima da média, inteirando-se do que aconteceu ao seu redor, na sua comunidade, no seu Estado, no país e no mundo. O contador deve participar de eventos destinados à sua permanente atualização profissional. O contador deve estar consciente de sua responsabilidade social e profissional (NASI, 1994. p. 5).

No que concerne ao perfil do contabilista, Branco (2003) diz que:

O contabilista deve possuir um perfil e uma formação humanística, uma visão global que o habilita a compreender o meio social, político, econômico e cultural onde esta inserida, tomando decisões em um mundo diversificado e interdependente. Deve ter uma formação técnica e cientifica para desenvolver atividades especificas da prática profissional, com capacidade de externar valores de responsabilidade social, justiça e ética. Deve ter competência para compreender ações, analisando, criticamente as organizações, antecipando e promovendo suas transformações, compreensão da necessidade continuo aperfeiçoamento profissional, desenvolvimento da auto-cofiança e capacidade de transformar.

Concordamos aqui com as afirmações de Nasi (1994) e Branco (2003) quando diz que o profissional de contabilidade tem que ser líder e assumir o seu verdadeiro papel em assuntos que antes "quase" não lhe diziam respeito. O profissional de contabilidade tem papel fundamental na organização, pública ou privada, orientando e dando suporte para as tomadas de decisões.

Sendo o Contador de importância para as empresas o perfil do profissional para este século, esta direcionada para pessoas que tenham iniciativa; coragem; ética; visão de futuro e criatividade.

3. MERCADO DE TRABALHO

A profissão contábil esta regulamentada pelo Decreto – lei nº 9295/46, de 27 de maio de 1946 e posteriores resoluções complementares. O artigo 25 do Decreto – lei nº 9295, dispõe sobre as prerrogativas profissionais especificado pela Resolução do Conselho Federal de Contabilidade nº 560 de 28 outubro de 1983:

Art. 1º - O exercício das atividades compreendidas na contabilidade, considerada estar em sua plena amplitude e condição de Ciência Aplicada, constitui prerrogativa, sem exceção, dos contadores e dos técnicos em contabilidade legalmente habilitados, ressalvadas as atribuições privativas dos contadores.

Art. 2º - o contabilista pode exercer as suas atividades na condição de profissional liberal ou autônomo, de empregado regido pela CLT, de servidor público, de militar, de sócio de qualquer tipo de sociedade, de diretor ou de conselheiro de quaisquer entidades, ou, em qualquer outra situação jurídica, definida pela legislação, exercendo qualquer tipo de função (...).

O mercado de trabalho para contadores é o que mais proporciona oportunidade para o profissional, conforme cita Marion (2003 Capítulo 1, página 29) em seu livro contabilidade empresarial:

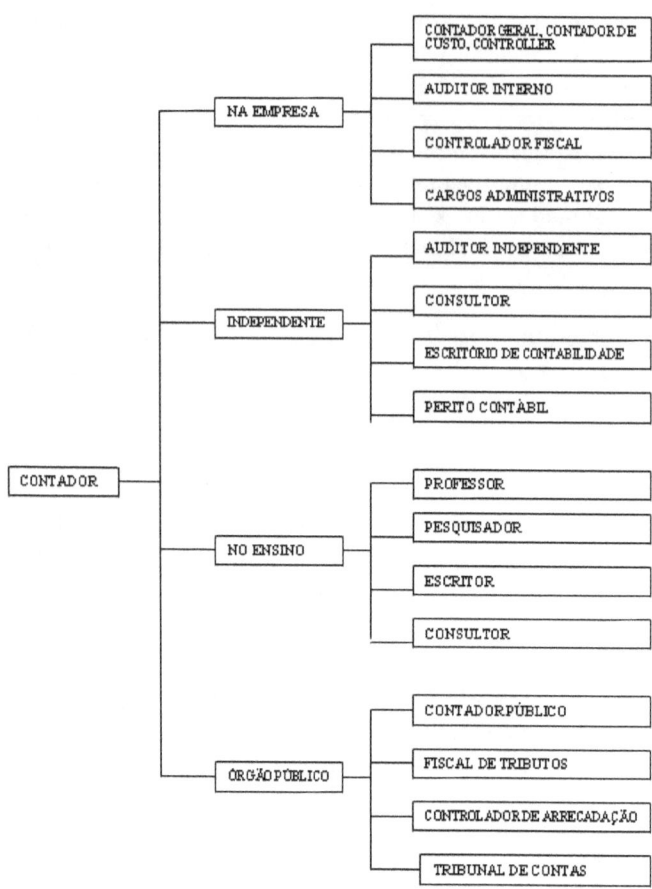

A área de atuação do profissional contábil é bastante ampla oferecendo inúmeras alternativas de trabalho, essas oportunidades só serão conquistadas por profissionais que tenham:

• Habilidade de negociação;

• Flexibilidade;

• Capacidade de inovar; e criar;

• Ética,

• Conhecimento de sua área de atuação.

Essas são algumas das principais características do perfil do profissional desejado pelo mercado de trabalho. Muitos acreditam que o objetivo da contabilidade é simplesmente, gerar guias, escriturar livros, ou seja, um mero guarda livros.

Como já mencionado anteriormente, estamos na época do conhecimento, do capital intelectual, das grandes decisões, e a cada dia que passa a função do contador na sociedade é fundamental, e mais relevante, pois ao conhecer profundamente a empresa o mesmo revela-se como o profissional encarregado de garantir a continuidade das entidades e responsável pela manutenção dos empregos e até na criação de novos. É esse o tipo de profissional que o mercado esta aceitando, estamos diante de uma nova etapa na área contábil.

De acordo com Nasi:

O contador deve estar no centro e na liderança deste processo, pois, do contrario, seu lugar vai ser ocupado por outro profissional. O contador deve saber comunicar-se com as outras áreas da empresa para tanto, não pode ficar com os conhecimentos restritos aos temas contábeis e fiscais. O contador deve ter formação cultural acima da média, inteirando-se do que aconteceu ao seu redor, na sua comunidade, no seu Estado, no país e no mundo. O contador deve participar de eventos destinados à sua permanente atualização profissional. O contador deve estar consciente de sua responsabilidade social e profissional (NASI, 1994. p. 5).

Concordamos aqui com a afirmativa de Nasi (1994) quando diz que o comportamento do contador é fonte de novas formas para a compreensão em seu processo de criação e revelação de seu novo perfil, pois estamos diante da globalização da economia e dos mercados, sendo cada vez mais solicitado para envolver em assuntos que antes "quase" não lhe diziam respeito.

Hoje o verdadeiro papel do contador, em qualquer organização, pública ou privada, é interpretar, analisar, e tentar garantir a sobrevivência das entidades, evitando desemprego e ajudar a construir um país melhor.

4. CONCLUSÃO

Ao lembrarmos o propósito pelo qual surgiu esta pesquisa, as respostas de nossas indagações parecem ser nítidas. Essa pesquisa nos levou a perceber que o mercado de trabalho está mudando, sendo necessário que o profissional contábil conheça essas novas mudanças, pois hoje não basta apenas atender as necessidades tributárias, é preciso que o contador do século XXI preste informações precisas, dando perfeitas condições aos empresários de como comandar com segurança as suas atividades econômicas.

A função do contador dentro de uma empresa é a de um analista hábil, que interpreta, orienta e da suporte ao processo de tomada de decisões. Hoje o contador tem um novo perfil, profissional voltado para formação humanística, com visão macro e compreendedor do meio social, político e cultural o qual faz parte.

Em face da globalização, o profissional de contabilidade não pode se dedicar exclusivamente a sua profissão, tem que buscar outras áreas de conhecimento, ou seja, um profissional que procura estar aberto para todas as áreas de informação.

Por fim, o campo de atuação contábil esta ampliada oferecendo oportunidades de emprego e de realização profissional.

BIBLIOGRAFIA

BRANCO, José Corsino Raposo Castelo. O profissional contábil na era do conhecimento. Disponível em: http://www.aespi.br/revista/contabil.htm. Acesso em 18 de março de 2004.

Conselho Federal de Contabilidade: http://www.cfc.org.br. Acesso em 28 de outubro de2004.

FREIRE, Keila Cristina Bonfim. O novo perfil do profissional contábil. 2003.49 f. Trabalho de conclusão de curso (monografia) – Curso de Ciências Contábeis. Universidade do Estado de Mato Grosso. Cáceres 2003.

MARION, José Carlos. Contabilidade Empresarial. 10ª ed. São Paulo: Atlas, 2003.

MOURA, Iraildo José Lopes de, SILVA, Marcos Vinicius Peixoto. Perspectiva da profissão contábil no Brasil. Disponível em: http://www.classecontabil.com.br. Acesso em 14 de julho de 2004.

NASI, Antônio Carlos. A Contabilidade como Instrumento de Informações, Decisão e Controle da Gestão. Revista Brasileira de Contabilidade. Brasília. Ano 23 nº 77. Abril/Junho 1994.

OS 10 LIVROS QUE TODO CONTABILISTA DEVERIA LER

De acordo com Júlio César Zanluca, coordenador do site Portal de Contabilidade, a principal característica do profissional contábil, no século XXI, será o conhecimento aplicado. Não menos importante, é que o contabilista precisa ser um profissional flexível, autodidata e preparado para enfrentar desafios de uma profissão na qual a competição e exigências crescem a cada dia. Não pode ficar alheio ao mundo que o cerca, e precisará ler continuamente, tornando-se um autodidata por excelência. Pensando nisso, listarei **os 10** livros que todo contabilista deveria ler! Trata-se de livros de contabilidade de "cair o queixo" no quesito qualidade. Lá vai:

10° – Contabilidade Introdutória – Autor (a): Alkindar de Toledo Ramos, Edilson Castilho, Eduardo Weber Filho, Eliseu Martins, Luiz Benatti, Ramom Domingues JR, Sérgio de Iudícibus e Stephen Charles Kanitz

Escrito pela equipe de professores da FEA/USP, é um **livro básico para quem está começando os cursos de Administração, Ciências Contábeis e Economia.** Os livros que integram o conjunto Contabilidade Introdutória (Livro-texto, Livro de Exercícios e Manual do Professor) inovam o ensino da Contabilidade no Brasil. Permanentemente revistos e atualizados, têm em vista não só sua adaptação aos modernos padrões de ensino da Contabilidade, como ainda as frequentes modificações introduzidas na legislação fiscal e societária do País. Tem uma linguagem mais clara e sem tantos termos técnicos, material básico para preparação de candidatos a concursos públicos. Eu indico para quem está nos primeiros períodos do curso, pois ele traz as noções básicas na Contabilidade, como: Campo de atuação da contabilidade, o espírito acadêmico, procedimentos contábeis básicos segundo o método das partidas dobradas, as variações do Patrimônio Líquido, Balanço Patrimonial e Demonstração de Resultado, problemas contábeis diversos e etc.

9° – Teoria da Contabilidade – Autor (a) Sérgio de Iudícibus

Teve sua primeira publicação em 1979, sendo que sua última edição foi em 2010, no qual foi inserido um texto especial sobre as novas abordagens à teoria da contabilidade. Além disso, há inúmeras inserções e atualizações na maior parte dos capítulos, principalmente para **ilustrar novas tendências que têm surgido na Teoria da Contabilidade**, bem como atualizações, tendo em vista a convergência, que está ocorrendo no Brasil, aos padrões internacionais do IASB e referências à nova Estrutura Conceitual do CPC/CVM/CFC, bem como à Lei no 11.638/2007. É um livro básico para os cursos de graduação e pós-graduação em Teoria da Contabilidade e pode ser usado também como leitura complementar para a disciplina Contabilidade Avançada.

8° – Monografia para os Cursos de Administração, Contabilidade e Economia – Autor (a) José Carlos Marion, Maria Cristina Traldi, Reinaldo Dias e Márcia Maria Costa Marion.

Este livro constitui-se num guia prático para a elaboração de monografias na área de negócios – administração, ciências contábeis e economia. Aborda as regras convencionadas pela comunidade científica internacional e normatizadas no Brasil pela Associação Brasileira de Normas Técnicas (ABNT) para apresentação de trabalhos monográficos. *É indicado para aqueles acadêmicos que estão um pouco "perdidos" em relação a monografia* pois tem um capítulo com **temas sugeridos para pesquisa** ou até mesmo para aqueles que querem tirar dúvidas sobre projeto de pesquisa, elementos que compõem a monografia, aspectos gerais da apresentação.

7° – Contabilidade Geral para Concurso Público – Autor (a) Jose Carlos Marion e Walter Nobuyuki Yamada.

Este livro de contabilidade é direcionado para candidatos que desejam ingressar na carreira pública. O objetivo é atingir não só o interessado que é graduado na área contábil, como também o leigo (não afeito à contabilidade) que não dispõe de muito tempo para leitura e tenha dificuldade para a compreensão da matéria. **Manual destinado a candidatos a concursos públicos, principalmente Bacen, Esaf (auditor fiscal e técnico do Tesouro Nacional), INSS, Tribunal de Contas, contador (Estados e Municípios) e outras carreiras públicas.** Indicado também para a disciplina Introdução à Contabilidade dos cursos de graduação em Ciências Contábeis,

Administração e Economia. O livro aborda temas como Patrimônio, Equações patrimoniais, Apuração do resultado e regimes de contabilidade, Escrituração, Princípios contábeis, Balanço patrimonial, Demonstração do resultado do exercício, Demonstrações complementares, Resolução CFC 750/93. Aborda os assuntos de forma mais objetiva, com textos curtos, além dos testes no final de cada capítulo.

6° – Manual de Contabilidade Aplicada ao Setor Público (MCASP)

Visa colaborar com o processo de elaboração e execução do orçamento, além de contribuir para resgatar o objeto da contabilidade como ciência, que é o patrimônio. Com isso, a contabilidade poderá atender a demanda de informações requeridas por seus usuários, possibilitando a análise de demonstrações contábeis adequadas aos padrões internacionais, sob os enfoques orçamentário e patrimonial, com base em um Plano de Contas Nacional. A cada ano o Tesouro Nacional lança uma nova edição do MCASP válido para cada exercício, o Manual **não é vendido** e pode ser encontrado no site do Tesouro Nacional ou pode-se conseguir a versão impressa mandando um e-mail ao Tesouro Nacional solicitando que o Manual seja entregue na residência.

5° – Contabilidade de Custos – Autor (a) Eliseu Martins

É um livro técnico e completo em relação a custos. O enfoque é dado principalmente à utilização da Contabilidade de Custos para as funções de planejamento e controle além de uma avaliação crítica da implantação de sistemas de custos. A novidade da última edição é a adaptação de seu texto às disposições dos Pronunciamentos Técnicos CPC, especialmente do CPC 16, que trata da valoração de estoques, e das Leis n°s 11.638 e 11.941.

4° – Demonstrações Contábeis: Estrutura e Análise – Autor (a) Arnaldo Reis

Apresenta os principais fundamentos para a análise e estrutura de balanços e demonstrativos contábeis/financeiros. Dentro de uma sequência lógica e racional, procurando explicar e justificar os principais conceitos técnicos e as determinações legais fundamentais. **É um livro de fácil compreensão, sem tantos termos técnicos, linguagem simples e objetiva, apresenta a matéria de forma clara e concisa, acessível até mesmo aos leigos em contabilidade.** Na sua terceira edição (2009) os textos, testes e exercícios foram reformulados e estão adaptados aos dispositivos da Lei n° 11.638/2007.

3° – Análise Avançada das Demonstrações Contábeis: Uma Abordagem Crítica – Autor (a) – Elizeu Martins, Josedilton Alves Diniz e Gilberto José Miranda

Entre as características deste livro de contabilidade destaca-se a abordagem diferenciada do conteúdo utilizado. O objetivo é mostrar a real potencialidade de cada indicador de desempenho econômico e financeiro e de evidenciar suas limitações à luz de diversos fatores. É um livro voltado para a disciplina de Análise de Demonstrações Contábeis dos cursos de pós-graduação (doutorado, mestrado e especializações e MBA's) em Contabilidade, indicado também para profissionais especialistas da área de análise de balanços avançada. **Diferentemente de outras obras, em vez de exercícios fechados para serem elaborados, são sugeridas atividades baseadas nas Pedagogias Ativas, as quais centralizam o leitor no processo de ensino e aprendizagem.**

2° – Contabilidade Empresarial – Autor (a) José Carlos Marion

Este livro é diferente dos manuais mais convencionais pelo fato de dar maior importância à compreensão dos relatórios contábeis do que à mecânica da escrituração e da elaboração das demonstrações financeiras. É divido em quatro partes: Análise das demonstrações contábeis, o processo contábil, o balanço patrimonial e outras demonstrações financeiras. Pelo fato de dar mais ênfase à compreensão dos dados e demonstrativos contábeis do que às técnicas de escrituração, ele é destinado também a profissionais não contadores e estudantes de outras áreas. É um **livro completo**, cobrado em praticamente todas as faculdades e uma ótima fonte de pesquisa.

livro-contabilidade

1º – Manual de Contabilidade Societária: Aplicável a todas as Sociedades de Acordo com as Normas Internacionais e do CPC – Coordenador (a): FIPECAFI – Autor (a): Sérgio de Iudícibus, Eliseu Martins, Ernesto Rubens Gelbcke e Ariovaldo dos Santos.

Com a edição das Leis nº 11.638/07 e 11.941/09 (esta transformando em lei a MP nº 449/08) e com a criação do CPC – Comitê de Pronunciamentos Contábeis – em 2005, produziu-se, durante 2008 e 2009, enorme conjunto de novas normas, aprovadas pela CVM e pelo CFC, além da convergência completa às normas internacionais de contabilidade (IASB). Diante disso a FIPECAFI deliberou por cessar a edição do antigo Manual de Contabilidade das Sociedades por Ações, que foi lançado em 1977, logo após a promulgação da Lei 6.404/76. Esse novo Manual traz os Pronunciamentos, as Interpretações e as Orientações do CPC, como também, as normas internacionais de contabilidade emitidas pelo IASB. É o "queridinho" de 10 entre 10 professores, sendo considerado a **Bíblia da Contabilidade**, realmente, é um livro que todo profissional contábil tem que ter.

www.ingramcontent.com/pod-product-compliance
Lightning Source LLC
Chambersburg PA
CBHW020901180526
45163CB00007B/2581